LINGUAGEM E VIDA

Coleção:	Perspectivas
Direção:	J. Guinsburg
Tradução:	J. Guinsburg, Silvia Fernandes, Regina Correa Rocha e Maria Lúcia Pereira
Revisão de Texto:	J. Guinsburg e Sérgio Sálvia Coelho
Revisão de Provas:	Afonso Nunes Lopes
Ilustrações:	Icaro Yamin
Projeto Gráfico e Capa:	Adriana Garcia
Produção:	Ricardo W. Neves, Sergio Kon e Juliana P. Sergio

LINGUAGEM E VIDA
antonin artaud

Organização
J. Guinsburg, Sílvia Fernandes Telesi e
Antonio Mercado Neto

Título do original francês
Ouevres Complètes

Copyright © 1970 by Éditions Gallimard

CIP-Brasil. Catalogação-na-Fonte
Sindicato Nacional dos Editores de Livros, RJ

Artaud, Antonin, 1896-1948.
    Linguagem e vida / Antonin Artaud ; organização J. Guins-
burg, Sílvia Fernandes Telesi e Antonio Mercado Neto. – São
Paulo : Perspectiva, 2014. – (Perspectiva / direção J. Guinsburg)

    1. reimpr. da 2. ed. de 2011
    Título original: Oeuvres complètes
    Vários tradutores
    ISBN 978-85-273-0328-6

    1. Artaud, Antonin, 1896-1948 – Crítica e interpretação 2.
Teatro – História e crítica I. Guinsburg, J.. II. Telesi, Sílvia Fernandes. III. Mercado Neto, Antonio. IV. Título. V. Série.

04-4075   CDD: 809-2

Índices para catálogo sistemático: 1. Teatro :
História e crítica 809-2

2ª edição – 1ª reimpressão
[PPD]

Direitos reservados em língua portugues à

EDITORA PERSPECTIVA LTDA.

Av. Brigadeiro Luís Antônio, 3025 01401-000
São Paulo SP Brasil Telefax: (11) 3885-8388
www.editoraperspectiva.com.br

2019

SUMÁRIO

Nota de Edição 9
Prefácio – *Sílvia Fernandes e J. Guinsburg.* 11

No TEATRO 23

A Evolução do Cenário 25
O Teatro Alfred Jarry. 29
Teatro Alfred Jarry (II) 33
Manifesto por um Teatro Abortado 37
O *Sonho* de Strindberg. 41
O Teatro Alfred Jarry em 1930 43
Projeto de Encenação para *A Sonata dos Espectros* de Strindberg. 59
Conferência Apócrifa. 67
O Teatro e a Psicologia – O Teatro e a Poesia. 71
O Teatro, Antes de Tudo, Ritual e Mágico 75
Carta a *L'Intransigeant* 77
O Teatro que Vou Fundar 79
Carta à *Comœdia* (18-9-32) 81
A Marcel Dalio (27-6-32) 85
Ao Senhor Van Caulaert (6-7-32). 89
Ao Senhor Van Caulaert ou Sr. Fouilloux (Projeto de Carta) (8-7-32) 91

A André Rolland de Renéville (13-7-32) 93
A André Rolland de Renéville (26-7-32) 97
A Gaston Gallimard (Projeto de Carta) (11-8-32) 99
A André Gide (20-8-32)... 101
A Jean Paulhan (12-9-32) 103
A André Rolland de Renéville (13-9-32) 105
Correspondência (4-3-33)=.. 107
A André Rolland de Renéville (8-4-33)............................. 111
A Orane Demazis (30-12-33) 115
A André Gide II (10-2-35)... 121
A Jean-Louis Barrault (14-6-35) 125
A Jean Paulhan (25-1-36) 127
Teatro Sarau Deharme... 129
Ao Administrador da "Comédie-Française" (21-2-25) 131
A Louis Jouvet (27-4-31) 133
A René Daumal (Rascunho de Carta) (14-7-31)...................... 137
A Louis Jouvet (2-8-[28 e 33J)..................................... 141
A Louis Jouvet (20-10-31) 143
A Jean Paulhan (Rascunho de Carta) (29-1-32) 147
Maurice Maeterlinck 151

No CINEMA 155

A Concha e o Clérigo (Roteiro de um Filme) 157
Resposta a uma Pesquisa 169
Feitiçaria e Cinema 171
Distinção entre Vanguarda de Conteúdo e de Forma................ 175
O Cinema e a Abstração 177
A Concha e o Clérigo (II)... 179
A Velhice Precoce do Cinema 181
Os Sofrimentos do *Dubbing* 185

NA PINTURA 189

Uccello o Pelo 191
A Bigorna das Forças.. 193
O Autômato Pessoal... 197
Texto Surrealista.. 203

NA POESIA 205

O Umbigo dos Limbos... 207
O Pesa-Nervos 209
Quem, no Seio 213
Carta à Vidente... 219

Heloísa e Abelardo 223
O Claro Abelardo 227
A Vidraça do Amor 231
Excursão Psíquica. 237
Rimbaud & os Modernos 241
Um Pintor Mental 243
A Arte Suprema 245
Na Luz da Evidência. 247
Sobre o Suicídio 249
Declaração de 27 de Janeiro de 1925 251
Está na Mesa 253

Na Vida 255

Van Gogh. O Suicidado da Sociedade. 257

Nota de edição

Os textos reunidos nesta coletânea provêm da publicação revista e aumentada das *Obras Completas* de Antonin Artaud pela Editora Gallimard, acompanhando seus critérios, correções e notas.

Foi considerada, na ocasião da escolha dos textos, a importância de se publicar a totalidade dos escritos de Artaud referentes ao teatro, além dos que compõe o conhecido O *Teatro e seu Duplo*, já editado no Brasil; assim como a totalidade de seus textos surrealistas, mais raramente encontrados. Em alguns excertos (de *O Pesa-Nervos* e *O Umbigo dos Limbos*, por exemplo) o material selecionado pretendeu apenas apresentar o espírito que presidiu estas obras e alguns de seus aspectos marcantes. Por outro lado, a publicação de várias cartas, assim como notas indicando variantes entre edições, visa explicitar ao leitor brasileiro a formação do pensamento de um autor constantemente insatisfeito com a expressão de suas ideias e que se propunha a não fazer diferença entre a vida e a arte.

PREFÁCIO

No belo e inteligente ensaio "Abordando Artaud", Susan Sontag aproxima-se do poeta por meio de duas imagens. Antonin Artaud seria o herói da autoexacerbação na literatura moderna e o xamã a fazer uma viagem espiritual por todos nós.

Sem dúvida o traço mais aparente do que se convencionou chamar de obra de Artaud – na verdade um fluxo incandescente de energia, inteligência e sensibilidade atualizado em formas literárias mistas – é a necessidade de "sair do inferno". Mais do que a intenção de comunicar, o movimento incessante de seus textos indica uma tentativa exasperada de autoexpressão.

Ficando apenas nas utopias mais evidentes esboçadas nesta compilação – a do teatro e da linguagem – pode-se observar um movimento de refluxo que as dirige de volta para seu criador.

Não por acaso a ideia artaudiana de teatro a partir de certo período passa a ser exercitada no próprio Artaud, em evidente tentativa de substituição da arte pela vida.

Também sua concepção de linguagem evolui para chegar até mesmo à contestação da finalidade conativa dos textos. Ao fim e ao cabo a negação por Artaud da "palavra soprada", como a batizou Derrida, alheia ao criador porque originada em pré-constituído campo linguístico, termina levando ao impasse dos textos finais, jorros criativos estilhaçados definidos por glossolalias ou pelos gritos inarticulados de "Para Acabar com o Juízo de Deus".

O que subjaz a todas essas tentativas é a viagem espiritual referida por Sontag. Longe de se constituir em mergulho numa psicologia individual, a autoexpressão artaudiana liga-se à busca dos "princípios", espécie de prospecção da experiência originária do ser humano sufocada pela cultura do Ocidente.

Por esse motivo escolhemos "Van Gogh. O Suicidado da Sociedade" para fechar esta compilação. O movimento que anima "O Suicidado" está presente na maioria dos textos deste livro: o impulso de insurreição contra a cultura ocidental e a tentativa, incansavelmente repetida, de retorno às origens sagradas da vida e do teatro.

Escrito em Rodez, 1947, no último de doze anos consecutivos de internação em asilos de alienados, "Van Gogh" é um grito de rebelião contra a cultura estabelecida. Artaud, também ele um artista enclausurado por seus comportamentos antissociais, enxerga no pintor de Auvers-sur-Oise um duplo em genialidade e loucura.

Na biografia ficcional de Van Gogh, Artaud investe em primeiro lugar contra o discurso psiquiátrico nascido, segundo acredita, para arrancar na base o impulso de rebelião presente em todo o gênio. Tanto o gênio quanto o louco, definidores de um além e um aquém do humano, seriam mal aceitos por representarem um desafio à normalidade convencional. Por isso a cultura dominante, estiolada na autoridade médica e no discurso que a consolida, encarrega-se de exilar em hospitais psiquiátricos aqueles de quem deseja livrar-se.

É assim que a sociedade fez estrangular em seus asilos todos aqueles de que quis se livrar ou se defender, por terem se recusado a ser cúmplices em certas imensas sujeiras.

Porque um alienado é também um homem que a sociedade não quis ouvir e a quem ela quis impedir de dizer verdades insuportáveis ("Van Gogh. O Suicidado da Sociedade", p. 260).

Em todo o ensaio Artaud tenta negar a loucura de Van Gogh, deslocando-a para a sociedade responsável por sua internação.

Já nos primeiros parágrafos do texto começa por questionar o sentido da loucura numa sociedade onde a vida se mantém "em sua velha atmosfera de estupro, de anarquia, de desordem, de delírio, de desregramento, de loucura crônica, de inércia burguesa, de anomalia psíquica [...]" (idem, p. 257).

Para Artaud o comportamento estranho de Van Gogh, em lugar de loucura, era fruto de suprema lucidez e lhe permitia enxergar mais e melhor que seus contemporâneos. O problema é que sua visão aguçada não era exercitada apenas na pintura. Contaminava sua vida. E isso os cidadãos de Arles não podiam tolerar, exigindo a internação do pintor. O impulso de rebelião, tão visível em sua pintura, não podia inundar seu cotidiano, manifestando-se como comportamento "inadequado" ao convívio social.

Ora, argumenta Artaud, uma personalidade de iluminado não consegue expressar-se apenas através da arte. Ela precisa de certa expansão corporal e física, geralmente marcada pelo excesso e pela alteridade em relação à norma vigente. Daí o perigo. E a solidão.

PREFÁCIO

Lendo o texto é impossível deixar de pensar na imagem de Artaud morto aos pés da cama de seu quarto em Ivry, apertando nas mãos um prosaico sapato. A solidão presente nesta morte, contra a qual ele investe durante toda a vida, é o núcleo principal de "Van Gogh", amargo retrato de um duplo exílio.

[...] Van Gogh era uma dessas naturezas de lucidez superior, o que lhe permite, em todas as circunstâncias, enxergar mais longe, infinita e perigosamente mais longe que o real imediato e aparente dos fatos (idem, p. 269).

Essa visão prospectiva e aguçada é responsável pelo desterro que os grandes artistas costumam sofrer em vida, isolados na projeção de utopias distantes de possibilidades imediatas de realização.

Sobre a questão do exílio do artista é interessante lembrar uma observação de um crítico brasileiro, para quem a sociedade costuma assumir uma postura francamente esquizofrênica ao exigir normalidade do criador ao mesmo tempo que aceita a radicalidade da obra. "Como podem as pessoas gostar de uma obra por uma certa coisa visível nela e odiar essa mesma coisa quando ela se apresenta na pessoa?"[1], pergunta o autor no capítulo dedicado à relação entre arte e vida.

Compartilhamos dessa perplexidade. É quase impossível não perceber como, tanto em Artaud quanto em Van Gogh, o fermento criativo da obra é o mesmo que nutre o inconformismo da vida.

Mas também é impossível deixar de notar como a exigência de sanidade pode dirigir-se não apenas à vida, mas também à obra do artista. E a saúde da obra costuma ser medida pela possibilidade de viabilizar o projeto estético, do contrário considerado delirante. Não foi sempre este o mais forte argumento contra o teatro da crueldade?

Se era impossível negar existência ao projeto desse teatro, já que ele pontuava inúmeras cartas, manifestos, ensaios e roteiros escritos entre 1924 e 1947, procurou-se caracterizar sua fragilidade pelo fracasso das poucas experiências práticas conduzidas por Artaud, especialmente a malsucedida encenação de *Os Cenci*, no Teatro Folies-Wagram em 1935.

Hoje parece evidente que a potência revolucionária desta ideia de teatro incluía a quase impossibilidade de ser colocada em prática. Em parte pela inadequação ao momento histórico e teatral dos anos 1930/1940, sem condições estruturais de absorvê-la e executá-la.

A posterior realização de algumas das propostas sugeridas por Artaud é prova disto. Para ficar apenas nos casos mais famosos, podemos citar o teatro laboratório de Jerzy Grotowski, o Living-Theatre, o Bread and Puppet Theatre, além dos trabalhos incluídos sob o rótulo genérico de *happening* e *performance*.

No entanto, a força de Artaud ultrapassa essa prova concreta de exequibilidade. Sua obra resiste principalmente enquanto tentativa exasperada de transformar mentalidades, começando pelo criador para atingir o público ou leitor.

1. Teixeira Coelho, *Artaud*, São Paulo: Brasiliense, 1982, p. 14.

Por isso seu projeto teatral não se contenta com um estatuto artístico. Também por isso é tão difícil realizá-lo. Pois não se trata de um programa estético, mas principalmente de uma poética de reconstrução espiritual do homem. Para fazê-la, Artaud reclama o uso da violência em seu teatro. De que outro modo poderia conseguir uma reeducação total do público e do artista? Violência física, adverte, exercida especialmente através de um choque sensorial.

Para indicá-lo Artaud recorre à bem conhecida imagem da peste. Ou mesmo a analogias mais óbvias, comparando a atividade teatral a uma *blitz* de polícia ou às operações realizadas por um cirurgião ou dentista ("Carta a André Rolland de Renéville", p. 111; "Teatro Alfred Jarry", p. 30).

É importante discriminar nessas imagens o critério básico proposto por Artaud para constituir a violência sensorial. Ela deve realizar-se pela concretização em cena de um mundo verdadeiro, que tangencie o real.

A exigência de realidade para a cena não tem, como pode parecer à primeira vista, qualquer vínculo com o realismo. Nesse caso o símbolo cênico tenta reproduzir a realidade vital buscando, em última instância, a produção de uma ilusão de realidade. A *tranche de vie* naturalista, longe de sediar no palco uma ação real, preocupa-se em transportar para a cena signos que indiquem, secundariamente, a realidade visada. O caráter da representação está, portanto, no centro dessa proposta.

Artaud, ao contrário, sustenta a realidade da própria cena. No palco da crueldade os acessórios, objetos e cenários devem ser utilizados em seu sentido imediato e tomados pelo que realmente são, em lugar de simbolizarem outra coisa.

Os objetos, os acessórios, os próprios cenários que figurarão no palco deverão ser entendidos em sentido imediato, sem transposição; deverão ser tomados não pelo que representam mas pelo que são na realidade ("Manifesto por um Teatro Abortado", p. 38).

De que tipo de signo se trata, então? Parece tratar-se de um signo com função determinantemente icônica, que tem sua operação indicial enfraquecida para favorecer a aparição de uma qualidade, um estado ou uma ação.

Para entender essa proposta basta rever outras afirmações de Artaud presentes na maioria dos textos deste volume, especialmente aquelas relacionadas à encenação ou à organização da escritura teatral.

Já que a representação, no caso do teatro, é condição inescapável, é necessário diminuí-la pelo recurso a uma operação verdadeira, que esqueça ou mesmo suprima o lado espetacular do espetáculo. "Nada há de menos capaz de iludir do que a ilusão de acessórios falsos", adverte Artaud em seu projeto de encenação para "*O Sonho* de Strindberg" (p. 41).

No caminho desta negação é bastante compreensível a crítica aos teatralistas russos, que aparece com nitidez na "Evolução do Cenário" (p. 25). Reteatralizar o teatro parece uma exigência absurda, pois o que falta à arte teatral é justamente voltar à vida, desprezando para isso os meios mais evidentemente teatrais. "É isto, esta tralha, esta ostentação visual que queremos reduzir a seu mínimo impossível e recobrir sob o aspecto de gravidade e o caráter de inquietude da ação" ("Teatro Alfred Jarry II", p. 35).

Quando fala em ação, Artaud pensa em um acontecimento único, tão imprevisível quanto qualquer ato e cujo valor é medido pelo grau de veracidade – e não por verossimilhança.

Para conseguir reproduzir no palco esse ato irrepetível o encenador precisa rejeitar a *mise en scène* tradicional para explorar os deslocamentos interiores presentes na dramaturgia a ser encenada. Estes, em confronto com sua visão particular, serão rebatidos como duplos, gerando uma nova realidade. Graças a esse mecanismo especular, o "vaivém das almas" que movimenta a dramaturgia de um Esquilo, Shakespeare ou Racine servirá ao encenador como instrumento de viagem prospectiva para dentro de si mesmo. Dirigir teatro, afirma Artaud, é saber dedicar-se ilimitadamente a um texto, até conseguir extrair dele imagens nuas, naturais, excessivas e inaugurais, estas sim capazes de estabelecer com o espectador uma ponte corporal, espécie de relação física necessária à sua efetiva participação na ação cênica ("A Evolução do Cenário", p. 25).

A semelhança dessas propostas com o teatro de Grotowski ou com as *performances* contemporâneas é estarrecedora. Especialmente por sua ligação com um movimento maior, a Live Art, onde se procura uma aproximação direta com a vida. Artaud é um dos precursores dessa corrente, que trava uma longa batalha para liberar a arte do ilusionismo e artificialismo.

Já aparecem nos ensaios deste livro alguns apontamentos e sugestões sobre o modo de estruturar a linguagem cênica.

É interessante destacar o núcleo básico em torno do qual gira essa reflexão: a especificidade da linguagem do teatro. Estão ligadas a essa investigação as referências, tão frequentes nos projetos artaudianos, à impossibilidade de descrever o teatro, relacionada a seu caráter próprio. "[...] Descrever uma encenação de maneira verbal ou gráfica é o mesmo que tentar fazer um esboço, por exemplo, de um certo tipo de dor", observa Artaud em "Carta a Louis Jouvet" (p. 144).

Essa afirmativa vem acompanhada pela descrença na possibilidade de organizar, por meio de texto, um projeto de encenação. Se a qualidade distintiva da linguagem teatral é a *mise en scène*, ela não pode estar contida em palavras. Um deslocamento, gesto ou movimento contribuem mais efetivamente para esclarecê-la que uma série de discursos.

A consequência imediata desse modo de conceber o teatro é a eleição do espaço como ponto de partida para a criação de sua linguagem, feita de gestos, atitudes, expressões, mímica e som, "signos ativos" destinados a compor no palco "discursos líricos". Para chegar à poética da cena o diretor deve executar, em torno de um tema qualquer, "ensaios de realização dramática", destinados a expressar algo diretamente a partir da cena. (Veja-se, a esse respeito, especialmente "O Teatro que Vou Fundar", "O Teatro e a Psicologia – O Teatro e a Poesia" e "Carta à *Comœdia*")

A discriminação do espaço como elemento essencial de constituição da linguagem do teatro soa bastante radical se pensarmos no período em que os textos foram escritos, quase todos nos anos 1930. Radicalidade ainda mais efetiva se considerarmos os "ensaios de realização dramática", sem dúvida precursores das criações coletivas presentes no teatro sobretudo a partir dos anos 1960.

O detalhamento mais preciso dos meios necessários à encenação não aparece nestes textos. No entanto, no "Projeto de Encenação para *A Sonata dos Espectros*" e "O Teatro Alfred Jarry em 1930", Artaud fornece algumas pistas para a criação recorrendo especialmente a imagens que, longe de circunscreverem um campo de definição de signos, servem mais como indicador analógico de algo não muito definido até o momento.

Além de enfatizar, ainda uma vez, a realidade e concretude dos cenários e acessórios cênicos, Artaud menciona o jogo de movimentos do ator, descrevendo-o como uma espécie de pantomima onde as personagens variariam da naturalidade ao artifício. Refere-se também à recriação de ambientes, verdadeira ressemantização do espaço feita por meio de vibrações luminosas e sonoras obtidas com uso de dispositivos especiais ("Carta a Orane Demazis").

Todos os meios de ação física de que o teatro pode dispor estão a serviço da produção de verdadeira ação orgânica dirigida ao espectador. A intenção é recuperar, com meios científicos, algo equivalente a um choque sensorial.

É bastante evidente, na indicação da nova cena, a semelhança com as operações de construção do sonho. Sem fazer qualquer referência aos mecanismos da poética onírica discriminados por Freud, Artaud parece intuir essa relação quando descreve "[...] Uma certa maneira de unir – em virtude de que misteriosas analogias – uma sensação e um objeto, e de colocá-los no mesmo plano mental, evitando a metáfora [...]" ("Maurice Maeterlinck", p. 151). Ou quando admite que nesta encenação, "[...] o real e o irreal se misturam como no cérebro de um homem em vias de adormecer" ("Projeto de Encenação para *A Sonata dos Espectros*", p. 59).

Ainda em relação a mecanismos construtivos é importante mencionar a ponte que, de acordo com Teixeira Coelho, aproxima a encenação de Artaud da montagem de Eisenstein[2].

Para o diretor russo os vários planos cinematográficos não devem ser articulados linearmente, seguindo uma intriga, mas combinados a partir de um princípio organizador. E este princípio é a contradição, o conflito entre dois elementos opostos de onde surge um novo conceito. Montagem é essa operação que justapõe os elementos/fotogramas distintos para obter uma nova imagem/conceito.

O princípio comum que norteia a escolha de um e outro criador corroboraria essa hipótese de proximidade. Eisenstein descobre o princípio da montagem no ideograma enquanto Artaud vai buscar inspiração para seu teatro no hieróglifo.

O princípio de composição do ideograma é o mesmo da montagem. Trata-se de uma combinação de signos capaz de produzir um terceiro elemento de dimensão e grau diferentes dos iniciais. Cada um dos signos formadores corres-

---

2. T. Coelho, "A Imaginação Estupefata", em *O Teatro e seu Duplo*, "Post-fácio".

ponde separadamente a um objeto ou fato, mas sua articulação conjunta gera um conceito.

O que interessou a Eisenstein foi justamente esse pensamento imagístico primitivo, com possibilidades de ser transformado em raciocínio conceitual.

Também Artaud, quando propõe uma escritura cênica composta no espaço através de som, luz, movimento, corpo e objetos, chega a referir-se a certas leis de correspondência presentes tanto na poesia quanto nos ideogramas chineses ou nos hieróglifos egípcios.

No entanto, existe uma diferença fundamental. Artaud não pretende estruturar as imagens soltas em cadeia intencional, mas sim através de um liame puramente local: a copresença no espaço cênico. Projeta uma maneira inédita de combinar signos no espaço para abrir um horizonte de novos significados não previsto nem mesmo para quem os articulou.

Além de carecer de intencionalidade conceitual, essa articulação cênica não pretende ser elucidada. O caráter conotativo dessas imagens não se presta a indagações que tendam a esclarecer seu sentido. Ideias claras são ideias mortas, afirma Artaud em *O Teatro e seu Duplo*.

A montagem, ao contrário, é construída para ser decifrada. E esta, aliás, sua principal finalidade.

Ao combinarmos essas incongruências monstruosas, nós voltamos a organizar o acontecimento desintegrado para formar de novo um todo, mas segundo nosso *ponto de vista*. De acordo com o tratamento que damos à nossa relação com o acontecimento[3].

Este ponto de vista está ausente do projeto artaudiano, a menos que se considere sua visão trágica como um *parti pris* conceitual.

A partir dessa diferença pode-se compreender melhor a importância atribuída ao acaso na composição teatral de Artaud. E também a busca de um método de encenação que pusesse em evidência atos falhos e esquecimentos ("O Teatro Alfred Jarry em 1930", p. 54) ou o desejo de escrever através de uma linguagem cifrada ("O Teatro que Vou Fundar", p. 80).

Pelos exemplos pode-se enxergar na articulação de signos imaginada por Artaud um processo mais aleatório e anárquico que a montagem. Justaposição de imagens, sem dúvida. Mais próxima entretanto das construções poéticas e enigmáticas do teatro de Robert Wilson que da escritura épica de Bertolt Brecht, esta sim caudatária direta da técnica de Eisenstein.

No desenvolvimento da questão da *mise en scène* é inevitável a especulação sobre o papel do ator. Como se colocaria o intérprete em um espetáculo cujo critério último é a violência sensorial e onde se procura excluir qualquer elemento que simbolize outro?

3. Sierguéi Eisenstein, "O Princípio Cimematográfico e o Ideograma", em Haroldo de Campos (org.), *Ideograma: Lógica, Poesia, Linguagem*, São Paulo: Edusp, p. 172.

Artaud investiga essa questão de forma detalhada no "Atletismo Afetivo", capítulo de O *Teatro e seu Duplo* dedicado exclusivamente à definição do trabalho do intérprete. O importante a salientar na concepção artaudiana é a necessidade que se coloca para o ator de procurar a imanência do gesto, posto no nível elementar de sua produção. O comportamento e o gesto que correspondem a uma convenção comum – pode-se dizer realista – devem ser transgredidos pela composição de uma linguagem não imitativa ou convencional. O gesto do ator não pode submeter-se a nenhuma ordem discursiva preestabelecida mas, ao contrário, compor uma linguagem inaugural, espécie de hieróglifo vivo para ser decifrado pelo espectador.

Por isso a exigência de um gesto extremamente preciso, que Artaud chama de "mímica não corrompida", com qualidade musical e poder rítmico. No desenho desse gesto podem contar-se inclusive jogos fisionômicos de "matemática minúcia", bastante distantes do realismo.

Para conseguir elaborar essa linguagem o ator deve ser treinado como um atleta do coração, capaz de mostrar, através do corpo, a base orgânica das emoções e a materialidade das ideias.

A total entrega – física e espiritual – ao instante de criação é condição imprescindível para que o ator realize no teatro essa ação orgânica e essencial, formando seu desempenho como um ato verdadeiro, dominado pelo "gesto absoluto" que está na origem de toda linguagem humana.

Por isso Artaud acredita que o ator deva ser escolhido em função de "sinceridade vital" e não de talento ("Carta a Gaston Gallimard", p. 100).

Também por esse motivo é compreensível a crítica a Diderot e seu *Paradoxo do Comediante*, que aparece em carta a Louis Jouvet de 1931. De fato, não seria possível conciliar a concepção artaudiana do desempenho como ação verdadeira e essencial, resultado da entrega absoluta do ator ao momento de criação e esta "[…] ideia verdadeiramente paradoxal, tomada a Diderot, de que no palco o ator não sente *realmente* o que diz, conserva o controle absoluto de seus atos e pode representar e pensar ao mesmo tempo em outra coisa: em suas galinhas e em seu cozido" (p. 144).

Nos escritos sobre cinema compilados nesta edição Artaud pretende, como no teatro, investigar e divulgar a essência dessa linguagem. Para ele o cinema, enquanto linguagem específica, extrai sua qualidade característica do movimento e da matéria das imagens. Um filme deve existir em função de situações puramente visuais, cujo sentido decorra do movimento, organização e ação delas.

O cinema falado recebe duras críticas, especialmente no texto "A Velhice Precoce do Cinema" onde se considera a palavra uma tentativa de elucidar a poesia inconsciente e espontânea que brota do choque das imagens. É exclusivamente da poesia de imagens que o cinema deve viver.

Colocando suas ideias em prática Artaud escreve o roteiro *A Concha e o Clérigo*, incluído nesta antologia. O texto foi considerado precursor do cinema surrealista, movimento do qual ele participou entre 1924 e 1926, chegando inclusive a editar o terceiro número da *Révolution Surréaliste*, de onde saíram os manifestos aqui reproduzidos.

Rompe com os surrealistas quando da adesão do movimento ao Partido Comunista, ato considerado apenas o estopim de uma cisão mais profunda de concepções. Basta lembrar a declaração de 27 de janeiro, onde Artaud chama os surrealistas de "especialistas da revolta" e defende o movimento não como forma poética, mas como "grito do espírito". Entre essa posição radical e niilista de Artaud e a tendência positiva do movimento, que chega a assumir um programa estético, Susan Sontag percebe um antagonismo de base. "Os surrealistas são *connaisseurs* da alegria, da liberdade, do prazer. Artaud é um *connaisseur* do desespero e da batalha moral"[4].

Quanto ao roteiro *A Concha e o Clérigo*, foi filmado por Germaine Dulac em 1927. O filme recebeu severas críticas de Artaud, especialmente pela deturpação do sentido de certas imagens poéticas, cujo significado a diretora tentou esclarecer por meio de interpretações prosaicas que banalizaram seu caráter onírico, reduzindo o desejado parentesco com a mecânica do sonho.

Testemunhas do trabalho dão razão a Artaud, afirmando que belíssimas passagens do roteiro foram desfiguradas pela leitura de Dulac, que trabalhou sozinha no estúdio, recusando-se sistematicamente a permitir a participação do roteirista. Um dos piores erros de interpretação diz respeito a uma passagem interessante do texto, onde Artaud transforma as bordas escuras do hábito do clérigo em caminho noturno (p. 162). Germaine Dulac julgou que um imenso caminho de noite (*un immense chemin de nuit*) era um erro de impressão do roteiro e apressou-se em transformá-lo em camisola (*une immense chemise de nuit*). Veja-se, a esse respeito, a polêmica transcrita nesta edição, detalhada nas notas que acompanham o roteiro.

Todos os textos reunidos neste livro acabam tocando, de um modo ou de outro, na questão da linguagem.

Desde seus escritos iniciais Artaud reclamava das impossibilidades dela e do paradoxo de, mesmo assim, ter que utilizá-la. Nas primeiras cartas a Jacques Rivière, editor na *Nouvelle Revue Française*, menciona o hiato que parecia abrir-se entre suas intuições poéticas e a fixação dessas intuições em forma verbal. Depois de considerar a dificuldade como sua, fruto de uma total incapacidade de expressão, passa a duvidar da eficácia da linguagem enquanto transmissora das mais simples sensações. Em carta a Louis Jouvet, incluída neste livro, reclama da inutilidade da palavra, que não consegue ser vínculo, mas ponto de sutura do pensamento (p. 141).

A luta com a linguagem é na verdade a luta pela auto expressão, travada por Artaud contra a refratariedade de sua própria vida interior. Vem acompanhada pela busca de uma outra língua, que sirva a esta necessidade exacerbada de expressão.

4. Susan Sontag, "Abordando Artaud", em *Sob o Signo de Saturno*, Porto Alegre, L&PM, 1986, p.26.

A nova construção pretende destruir a "palavra soprada", que originariamente não lhe pertence, pois deve buscá-la na língua, campo histórico e cultural que o precede e dele prescinde.

[...] o que se denomina sujeito falante já não é aquele que fala. Descobre-se numa irredutível secundariedade, origem sempre já furtada a partir de um campo organizado da palavra no qual procura em vão um lugar que sempre falta[5].

Artaud lastima que essa palavra pré-constituída não lhe pertença. "Eu não tenho mais a minha língua", desabafa em "O Pesa-nervos", recordando "esses estados que nunca são nomeados, essas situações iminentes da alma, ah, esses intervalos de espírito" (p. 209).

O movimento de revolta contra a "língua soprada" é transparente nos textos deste livro. Na tentativa de incorporar o pensamento vivo, de capturar os "intervalos de espírito", Artaud produz um discurso descontínuo, composto por fragmentos recidivos e entrecortado de explosões emocionais.

A emoção que brota dessa escritura deve-se também à crueza de alguns relatos e à desobediência a normas de pontuação ou à sequência lógica do pensamento.

Os frequentes saltos de um tema a outro são acompanhados pela mudança formal dos textos que oscilam, repentinamente, de um tom descritivo e didático para explosões emocionais de carnalidade visceral, sucedidas, sem solução de continuidade, por delirantes construções de imagem.

É interessante observar como essas figurações visuais são especialmente adequadas e propícias à descrição de pinturas, quando as imagens poéticas do texto artaudiano projetam uma curva analógica que tangencia em alguns pontos o quadro enfocado, sem no entanto oferecer dele uma visão objetiva. Nesse sentido pode-se afirmar que os textos sobre pintura incluídos neste livro foram inspirados por algumas obras, sem, no entanto, pretenderem realizar uma crítica de arte mais convencional. Artaud chega a defender essa abordagem no "Texto Surrealista", "escrito sob inspiração dos quadros de André Masson" (p. 203).

Os outros escritos sobre pintura coletados neste volume têm o mesmo caráter. Veja-se especialmente "Uccello o Pelo", "A Bigorna das Forças", "O Autômato Pessoal" e as impressões sobre quadros de Van Gogh incluídas no "Suicidado da Sociedade".

Se a linguagem merece esse tratamento nos textos é inevitável mencionar o lugar da palavra no palco da crueldade.

Apesar de não aparecer com evidência nos ensaios aqui reunidos, essa questão é sempre tangenciada, ainda que por via negativa.

Evitar que o teatro seja um auxiliar decorativo do texto ou impedir que a encenação apareça como uma segunda versão da dramaturgia são recomendações

5. Jacques Derrida, "A Palavra Soprada", em *A Escritura e a Diferença*, São Paulo: Perspectiva, 1971, p. 120.

que frequentam várias passagens desta coletânea, especialmente "O Teatro e a Psicologia – O Teatro e a Poesia".

Artaud não propõe a supressão da palavra no teatro, mas planeja subordiná-la à cena, modificando sua função ("Carta a René Daumal", p. 137). Trata-se de transformar a palavra em imagem, atribuindo-lhe a importância que tem nos sonhos.

A palavra estará, portanto, presente na cena, ainda que deixe de dirigi-la. Lembrando Derrida, as palavras serão apagadas do palco da crueldade apenas na medida em que pretendam ser ordens. É o silêncio da palavra/definição aliado à tentativa de despertar, por meio do teatro, o gesto que dorme em cada palavra. Para isso a intenção lógica e discursiva da linguagem deve ser reduzida ao máximo, pois é ela que assegura à palavra sua transparência racional, encobrindo seu corpo pela remissão ao sentido. Ora, o sentido oculta o que constitui a carne da palavra, o grito que a lógica do sentido ainda não calou totalmente. Aquilo que, em toda palavra, ainda resta de gesto oprimido.

Com independência do sentido as palavras podem ser usadas de modo concreto, se possível como objetos sólidos que causem comoções físicas. Esse uso concreto transforma a palavra em espaço: explora sua entonação, sonoridade e intensidade, ensaia as possibilidades musicais de pronunciá-la, recupera sua fisicalidade através do "deslocamento de ar que sua enunciação provoca" ("Teatro Alfred Jarry II", p. 35).

Para concluir a apresentação dos textos deste volume, não podemos deixar de falar em traição. Tentar organizar alguns escritos artaudianos tomando como fio seu pensamento sobre loucura, encenação, cinema e linguagem é, sem dúvida, traí-lo. Artaud não pode ser tratado apenas como ensaísta. E infinitamente maior que isso.

Lendo seus textos é possível esboçar uma teoria. Mas como não sentir desconforto ao desentranhar conceitos da escrita de um poeta que define o teatro como "terra do fogo, lagunas do céu, batalha dos sonhos"? Como duvidar do profeta, quando ele grita em "O Pesa-nervos": "Aqueles que creem em classificações, termos, ideologias, são porcos"?

Talvez a loucura seja a chave de resistência dessa obra que se furta sempre às investidas classificatórias.

Pois a impressão que se tem ao ler Artaud é a de um percurso jamais encerrado. Sensação muito próxima da metáfora que Michel Foucault usa para figurar a loucura trágica. A *Stultifera Navis* é a imagem essencial desta loucura, pois aprisiona o louco no fluido espaço da água, transformando-o em prisioneiro da passagem.

Antonin Artaud também nos mantém prisioneiros de sua obra. Como o louco fechado no navio, somos entregues "ao rio de mil braços, ao mar de mil caminhos, a essa grande incerteza exterior a tudo"[6].

---

6. Michel Foucault, *História da Loucura*, São Paulo: Perspectiva, 1978, p. 12.

Navegando no espaço imaginário projetado por seus escritos somos, como o louco, passageiros por excelência. Prisioneiros da passagem.

É para o outro mundo que parte o louco em sua barca louca; é do outro mundo que ele chega quando desembarca. [...] E a terra à qual aportará não é conhecida, assim como não se sabe, quando desembarca, de que terra vem. Sua única verdade e sua pátria são essa extensão estéril entre duas terras que não lhe podem pertencer[7].

Sílvia Fernandes
J. Guinsburg

7. Idem, ibidem.

NO TEATRO

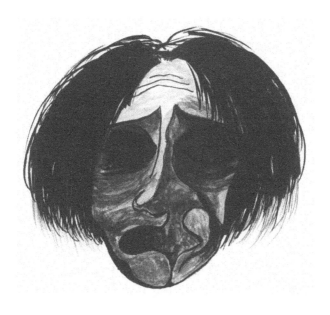

A Evolução do Cenário[1]

É preciso ignorar a *mise en scène*, o teatro.

Todos os grandes dramaturgos, os dramaturgos-modelo, pensaram fora do teatro.

Vejam Esquilo, Sófocles, Shakespeare.

Vejam, em outra ordem de ideias, Racine, Corneille, Molière. Eles suprimem ou quase suprimem a *mise en scène* exterior, mas exploram ao infinito os deslocamentos interiores, esta espécie de perpétuo vaivém das almas de seus heróis.

A escravização ao autor, a submissão ao texto, que barco fúnebre! Mas cada texto tem possibilidades infinitas. O espírito e não a letra do texto! Mas um texto exige mais do que análise e penetração.

Há que restabelecer um tipo de intercomunicação magnética entre o espírito do autor e o espírito do encenador. O encenador deve prescindir até de sua própria lógica e de sua própria compreensão. Aqueles que pretenderam até agora em suas encenações ater-se unicamente a textos chegaram talvez a se livrar do mimetismo beato de certas tradições, mas não souberam, antes de tudo, prescindir do teatro e de sua compreensão. Substituíram certas tradições de Molière e

---

1. *L'Évolution du décor* (*A Evolução do Cenário*) apareceu em *Comœdia* de 19 de abril de 1924. Dois esboços ilustravam o trabalho; o primeiro, acompanhado da seguinte legenda: *Esquema Arquitetônico, de Antonin Artaud, para "A Praça do Amor", drama mental segundo Marcel Schwob*, a segunda dizia: *Esquema Arquitetônico de Antonin Artaud.*

L'Évolution du décor pode ser considerada como o primeiro dos manifestos que Antonin Artaud escreveu a propósito do teatro; a este título, seu lugar à testa do volume, ao modo de preâmbulo aos manifestos do Teatro Alfred Jarry, parece justificado.

do Odeon por determinadas tradições novas, vindas da Rússia e de outras partes. E embora procurassem livrar-se do teatro, pensavam ainda e sempre no teatro. Compunham com o palco, com os cenários, com os atores.

Conceber cada obra, com vistas ao teatro. Reteatralizar o teatro. Tal é o novo grito monstruoso. Mas o teatro precisa ser relançado na vida.

Isto não quer dizer que se deva fazer vida no teatro. Como se pudéssemos simplesmente imitar a vida. O que se faz necessário é reencontrar *a vida do teatro*, em toda a sua liberdade.

Tal vida acha-se toda ela, por inteiro, incluída no texto dos grandes trágicos, quando o ouvimos com sua cor, quando o vemos com suas dimensões e seu nível, seu volume, suas perspectivas, sua densidade particular.

Mas nos falta misticidade. Que é pois um encenador que não está habituado a olhar antes de tudo dentro de si mesmo e que não saberia, em caso de necessidade, abstrair-se e livrar-se de si? Este rigor é indispensável. Não é senão à força de purificação e esquecimento que poderemos redescobrir a pureza de nossas reações iniciais e aprender a dar de novo a cada gesto do teatro seu indispensável sentido humano.

Por ora, procuremos, acima de tudo, peças que sejam como uma transubstanciação da vida. Vai-se ao teatro para fugir de si mesmo ou, se quiserem, para reencontrar-se naquilo que se tem, não tanto de melhor, mas de mais raro e *mais peneirado*. Tudo é lícito no teatro, salvo a secura e a "cotidianidade". Lancemos os olhos sobre a pintura. Há, nos tempos que correm, jovens pintores que redescobriram o sentido da verdadeira pintura. Pintam jogadores de xadrez e de cartas que são semelhantes a deuses.

O que provoca esta atração que o circo e o *music hall* exercem sobre nosso mundo moderno? Empregaria de fato a palavra fantasia, se não me parecesse tão prostituída, ao menos no sentido que a compreendemos atualmente, e se ela não levasse unicamente a esta *reteatralização* do teatro que é o *dernier cri*, a última moda do ideal contemporâneo. Não, eu diria antes que é preciso intelectualizar o teatro, pôr os sentimentos e os gestos das personagens no plano onde elas têm seu sentido mais raro e mais essencial. Cumpre tornar mais sutil a atmosfera do teatro. O que não exige nenhuma operação metafísica muito elevada. Testemunha disto é o circo. Mas simplesmente o sentido dos valores do espírito. Isto suprime e coloca fora do teatro no mínimo três quartos das produções que têm curso nele, mas, ao mesmo tempo, faz o teatro remontar à sua origem e o salva. Para salvar o teatro, eu suprimiria até Ibsen, por causa de certas discussões sobre pontos de filosofia ou de moral que não empenham suficientemente, *em relação a nós*, a alma de seus heróis.

Sófocles, Esquilo, Shakespeare, preservavam certas crispações da alma um pouco demasiadamente ao nível da vida normal, por esta espécie de terror divino que pesava sobre os gestos de seus heróis, e ao qual o povo era mais sensível não menos do que hoje em dia.

O que perdemos do lado estritamente místico, podemos reconquistá-lo do lado intelectual.

Mas cumpre, para isso, reaprender a ser místico, ao menos de uma certa maneira; e dedicando-nos a um texto, esquecendo a nós mesmos, esquecendo o teatro, esperar e fixar as imagens que nascerão em nós nuas, naturais, excessivas e ir até o extremo destas imagens.

Desembaraçar-se não somente de toda realidade, de toda verossimilhança, mas até mesmo de toda lógica, se ao cabo do ilogicismo percebemos ainda a vida.

Praticamente, e uma vez que é preciso apesar de tudo princípios, eis algumas ideias palpáveis:

É certo que tudo quanto é no teatro visivelmente falso contribui para criar o erro de que sofremos. Vejam os palhaços. Eles constroem a cena com a direção de um olhar. Portanto, sobre a cena, nada além do real. Mas tudo isso foi dito. Não se suportará que atores a três dimensões se movam sobre perspectivas planas e com máscaras pintadas. A ilusão não existe para a primeira fileira da plateia. E preciso ou distanciar a cena, ou suprimir todo o lado visual do espetáculo.

Ademais, para que a gradação mental seja mais sensível, cumpre estabelecer entre Shakespeare e nós uma espécie de ponte corporal. Um ator qualquer que, fantasiado de algum modo, o coloque fora da vida normal, mas sem projetá-lo no passado, será tido como alguém que assiste ao espetáculo, mas sem tomar parte nele. Uma espécie de personagem de chapéu-claque e sem maquilagem que, por seu ar, seria extraída da assembleia. Seria preciso mudar a conformação da sala e que o palco fosse deslocável segundo as necessidades da ação. Seria preciso igualmente que o lado estritamente espetáculo do espetáculo fosse suprimido. Ir-se-ia lá não tanto para ver, mas para participar.

O público deve ter a sensação de que poderia, sem uma operação muito engenhosa, fazer o que os atores fazem.

Entendidos estes poucos princípios, o resto é questão de gênio do encenador, que deve encontrar os elementos de sugestão e de estilo, a arquitetura ou a linha essencial mais próprias para evocar uma obra em sua atmosfera e em sua especificidade.

Tradução de J. Guinsburg

Esboços arquitetônicos feitos por Antonin Artaud para *La Place de l'Amour*, drama mental baseado na obra de Marcel Schwob.

O Teatro Alfred Jarry[1]

O teatro participa deste descrédito no qual caem uma após outra todas as formas de arte. Em meio à confusão, à *ausência*, à desnaturação de todos os valores humanos, a esta angustiante incerteza na qual mergulham no tocante à necessidade ou ao valor desta ou daquela arte, desta ou daquela forma da atividade do espírito, a ideia de teatro é provavelmente a mais atingida. Procurar-se-ia em vão na massa dos espetáculos apresentados diariamente alguma coisa que respondesse à ideia que se pode ter de um teatro absolutamente puro.

Se o teatro é um jogo, um número demasiado de graves problemas nos solicita para que possamos distrair, em proveito de algo tão aleatório quanto este jogo, a menor parcela de nossa atenção. Se o teatro não é um jogo, se é uma realidade verdadeira, por que meios lhe prestar esta classe de realidade, fazer de cada espetáculo uma espécie de acontecimento, tal é o problema que devemos resolver.

Nossa impotência *em crer*, em nos iludir, é imensa. As ideias de teatro não têm mais para nós o brilho, a mordacidade, este caráter de coisa única, inusitada, *inteira*, que ainda conservam certas ideias escritas ou pintadas. No momento de lançar esta ideia de um teatro puro e de tentar dar-lhe uma forma concreta, uma das primeiras questões que devemos colocar é a de saber se podemos encontrar um público capaz de nos conceder o mínimo de confiança e de crédito necessá-

---

1. Este primeiro manifesto do Teatro Alfred Jarry foi publicado, de forma fragmentada na *Nouvelle Revue Française* (nº 158, 1º de novembro de 1926) precedido do nariz de cera:
Jovens escritores fundam o "teatro Alfred Jarry". Eles nos pedem publicar algumas passagens de seu manifesto.

rio, em uma palavra, de *tomar partido* conosco. Pois ao contrário dos literatos ou dos pintores nos é impossível dispensar o público, que se torna aliás parte integrante de nossa experiência.

O teatro é a coisa mais impossível de salvar no mundo. Uma arte baseada inteiramente em um poder de ilusão que é incapaz de proporcionar não tem outra coisa a fazer senão desaparecer.

[...] As palavras têm ou não seu poder de ilusão. Elas têm seu valor próprio. Mas cenários, figurinos, gestos e gritos falsos não substituirão jamais a realidade que esperamos. É isto que é grave: a formação de uma realidade, a irrupção inédita de um mundo. O teatro deve nos dar este mundo efêmero, mas verdadeiro, este mundo tangente ao real. Ele será ele próprio este mundo ou nós dispensaremos o teatro.

O que há de mais abjeto e ao mesmo tempo de mais sinistramente terrível do que o espetáculo de um aparato de polícia? A sociedade se conhece em suas encenações, baseadas na tranquilidade com a qual dispõe da vida e da liberdade das pessoas. Quando a polícia prepara uma *blitz*, dir-se-ia ver evoluções de um bale. Os agentes vão e vêm. Apitos lúgubres dilaceram o ar. Uma espécie de solenidade dolorosa se desprende de todos os movimentos. Pouco a pouco o círculo se fecha. Estes movimentos, que pareciam à primeira vista gratuitos, pouco a pouco seu alvo se desenha, aparece – e também este ponto do espaço que lhes serviu até agora de pivô. É uma casa de qualquer aparência cujas portas de repente se abrem, e do interior desta casa eis que sai um rebanho de mulheres, em cortejo, e que vão como para o matadouro. A questão toma corpo, a puxada de rede era destinada não a uma certa população contrabandista, mas apenas a um amontoado de mulheres. Nossa emoção e nosso espanto encontram-se no auge. Jamais encenação mais bela foi seguida de semelhante desenlace. Culpados, é certo, nós o somos tanto quanto estas mulheres, e tão cruéis quanto estes policiais. E verdadeiramente um espetáculo completo. Pois bem, este espetáculo é o teatro ideal[2]. Esta angústia, este sentimento de culpabilidade, esta vitória, esta saciedade, dão o tom e o sentido do estado mental no qual o espectador deverá sair de nosso teatro. Ele será sacudido e ficará arrepiado com o dinamismo interior do espetáculo e este dinamismo estará em relação direta com as angústias e as preocupações de toda a sua vida.

A ilusão não versará mais sobre a verossimilhança ou a inverossimilhança da ação, mas sobre a força comunicativa e a realidade desta ação.

Veem agora ao que nós queremos chegar? Queremos chegar a isto: que em cada espetáculo montado desempenhemos uma parte grave, que todo o interes-

---

2. Comparação pela qual os fundadores do Teatro Jarry foram violentamente censurados por André Breton no *Segundo Manifesto do Surrealismo*: *E enfim o Sr. Vitrac, verdadeiro porcalhão de ideias – abandonemos-lhes a "poesia pura" a ele e a essa outra barata o Abade Bremond – pobre João Ninguém cuja ingenuidade a toda prova foi a ponto de confessar que seu ideal de homem de teatro, ideal que é também, naturalmente, o do Senhor Artaud, era organizar espetáculos que pudessem rivalizar em beleza com as batidas da polícia.* (André Breton, *Manifestes du Surréalisme*, Idées n.r.f., 1965, p. 89).

se de nosso esforço resida neste caráter de gravidade. Não é ao espírito ou aos sentidos dos espectadores que nos dirigimos, mas a toda sua existência. A deles e à nossa. Jogamos nossa vida no espetáculo que se desenrola sobre o palco. Se não tivéssemos o sentimento muito nítido e muito profundo de que uma parcela de nossa vida profunda está engajada aí dentro, não julgaríamos necessário levar mais longe a experiência. O espectador que vem ver-nos sabe que vem oferecer-se a uma operação verdadeira, onde não somente seu espírito mas também seus sentidos e sua carne estão em jogo. Ele irá doravante ao teatro como vai ao cirurgião ou ao dentista. No mesmo estado de espírito, pensando, evidentemente, que não morrerá, mas que é grave e que não sairá lá de dentro intato. Se não estivéssemos persuadidos de poder atingi-lo o mais gravemente possível, nós nos julgaríamos inferiores à nossa tarefa mais absoluta. Ele deve estar bem persuadido de que somos capazes de fazê-lo gritar.

Tradução de J. Guinsburg

TEATRO ALFRED JARRY (II)

PRIMEIRO ANO – TEMPORADA DE 1926-1927[1]

As convenções teatrais venceram. Tais como somos, somos incapazes de aceitar um teatro que continuasse a trapacear conosco. Temos necessidade de crer naquilo que vemos. Um espetáculo que se repete todas as noites segundo os

1. Brochura em oito páginas, n-8º, com capa cinzenta, impresso pela S.G.I.É. em 1926.
Na página da capa, embaixo, a seguinte menção:
   Diretor: ROBERT ARON.
A antepenúltima página da brochura está reservada para o relatório da Administração do Teatro Jarry:
MEMBROS BENFEITORES, MEMBROS FUNDADORES E AMIGOS DO TEATRO AL-FRED JARRY
   O *Teatro Alfred Jarry é uma empresa desinteressada e sem fins comerciais. Tem vontade, após seus primeiros espetáculos, de viver por seus próprios meias e aplicando o mesmo espírito de integridade e de independência à sua gestão financeira que à sua direção artística.*
   Para assegurar completamente seus primeiros espetáculos, ele precisa apelar aqueles que se interessam por seu esforço.
   Estes poderão se inscrever entre seus Membros Benfeitores, Membros Fundadores ou seus Amigos.
   A. – Membros Benfeitores do Teatro Alfred Jarry.
   Cotização mínima de 500 francos dando direto a dois lugares numerados fora de série para a primeira representação de cada espetáculo da temporada 1926-1927.
   B. – Membros Fundadores do Teatro Alfred Jarry.
   Cotização de 250 francos ou 150 francos a escolher.
   A cotização de 250 francos dá direito a quatro lugares numerados fora de série para o espetáculo de abertura da temporada de 1926-1927.

mesmos ritos, sempre idênticos a si próprios, não pode conquistar nossa adesão. Temos necessidade de que o espetáculo ao qual assistimos seja único, que ele nos dê a impressão de ser tão imprevisto e tão incapaz de se repetir quanto qualquer ato da vida, qualquer acontecimento trazido pelas circunstâncias.

Em uma palavra, com este teatro nós reatamos com a vida em vez de nos separarmos dela. O espectador e nós mesmos não poderemos nos levar a sério se não tivermos a impressão muito nítida de que uma parcela de nossa vida profunda está empenhada nesta ação que tem por quadro o palco. Cômico ou trágico, nosso jogo será um desses jogos em que em um dado momento a gente ri amarelo. É nisto que nós nos empenhamos.

É nesta angústia *humana* que o espectador deve sair de nosso teatro. Ele será sacudido e ficará arrepiado com o dinamismo interior do espetáculo que se desenrolará diante de seus olhos. E este dinamismo estará em relação direta com as angústias e as preocupações de toda sua vida.

Tal é a fatalidade que evocamos, e o espetáculo será esta fatalidade ela mesma. A ilusão que procuramos criar não versará sobre a maior ou menor verossimilhança da ação, mas sobre a força comunicativa e a realidade desta ação. Cada espetáculo se tornará, por este fato mesmo, uma espécie de acontecimento. Será preciso que o espectador tenha o sentimento de que se desempenha diante dele uma cena de sua própria existência, e uma cena verdadeiramente capital.

Nós pedimos, em uma palavra, ao nosso público, uma adesão íntima, profunda. A discrição não é coisa nossa. A cada espetáculo montado, jogamos uma partida grave. Se não estivermos decididos a tirar até o extremo a consequência de nossos princípios, estimaremos que a partida, justamente, não valerá a pena ser jogada. O espectador que vem à nossa casa saberá que ele vem se oferecer a uma operação verdadeira onde não somente seu espírito mas seus sentidos e sua carne estão em jogo. Se não estivéssemos persuadidos de atingi-lo o mais gravemente possível, nós nos consideraríamos inferiores à nossa tarefa mais absoluta. Ele deve estar de fato persuadido de que somos capazes de fazê-lo gritar[2].

Esta necessidade na qual nos encontramos de ser o mais verdadeiro e o mais vivo possível indica suficientemente o desprezo que temos por todos os meios de teatro propriamente ditos, tudo o que constitui o que se convencionou chamar encenação, assim como iluminação, cenários, figurinos etc. Há aí todo um pitoresco de encomenda e que não é aquilo a que dirigimos todas as nossas preocu-

A cotização de 150 francos dá direito a dois lugares numerados fora de série para espetáculo de abertura da temporada 1926-1927.

C. – Amigos do Teatro Alfred Jarry.

Cotização de 50 francos dando direito a uma redução de 5 francos válida para dez cadeiras adquiridas no curso da temporada de 1926-1927.

A última página, destacável, e um talão de subscrição que nos indica o endereço do Teatro Alfred Jarry em 1926: Rua Du Vieux-Colombier, 21.

2. Algumas frases desse parágrafo, retomadas textualmente do manifesto publicado na *Nouvelle Revue Française* cf. p. 31, último parágrafo), pareciam indicar que este texto é o primeiro manifesto modificado e recomposto.

pações. Por um pouco, nós voltaríamos às velas. O teatro reside, para nós, em alguma coisa de imponderável e que não se acomoda de maneira nenhuma ao progresso.

O que dará aos espetáculos montados por nós seu valor de realidade e evidência dependerá, a maior parte do tempo, de um achado insensível, mas capaz de criar no espírito do espectador o máximo de ilusão. E bastante dizer que em matéria de *mise en scène* e de princípios nós nos fiamos bravamente no acaso. No teatro que queremos fazer, o acaso será nosso deus. Não temos medo de nenhum malogro, de nenhuma catástrofe. Se não tivéssemos fé em um milagre possível, não nos empenharíamos nesta via cheia de imprevistos. Mas um milagre só é capaz de nos recompensar por nossos esforços e por nossa paciência. É com este milagre que contamos.

O encenador, que não obedece a nenhum princípio, mas que segue sua inspiração, fará ou não a descoberta que é necessária para nós. Em função da peça que tiver de montar, ele fará ou não uma descoberta, efetuará ou não uma surpreendente invenção engenhosa, encontrará ou não o *elemento de inquietude próprio para lançar o espectador na dúvida procurada.* Todo o nosso acerto é função desta alternativa.

É evidente, todavia, que nós trabalhamos à base de textos determinados; as obras que representaremos pertencem à literatura, não importa o que se ache dela. Como chegar a conciliar nosso desejo de liberdade e independência com a necessidade de nos conformar com um certo número de diretivas impostas pelos textos?

Por esta definição que tentamos dar ao teatro, uma só coisa nos parece invulnerável, uma só coisa nos parece verdadeira: o texto. Mas o texto enquanto realidade distinta, existente por si mesma, bastando-se a si mesma, e não no tocante a seu espírito, que estamos tão pouco quanto possível dispostos a respeitar, mas simplesmente no tocante ao deslocamento de ar que sua enunciação provoca. E ponto final.

Pois o que nos parece essencialmente penoso no teatro, e sobretudo essencialmente destrutível, é que o que distingue a arte teatral da arte pictórica e da literatura é toda esta tralha detestável e atravancadora que faz de uma peça escrita um espetáculo em lugar de permanecer nos limites da palavra, das imagens e das abstrações.

E isto, esta tralha, esta ostentação visual que queremos reduzir a seu mínimo impossível e recobrir sob o aspecto de gravidade e o caráter de inquietude da ação.

O Teatro Alfred Jarry

Tradução de J. Guinsburg

Manifesto por um Teatro Abortado[1]

Na época de confusão em que vivemos, época toda carregada de blasfêmias e das fosforescências de uma renegação infinita, onde todos os valores tanto artísticos quanto morais parecem dissolver-se em um abismo do qual nada em nenhuma das épocas do espírito pode dar uma ideia, tive a fraqueza de pensar que eu poderia fazer um teatro, que eu poderia pelo menos encetar esta tentativa de dar de novo vida ao valor universal do teatro, mas a estupidez de uns, a má-fé e a ignóbil canalhice de outros me dissuadiram para todo o sempre.

Desta tentativa permanece ante meus olhos o seguinte manifesto:

Aos... de janeiro de 1927 o teatro A... dará sua primeira representação. Seus fundadores têm a consciência mais viva da espécie de desespero que o lançamento de semelhante teatro supõe. E não é sem um tipo de remorso que eles resolvem fazê-lo. Não é preciso que alguém se engane a esse respeito. O teatro A... não é um negócio, ninguém duvida. Mas ele é, ademais, uma tentativa pela qual certo número de espíritos jovens arriscam tudo. Nós não cremos, nós não cremos mais que haja alguma coisa no mundo que se possa chamar o teatro, nós não vemos a qual realidade semelhante denominação se dirige. Nós estamos, ninguém sonharia negá-lo, do ponto de vista espiritual, numa época crítica. Nós cremos em todas as ameaças do invisível. E é contra o invisível mesmo que nós lutamos. Nós estamos inteiramente dedicados a desenterrar um certo número de segredos. E nós queremos justamente trazer à luz este montão de desejos, de sonhos, de ilusões,

---

1. *Les Cahiers du Sud* (13º ano, nº 87, fevereiro de 1927).

de crenças que levaram a esta mentira na qual ninguém mais acredita, e que chamam por zombaria, parece: o teatro. Nós queremos chegar a vivificar um certo número de imagens, mas de imagens evidentes, palpáveis, que não estejam manchadas de uma eterna desilusão. Se nós fazemos um teatro não é para representar peças, mas para conseguir que tudo quanto há de obscuro no espírito, de enfurnado, de irrevelado, se manifeste em uma espécie de projeção material, real. Nós não procuramos denunciar como isto se produziu até aqui, como isto sempre foi o fato do teatro, a ilusão daquilo que não existe, mas ao contrário fazer aparecer ante os olhares um certo número de quadros, e imagens indestrutíveis, inegáveis, que falarão ao espírito diretamente. Os objetos, os acessórios, os próprios cenários que figurarão no palco, deverão ser entendidos em um sentido imediato, sem transposição; deverão ser tomados não pelo que representam, mas pelo que são na realidade. A encenação propriamente dita, as evoluções dos atores, não deverão ser consideradas senão como os signos visíveis de uma linguagem invisível ou secreta. Não haverá um só gesto de teatro que não carregará atrás de si toda a fatalidade da vida e os misteriosos encontros dos sonhos. Tudo o que na vida tem um sentido augural, divinatório, corresponde a um pressentimento, provém de um erro fecundo do espírito, tudo isto será encontrado em um dado momento sobre o nosso palco.

Compreende-se que nossa tentativa é tanto mais perigosa quanto mais ela enxameia de ambições. Mas é preciso efetivamente que as pessoas se compenetrem desta ideia, de que nós não temos medo do nada. Não há vazio na natureza que não julguemos o espírito humano capaz de preencher em um dado momento. Vê-se a que terrível tarefa nós nos atiramos; nós não visamos a nada menos que remontar às fontes humanas ou inumanas do teatro e a ressuscitá-lo totalmente.

Tudo o que pertence à ilegibilidade, à fascinação magnética dos sonhos, tudo isto, estas camadas sombrias da consciência que são tudo o que nos preocupa no espírito, nós queremos vê-lo radiar e triunfar em um palco, prontos a nos perder a nós mesmos e a nos expor ao ridículo de um colossal fracasso. Nós não temos medo tampouco desta espécie *départi pris* que nossa tentativa representa.

Nós concebemos o teatro como uma verdadeira operação de magia. Nós não nos dirigimos aos olhos, nem à emoção direta da alma; o que nós procuramos criar é uma certa emoção *psicológica* onde as molas mais secretas do coração serão postas a nu.

Nós não pensamos que a vida seja representável em si mesma ou que valha a pena arriscar a sorte neste sentido.

Rumo a este teatro ideal, nós avançamos nós mesmos como cegos. Nós sabemos parcialmente o que queremos fazer e como poderíamos realizá-lo materialmente, mas temos fé em um acaso, em um milagre que se produzirá para nos revelar tudo o que ignoramos ainda e que dará toda a sua vida superior profunda a esta pobre matéria que nós nos encarniçamos em amassar.

Fora portanto da maior ou menor consecução de nossos espetáculos, os que vierem a nós compreenderão que participam de uma tentativa mística pela qual uma parte importante do domínio do espírito e da consciência pode ser definitivamente salva ou perdida.

Antonin Artaud

13 de novembro de 1926

P.S.: Estes revolucionários de papel de bosta que gostariam de nos levar a crer que fazer atualmente um teatro é (como se isto valesse a pena, como se isto pudesse ter importância, *as letras*, como se não fosse *alhures* que nós desde sempre fixamos nossas vidas), esses velhacos sujos gostariam de nos levar a crer que fazer atualmente teatro é uma tentativa contrarrevolucionária, como se a Revolução fosse uma ideia-tabu e na qual fosse desde sempre proibido tocar.

Pois bem, eu, eu não aceito ideia-tabu.

Para mim há muitas maneiras de entender a Revolução e dentre estas maneiras a Comunista me parece de longe a pior, a mais reduzida. Uma revolução de preguiçosos. Não me importa absolutamente, eu o proclamo bem alto, que o poder passe das mãos da burguesia para as do proletariado. Para mim a Revolução não está aí. Ela não está em uma simples transmissão de poderes. Uma Revolução que pôs na primeira fileira de suas preocupações as necessidades da produção e que devido a este fato se obstina em apoiar-se no maquinismo como um meio de facilitar a condição dos operários é para mim uma revolução de castrados. E eu não me alimento desta erva aí. Eu acho, ao contrário, que uma das razões principais do mal de que sofremos reside na exteriorização desenfreada e na multiplicação prolongada ao infinito da força; ela reside também em uma facilidade anormal introduzida nas trocas de homem para homem e que não deixa mais ao pensamento o tempo de retomar raiz nele mesmo. Estamos todos desesperados de tanto maquinismo em todos os níveis de nossa meditação. Mas as verdadeiras raízes do mal são mais profundas, seria preciso um volume para analisá-las. Por ora, limitar-me-ei a dizer que a Revolução mais urgente a realizar está em uma espécie de regressão no tempo. Que nós voltemos à mentalidade ou simplesmente aos hábitos de vida da Idade Média, mas realmente e por uma via de metamorfose nas essências, e julgarei então que teremos efetuado a única revolução de que vale a pena que se fale.

Há bombas a pôr em alguma parte, mas na base da maioria dos hábitos do pensamento presente, europeu ou não. Por estes hábitos, os Senhores Surrealistas estão atingidos muito mais do que eu lhes asseguro, e o respeito deles por certos fetiches feitos homens e o ajoelhamento deles diante do Comunismo é a melhor prova.

É certo que se eu tivesse feito um teatro, aquilo que eu teria feito estaria tão pouco aparentado com o que se tem o hábito de chamar teatro quanto a representação de uma obscenidade qualquer se assemelha a um antigo mistério religioso.

A.A.

8 de janeiro de 1927[2]

Tradução de Regina Correa Rocha

2. *O Post-Scriptum*, posterior em quase dois meses ao texto do manifesto, foi portanto acrescentado após a exclusão de Antonin Artaud do grupo surrealista que ocorreu em novembro de 1926. Cabe mesmo pensar que é uma primeira resposta à brochura *Au grand jour* assinada: Aragon, Breton, Éluard, Péret, Unik, a qual Antonin Artaud opôs, em julho de 1927, *A la grande nuit.*

O SONHO DE STRINDBERG[1]

O *Sonho* de Strindberg faz parte deste repertório de um teatro ideal, constitui uma destas peças-padrão cuja realização é para um encenador como que o coroamento de uma carreira. O registro dos sentimentos que aí se acham traduzidos, reunidos, é infinito. Encontramos aí ao mesmo tempo o lado de dentro e

---

1. O texto incluído no programa vendido por ocasião das representações do *Sonho ou Jogo de Sonhos*, de Strindberg, interpretado pela primeira vez em Paris, na tradução francesa do autor. A *mise en scène* era de Antonin Artaud. No programa constava esta especificação: *O Prólogo e os 6º, 12º, 14º quadros não serão representados*.

A peça foi representada por Tania Balachova (Agnès), Yvonne Save (a Mãe e a Zeladora), Lannay (a Cantora e a Dançarina), Gilles (Christine), Alexandra (Louise e Edith), Ghita Luchaire (Ela e a Velha Coquette, depois a Mulher e Victoria); Srs. Raymond Rouleau (o Oficial), Straram (o Vidraceiro e o Pai), Bontoux (o Corista e Ele, depois o Marido), Sarantidis (o Ponto e o Amigo), Bruyez (o Pregador de Cartazes e o Escolar), Dallé (o Policial), Maxime Fabert (o Advogado), Boverio (o Poeta), Decroux (o Chefe da Quarentena), Zacharie (Don Juan), de Vos (o Cego); Antonin Artaud só aparecia no 15º e último quadro no papel de A Teologia.

No tocante à distribuição dos papéis em O *Sonho*, Sra. Colette Allendy nos comunicou esta nota manuscrita de Antonin Artaud talvez destinada à imprensa:

O *Sr. Raymond Rouleau que possui uma rara inteligência das necessidades e das leis do teatro de hoje no papel do Oficial. O Sr. Boverio, de natureza generosa, de temperamento de fogo, é que comporá uma fremente figura de Poeta ideal. O Sr. Fabert que soube outorgar o seu temperamento cômico às necessidades de um papel com toda a profundidade. Do lado das senhoras, Tania Balachova presta sua sensibilidade ao papel de Agnès e a Sra. Yvonne Save, seu senso do palco ao duplo papel da Mãe e da Zeladora. Mais ainda, entre as mulheres, Alexandra Pecker, Ghita Luchaire etc., e depois os Srs. Beauchamp, Decroux que compuseram sólidas silhuetas, os Srs. Straram, Bontoux, Zacharie etc.*

o de fora de um pensamento múltiplo e fremente. Os mais altos problemas estão aí representados, evocados em uma forma concreta e misteriosa ao mesmo tempo. É verdadeiramente a universalidade do espírito e da vida cujo frêmito nos é oferecido e que nos empolga no sentido de nossa humanidade mais precisa e mais fecunda. A consecução de semelhante representação sagra necessariamente um encenador, um diretor. O Teatro Jarry tinha a obrigação de montar uma tal peça. É conhecida a razão de ser e o princípio desta nova companhia. O Teatro Jarry gostaria de reintroduzir no teatro o sentido, não da vida, mas de uma certa verdade captada no íntimo do espírito. Entre a vida real e a vida do sonho existe um certo jogo de combinações mentais, de relações de gestos, de acontecimentos traduzíveis em atos e que constitui exatamente esta realidade teatral que o Teatro Jarry pôs na cabeça que iria ressuscitar. O sentido da verdadeira realidade do teatro se perdeu. A noção de teatro se apagou dos cérebros humanos. Ela existe, no entanto, a meio caminho entre a realidade e o sonho. Mas enquanto ela não tiver sido reencontrada em sua integridade mais absoluta e mais fecunda, o teatro não cessará de periclitar. O teatro atual representa a vida, procura, por cenários e iluminações mais ou menos realistas, nos restituir a verdade comum da vida, ou então cultiva a *ilusão* – e então é pior que tudo. Nada há de menos capaz de nos iludir do que a ilusão de acessórios falsos, de papelão e tecidos pintados que a cena moderna nos apresenta. Cumpre tomar o partido dela e não procurar lutar com a vida. Há na simples exposição dos objetos do real, em suas combinações, em sua ordem, nas relações da voz humana com a luz, toda uma realidade que se basta a si mesma e não tem necessidade de outra para viver. É esta falsa realidade que é o teatro, é ela que é preciso cultivar.

A *mise en scène* de O *Sonho* obedece, portanto, a esta necessidade de nada propor aos olhos do público que não possa ser utilizado imediatamente e tal qual pelos atores. Personagens a três dimensões que ver-se-á moverem-se em meio de acessórios, de objetos, em meio de toda uma realidade igualmente a três dimensões. O falso no meio do verdadeiro, eis a definição ideal desta encenação. Um sentido, uma utilização de uma nova ordem espiritual dada aos objetos e às coisas ordinárias da vida.

Tradução de Regina Correa Rocha

O Teatro Alfred Jarry em 1930[1]

DECLARAÇÃO

O Teatro Alfred Jarry, consciente da derrota do teatro diante do desenvolvimento invasor da técnica internacional do cinema, se propõe por *meios especificamente teatrais* contribuir para a ruína do teatro tal como ele existe atualmente na França, arrastando nessa destruição todas as ideias literárias ou artísticas, todas as convenções psicológicas, todos os artifícios plásticos etc., sobre os quais

---

1. Brochura de quarenta e oito páginas, ilustrada com nove fotomontagens, sob capa em cores de Gaston-Louis Roux. Nenhuma indicação do impressor.

As cartas descobertas por Henri Béhar nos informaram que sua redação fora confiada a Roger Vitrac. Esta brochura não pode ser separada das outras publicações do Teatro Alfred Jarry. Além do fato de ter sido Antonin Artaud quem teve a ideia de utilizar as opiniões da imprensa e ter ele se encarregado pessoalmente de redigir, sob a forma de cartas humorísticas, a crônica do segundo e terceiro espetáculos, ele deu a Vitrac instruções precisas sobre o essencial do que devia ser aí dito, instruções que ele deve ter renovado, por certo, mais de uma vez de viva voz, Artaud o levou a modificar certas passagens e rejeitou algumas de suas proposições, nomeadamente naquilo que poderia tender a dar ao panfleto o tom de um manifesto político. Além disso, ele se encarregou pessoalmente das últimas correções e assinou a liberação de impressão.

Henri Béhar descobriu uma cópia datilografada do texto de introdução trazendo, em cima do título, pela mão de Roger Vitrac, a menção: *1º artigo*. Entre esta cópia e a versão que foi impressa é possível notar algumas diferenças que indicamos aqui abaixo. Elas podem corresponder às correções feitas nas provas por Antonin Artaud. Cumpre observar, além do mais, que esta cópia não comporta quase palavras em itálico e que as indicações tipográficas devem ter sido dadas por Antonin Artaud.

o teatro se edifica e reconciliando, ao menos provisoriamente, a ideia do teatro com as partes mais ardentes da atualidade.

HISTÓRICO

O Teatro Alfred Jarry, de 1927 a 1930, deu quatro espetáculos, a despeito das piores dificuldades.

I. O primeiro espetáculo foi representado no Teatro de Grenelle nos dias 1º e 2 de junho de 1927, em *soirée*. Comportava:

1. Ventre brûlé ou la Mère folie (*Ventre Queimado ou a Mãe Louca*), pochade musical de Antonin Artaud[2]. Obra lírica que denunciava humoristicamente o conflito entre o cinema e o teatro;

2. O texto *Ventre brûlé de la Mere folie* ("Ventre Queimado ou A Mãe Louca") não foi encontrado; é de se perguntar se Antonin Artaud na realidade escreveu o "texto" deste rabisco musical e se não se tratava antes de um esquema sucinto a partir do qual ele teria indicado no curso de ensaios os jogos de cena aos atores. Parece, de fato, em todo caso, que o músico, Maxime Jacob, trabalhou tão somente segundo diretivas verbais porquanto, à nossa pergunta relativamente a esse texto problemático, ele respondeu: *Lembro-me com muita nitidez de* Ventre brûlé ou la Mère folle, *mas jamais tive texto algum entre as mãos e não conservei sequer minha música de cena para bateria e contrabaixo.* Ao sair da representação, Benjamin Crémieux nota na *Gazette du franc* (4 de junho de 1927) que se trata de *uma breve alucinação sem texto ou quase.*

Numa tese defendida em 1960, o *Hors-Théâtre*, Robert Maguire tentou reconstituir o esquema de *Ventre de brûlé de la Mère folie*, interrogando os atores. Ele também utilizou visivelmente as críticas da época: a de Benjamin Crémieux, já citada, e de Marcel Sauvage na *Comœdia* (3 de junho de 1927) e de Régis Gignoux no *L'Impartial français* (7 de junho de 1927) das quais há extratos na montagem que da conta da reação da imprensa ao primeiro espetáculo do Teatro Alfred Jarry. Não se deve ocultar o lado contestável e aleatório de uma tal reconstituição feita com lembranças solicitadas a respeito de um fato ocorrido trinta anos antes. (Assim, Arthur Adamov, envocando a representação do *Sonho* em *l'Homme et l'Enfant* (Gallimard, 1968) a partir de suas próprias lembranças, pôde escrever: *No palco, Antonin Artaud, no papel do Oficial, com um gigantesco buquê de flores na mão, bate a uma porta fechada, insiste, chama: "Victoria! Victoria!"* Ora, basta consultar o programa do *Sonho* (cf. nota 1, p. 41) para perceber que o papel do Oficial era desempenhado por Raymond Rouleau e que Antonin Artaud só aparecia no fim da peça no papel da Teologia.) Por isso, damos à reconstituição de Maguire, a título de documentário, mas fazendo as maiores reservas:

Uma personagem entra em cena envergando uma grande toga preta e com as mãos enluvadas; mascara-lhe o rosto a sua longa cabeleira que parece ser de couro umedecido e duro. Ela dança uma espécie de Charleston *numa obscuridade quase completa, adiantando e recuando uma cadeira ao mesmo tempo que pronuncia frases misteriosas. Um brilho de raio e ela se desmorona. E nesse momento que entra o Mistério de Hollywood, vestido de uma longa veste vermelha, com o olho prolongado na direção da boca, por uma máscara que traz um risco no meio. Este toma entre os dedos os longos fios de sua cabeleira e, como que fascinado, puxa-o para a luz violeta afim de estudá-lo, como um químico com seu frasco. Nesse momento, do outro lado do palco, uma personagem, Corno de Abundância, grita: "Acabou o macaroni, Mistério de Hollywood!" Ao que Mistério de Hollywood responde: "Cuidado com o raio, Corno de Abundância, cuidado com o raio!" Uma rainha passa e morre (entre outras personagens que também morrem), mas seu cadáver se levanta à passagem do rei para gritar à suas costas: "Corno!" antes de voltar e deitar-se definitivamente. A segunda cena é consagrada ao enterro, uma espécie de marcha fúnebre semigrotesca e semipungen-*

2. Les Mystères de l'Amour (*Os Mistérios do Amor*, três quadros), de Roger Vitrac[3]. Obra irônica que concretizava na cena a inquietação, a dupla solidão, as segundas intenções criminosas e o erotismo dos amantes. Pela primeira vez um *sonho real* foi realizado no teatro;

3. Gigogne, um quadro de Max Robur[4]. Escrito e representado com um objetivo sistemático de provocação.

II. O segundo espetáculo foi representado na Comédie des Champs-Elysées a 14 de janeiro de 1928, em matinê. Comportava:

1. Partage de Midi (um ato), de Paul Claudel, encenado contra a vontade do autor[5]. Este ato foi apresentado em virtude do axioma de que uma obra impressa pertence a todo o mundo;

te, *em que o corteje, vitriolado por um jato de luz violeta vindo dos bastidores, desfila ao rufor do tambor atrás de uma cortina de jogo de luz.*

Maguire cita em seguida uma carta endereçada a ele por Maxime Jacob que dá mostras de uma prudência mais justa: *Quanto a mim sou infelizmente incapaz de reconstituir o tema e desenvolvimento da peça. Posso somente vos dizer que ela se ligava ao esforço de negação e revolta do movimento surrealista. Parece-me que as personagens – o Rei, sua mulher – encarnavam a angústia do autor e sua recusa desesperada ou blasfematória diante da vida: amor, casamento, sociedade etc., me parece, eram as mais particularmente visadas. Tenho a lembrança de uma espécie de marcha fúnebre semigrotesca e semipungente. Por isso concebi uma música quase exclusivamente para percussão, com pulsões monótonas e frenéticas, com ritmos elementares, e suas combinações me pareciam dever ilustrar bem os tormentos da alma do autor, que eu não partilhava de modo algum.*

3. Um pequeno cartaz anunciando o primeiro espetáculo do Teatro Alfred Jarry nos informa sobre a sua interpretação:

VENTRE QUEIMADO OU A MÃE LOUCA
pochade musical por ANTONIN ARTAUD
com a colaboração de MAXIME JACOB
GIGOGNE, por MAX ROBUR

LE MYSTÈRES DE L'AMOUR
_____ _____por ROGER VITRAC
mise en scène de ANTONIN ARTAUD
maquetes de JEAN DE BOSSCHÈRE
INTERPRETADO por
GÉNICA ATHANASIOU
JACQUELINE HOPSTEIN, JEAN MAMY
EDMOND BEAUCHAMP, RAYMOND ROULEAU
RENÈ LEFÈVRE etc.

4. O texto de *Gigogne*, por Max Robur (pseudônimo de Robert Aron), não foi publicado. Eis o que dizia dele Benjamin Crémieux: *O Sr. Max Robur em* Gigogne *retomou um assunto muitas vezes tratado, de um pai de Gigogne (figura de teatro de criança que se apresenta como mãe de grande número de filhos que lhe saem debaixo da saia) rodeado por seus pequenos bastardos. Não demora muito para ele lançar sobre o público injúrias do gênero* Chat Noir *que não provocaram outras reações na plateia exceto as de um estranho espanto: "Mas ninguém berra?" Ninguém tinha, na verdade, vontade de se indignar.* (*La Gazette du franc*, 4.jun.l927).

5. Os convites davam as seguintes informações:
NO PROGRAMA

2. *La Mère* (*A Mãe*), segundo Gorki, filme revolucionário de Pudovkin, proibido pela censura e que foi projetado em primeiro lugar pelas ideias que contém, depois por suas próprias qualidades e, enfim, para protestar justamente contra a censura.

III. O terceiro espetáculo foi representado no Théâtre de l'Avenue, nos dias 2 e 9 de junho de 1928, em matinê. Comportava:

O *Sonho ou Jogo de Sonhos*, de August Strindberg. Este drama foi montado por causa de seu caráter excepcional, porque o onirismo desempenha aí o papel máximo, porque ninguém ousava montá-lo em Paris, porque foi traduzido em francês por Strindberg mesmo, por causa da dificuldade que uma tal empresa comportava e, enfim, para aplicar e desenvolver em grande escala os métodos de encenação que são próprios do Teatro Alfred Jarry.

IV. O quarto espetáculo foi representado na Comédie des Champs-Elysées nos dias 24 e 29 de dezembro de 1928 e 5 de janeiro de 1929, em matinê. Comportava:

Victor ou les Enfants au pouvoir (*Vitor ou as Crianças no Poder*), drama burguês em três atos de Roger Vitrac. Este drama ora lírico, ora irônico, ora direto, era dirigido contra a família burguesa, tendo como discriminantes: o adultério, o incesto, a escatologia, a cólera, a poesia surrealista, o patriotismo, a loucura, a vergonha e a morte.

A HOSTILIDADE PÚBLICA

Nós classificamos sob esta denominação todas as dificuldades com as quais se chocam as empresas livres e desinteressadas do gênero Teatro Alfred Jarry. São: *a procura de capitais, a escolha do lugar, as dificuldades de colaboração, a censura, a polícia, a sabotagem sistemática, a concorrência, o público, a crítica.*

Procura de Capitais

O dinheiro se esconde. Acontece, todavia, que às vezes é encontrado para um espetáculo, o que é insuficiente, pois os empreendimentos periódicos não constituem propriamente um negócio, não se beneficiam das vantagens de que gozam explorações regulares. Ao contrário, são sangrados ao vivo pelos fornecedores de

I. *Uma obra-prima do cinema russo moderno*, A Mãe, *de Pudovkin* (*segundo o romance de Gorki*).
   Versão integral
II. *Um ato inédito de um escritor "notório" representado sem autorização do autor*.*
Com a participação da:
Senhora Génica Athanasiou, os senhores André Berley, Henri Crémieux etc.
   Mise en scène de Antonin Artaud.
* O nome do autor e o título da peça serão anunciados na abertura da representação.

todos os tipos que, não contentes de fazer pagar o preço maior, majoram-no tanto quanto podem, estimando ser de justiça que percebam uma taxa sobre esses *divertimentos de esnobes*.

Daí resulta que todas as assinaturas, subvenções ou outras formas se veem rapidamente engolidas e que, malgrado o gesto e a repercussão do espetáculo, este deve ser interrompido na segunda ou terceira representação, isto é, no momento em que poderia provar sua eficácia.

O Teatro Alfred Jarry fará doravante o impossível para dar em *soirée* espetáculos regulares.

Escolha do Local

É, vale dizer, impossível representar em *soirée* com meios minguados. Ou então é preciso contentar-se com uma cena rudimentar (sala de conferências, de banquetes etc.) desprovida de maquinaria, ou resignar-se a representar em matinê[6] e somente nos dias livres, ou ainda em fim de temporada. De toda maneira as condições são lamentáveis e agravam-se pelo fato de que os diretores de teatro recusam-se, pelas razões que vão a seguir e categoricamente, a alugá-los, ou só consentem[7] em fazê-lo a preços exorbitantes.

O Teatro Alfred Jarry vê-se, portanto, obrigado[8], este ano ainda, a dar seus espetáculos em fim de temporada.

Dificuldade da Colaboração

Os atores são inencontráveis porque a maioria está contratada regularmente, o que evidentemente os impede de representar em outros lugares, em *soirée*. Ademais, os diretores de teatro, por razões diversas, abusam de sua autoridade para proibi-los de colaborar com o Teatro Alfred Jarry. Ou melhor, concedem amiúde autorização que retiram em seguida, interrompendo assim os ensaios e nos obrigam a procurar uma nova distribuição. Não falaremos do mau clima que reina, às vezes, entre o pessoal miúdo de certos teatros, sobre o qual, não é preciso dizer, outros têm toda a autoridade.

Mas devemos render homenagem aos intérpretes que se associaram às nossas tentativas. Todos deram provas, apesar das armadilhas e das provocações, do máximo devotamento e do desinteresse mais perfeito. A tal ponto que sempre conseguimos, a despeito dos ensaios feitos em condições ridículas, compor verdadeiros elencos cuja homogeneidade foi reconhecida por todo o mundo.

---

6. ... *maquinaria, ou então em matinê...*
7. ... *seguir categoricamente a alugá-los, ou então só consentem...*
8. O *Teatro Alfred Jarry se verá portanto...*

A Censura

Contornamos esta dificuldade apresentando *A Mãe* de Gorki em sessão privada e para convidados. Não há ainda, a bem dizer, censura no teatro. Mas depois de escândalos repetidos, sabe-se que o chefe de polícia pode exigir modificações no espetáculo, sua supressão pura e simples ou o fechamento do teatro. Infelizmente nós jamais nos mantivemos tempo suficiente em cartaz para provocar semelhante intervenção. Viva a liberdade, assim mesmo.

A Polícia

Quanto à polícia, ela intervém sempre automaticamente neste gênero de manifestações. Todo mundo o sabe, mesmo os surrealistas de direita. No dia da conferência de S. M. Eisenstein, na Sorbonne, por exemplo, havia, além do chefe de polícia, uma centena de agentes distribuídos um pouco por toda a parte[9]. Nada há a fazer quanto a isto. É preciso queixar-se do regime.

A Sabotagem Sistemática

Ela é geralmente obra de pessoas malevolentes, ou de engraçadinhos que sistematicamente, por suas provocações, atraem sobre eles, e por contragolpe sobre o público e sobre o espetáculo, as forças policiais que sem eles permaneceriam tranquilamente à porta. Dado o golpe, nada mais resta a esses agentes provocadores que acusar o Teatro Alfred Jarry de ter parte com a polícia e a partida está pregada. Com uma pedra dão dois golpes. Impedem o espetáculo e desacreditam seus organizadores. Felizmente acontece que, se a manobra deu certo algumas vezes, o truque está descoberto e não engana mais ninguém[10].

9. A 11 de fevereiro de 1930, no quadro do Grupo de Estudos Filosóficos e Científicos para o Exame das Ideias Novas, animado pelo Dr. Allendy, Eisenstein havia de apresentar à Sorbonne seu filme *Linha Geral*. Duas horas antes da prevista para o início da sessão, a Prefeitura de Polícia notificou a proibição de projetar o filme. O Dr. Allendy protestou publicamente e Eisenstein improvisou uma conferência. O texto foi, a seguir, publicado na *Revue du Cinéma* (2º ano, nº 8, 1º de abril de 1930) sob o título: "Os Princípios do Novo Cinema Russo".

10. Os dois últimos parágrafos fazem alusão ao escândalo provocado pela atitude do grupo surrealista quando da primeira representação de O Sonho (2 de junho de 1928), e ao fato de que Robert Aron decidiu chamar a polícia para garantir a segunda representação, a 9 de junho, representação que o grupo surrealista queria proibir que o Teatro Alfred Jarry apresentasse. Eis dois documentos da época sobre essa questão. O primeiro, relativo à representação de 2 de junho, é um artigo de Paul Achard publicado no *Paris-Midi*, a 5 de junho de 1928.

> Os "Surrealistas" Manifestam-se
> Mas o Sonho
> Não é o que eles fizeram
> *Incidentes marcaram a representação feita sábado último no Teatro Alfred Jarry, de O Sonho de Strindberg, com encenação do Sr. Artaud. A tempestade flutuava no ar? Havia cabala? A encenação não* surpreendeu com seu mínimo de acessórios e o seu máximo de luzes, e alguns espectadores não tiveram o bom senso de esperar o seguimento para julgar se o esforço real do

A Concorrência

E natural que todos os especialistas da "vanguarda", gente já firmada na posição ou em vias de sê-lo, desconfiam de nós e nos sabotam delicadamente. É do bom combate e da boa camaradagem. O Teatro Alfred Jarry deve levar isto em conta. Ele se contenta em assinalar aqui o fato.

O Público

Não se trata aqui do público preconceituoso ou do público do tipo "cheguei" ou "garotão exibido". Aquele que acha que é uma vergonha ou aquele das brinca-

encenador não era o que convinha melhor ao caráter irreal e de sonho da peça? É verdade que houve interrupções. Ouvia-se:
– *A ação se passa na Suécia do leste, isto é, em parte alguma!*
– *Que saco! Mas viva Alfred Jarry! etc.*
Uma personalidade sueca que nos escreve a esse respeito afirma que o sinal da manifestação foi dado por um espectador que é tido como chefe da escola surrealista.
Mas houve um outro golpe de teatro! O encenador, Sr. Artaud, abriu de repente uma passagem no palco entre os atores embaraçados, e disse mais ou menos o seguinte: "Strindberg é um revoltado, assim como Jarry, como Lautréamont, como Breton, como eu. Nós representamos essa peça como vômito contra sua pátria, contra todas as pátrias, contra a sociedade".
Além de haver aí uma interpretação falsa e arbitrária de O Sonho em que Strindberg exprime somente uma grande compaixão pela sorte dos seres humanos, esta declaração ofendeu os suecos presentes, a tal ponto que Isaac Grünewald disse aos seus compatriotas: "Se é assim que se interpreta O Sonho, como um 'vômito' contra a Suécia, eu peço aos suecos que deixem a sala como protesto!" e os suecos saíram às pressas.
Parece estranha a atitude do Sr. Artaud que não ignorava que a peça fora montada, em parte, graças a donativos de benfeitores suecos. Numa reunião particular, diante de literatos e jornalistas, o Sr. Artaud havia mesmo tomado da palavra após o Sr. Lagerberg, Conselheiro da Legação da Suécia, para explicar como entendia a mise en scène dessa obra.
Algumas pessoas julgaram que o Sr. Artaud quisera desarmar seu adversário, fingindo adotar suas doutrinas para fazê-lo calar-se e poder continuar a representação. O procedimento não foi feliz.
Acrescentamos que é lamentável que certas manifestações assumam, em semelhante ocorrência, uma forma tal que elas possam fazer julgar descortês a hospitalidade que nós concedemos aqui às obras estrangeiras de qualidade.
Havia-se anunciado que, à guisa de represálias, um grupo de suecos iriam manifestar-se ontem à noite, no Estúdio 28, à representação de um filme de vanguarda intitulado Ombre et Lumière *("Sombra e Luz"). Não aconteceu nada e a noite, que comportava vários filmes, se desenrolou morna e sem incidentes.*
O segundo documento é um manifesto publicado por Robert Aron no dia seguinte da representação de 9 de junho:
O TEATRO ALFRED JARRY E OS SURREALISTAS
Na quinta-feira, 7 de julho de 1928, os surrealistas, invocando razões das quais algumas defensáveis e outras não, mas que todas, comparadas à importância espiritual do Teatro Alfred Jarry não tinham senão um valor anedótico, interditaram ao Teatro Alfred Jarry dar a segunda representação do Sonho *de Strindberg, que devia ocorrer no sábado, 9 de junho, em matinê no Théâtre de l'Avenue. Quaisquer que fossem as razões invocadas, os surrealistas não tinham o direito de formular uma tal interdição. O Teatro Alfred Jarry, criado ao lado deles a despeito deles, não tinha nenhuma ordem a receber deles, apesar das afinidades espirituais, que poderiam existir entre eles e ele.*

deiras muito engraçadas que imita, por exemplo, o ruído da torneira que jorra, o canto do galo, ou aquele que, com uma voz tonitruante, afirma que M. Alfred Jarry o convidou e que está em casa dele. Em suma, isto que se convencionou chamar de público *bem francês*. É exatamente para este que representamos a comédia e suas reações bufas são um suplemento ao programa que o outro público sabe apreciar.

A Crítica

Ah!, a crítica! Agradeçamo-lha e não falemos mais disso.

Antonin Artaud e eu próprio decidimos, pois, passar por cima dessa interdição. Tendo exami-nado sucessivamente os diversos meios de resistência que se oferecem a dois indivíduos isolados contra trinta perturbadores, e tendo constatado de que não havia meios eficazes, mandamos a André Breton uma carta pelo pneumático, a 8 de junho à noite, para adverti-lo que não cederíamos às suas ameaças e que para impedi-lo de entrar na sala empregaríamos, não importa o que nos devesse custar, todos os meios, "mesmos aqueles que mais nos repugnavam".

Esta perifrase se encontra também num panfleto que distribuímos no sábado, 9 de junho, à entrada do espetáculo e que estava assim redigido:

Após os incidentes que se produziram no último sábado no curso da representação do *Sonho*, posto por nova ameaça na necessidade de defender a todo preço a liberdade de sua ação, o Tea-tro Alfred Jarry, não aceitando nenhuma coação, declara-se decidido a empregar todos os meios, mesmo aqueles que mais lhe repugnant, para salvaguardar esta liberdade.

Os perturbadores possíveis foram advertidos disto.

Antonin Artaud-Robert Aron, 9 de junho de 1928.

Assim a questão se achava clara e lealmente colocada! Nós sentimos tão cruelmente quanto qualquer outra pessoa que contradição constituía a ajuda mesmo limitada da polícia para um te-atro do qual queríamos fazer uma empresa de espírito revolucionário. Mas a vontade destrutiva de nossos adversários nos encerrava no dilema:

ou ceder às ordens surrealistas e renunciar à liberdade de nossa ação,

ou, apesar da repugnância, resistir pelo único meio eficaz, a polícia*.

Convém, a fim de assinalar o que há de inadmissível na atitude surrealista, lembrar que, em seus primeiros anos de existência, o Teatro Alfred Jarry provocou, por sua própria iniciativa, as únicas manifestações do espírito surrealista, corajosas e perigosas, que tiveram lugar desde ao menos dois anos. A representação de Partage de Midi a 14 de janeiro de 1928 sem a autorização do autor, seguida de um anúncio de Antonin Artaud, denunciando a traição de Paul Claudel – a declaração pública de revolta, efetuada a 2 de junho de 1928, por Antonin Artaud, no curso da primeira apre-sentação do Sonho – comportavam riscos penais graves, em que nenhuma manifestação surrealis-ta jamais incorreu de há muitos.

Que houve, outrora, entre os surrealistas, um certo espírito, ou uma certa sentimentalidade revolucionária, não se poderia negar. E certos trechos de sua declaração de 27 de janeiro de 1925** anunciaram uma ação diante da qual certas badernas sem consequência e sem riscos nas salas de espetáculos ou banquetes literários aparecem como derisórias.

Não acatando correr nenhum perigo real, e incapazes de eficácia, carecendo pois de duas qualidades propriamente revolucionárias, os surrealistas permanecem, não importa o que achem a respeito, no terreno literário ou artístico e não incorrem em outro risco, exceto aquele, desejado como a consagração de sua atividade pueril, de uma estada no comissariado de polícia.

NECESSIDADE DO TEATRO ALFRED JARRY

O Teatro Alfred Jarry, ainda que agisse apenas para acentuar e agravar de algum modo o conflito denunciado entre as ideias de liberdade e de independência que pretende defender, e os poderes hostis que se lhe opõem, estaria de resto com sua existência justificada. Mas, afora as forças negativas que suscita pelo absurdo, ele pretende, supondo por uma última vez possível o jogo teatral, levar à cena manifestações positivas, objetivas e diretas capazes, pela utilização racional de elementos conquistados e comprovados, de desqualificar, de um lado, as obras banais e os falsos valores modernos e, de outro lado, pesquisar e pôr em evidência os *acontecimentos autênticos* e probantes do estado atual dos franceses. Estando bem entendido que ele engloba, nesta última denominação, o passado recente[11] e o futuro próximo.

POSIÇÃO DO TEATRO ALFRED JARRY

Os espetáculos destinados unicamente a um público francês, e a tudo aquilo que a França conta de amizades através do mundo, serão claros e medidos[12]. A linguagem será falada e nada do que constitui os elementos comuns do su-

Para acabar com esta ditadura de nada, cuja atividade derisória compromete até as ideias que ela pretende defender, todos os meios me parecem provisoriamente bons, mesmos aqueles que mais me repugnam. Daí porque, não tendo outro meio prático de resistir a uma autoridade vazia, sem me dissimular a baixeza da ajuda pedida, decidi não perdoar a André Breton o fato de me haver ele reduzido ao mais comprometedor equívoco, tive a coragem, maior do que a de invadir uma sala de espetáculos, de utilizar a polícia – não importa o que me deva custar, a qual mal-entendido eu me exponha, a qual nojo de mim mesmo que eu me deva guardar.

Escrito em meu próprio nome e comprometendo apenas a mim.

Robert Aron
10 junho 1928

(* É preciso notar que a única ajuda pedida por nós à polícia tendia a impedir aos manifestantes a entrada na sala. E toda a atitude policial na sala e na rua havia sido reclamada por outros e não por nós, à nossa revelia e *anteriormente ao nosso pedido.*)

(** "Nós lançamos à Sociedade esta advertência solene.

Que ela preste atenção a seus desvios, a cada um dos passos falsos de seu espírito nós não lhe falharemos.

– A cada uma das voltas de seu pensamento a sociedade nos encontrará.

– Nós somos especialistas da Revolta.

Não há meio de ação que não sejamos capazes, sendo preciso, de empregar."

(Declaração de 27 de janeiro de 1925)

Reprodução e alusão proibidas aos jornais e revistas, excetuada a *Révolution Surréaliste*.

Pode-se estar seguro que Robert Aron escreveu este manifesto e publicou sem falar com Antonin Artaud. Prova disto é que ele põe na conta dos surrealistas a "Declaração de 27 de janeiro de 1925". Ora, o autor desta Declaração foi Antonin Artaud (Cf. p. 251, e n. 1).

11. ... *que ele engloba nessa denominação...*
12. ... *do mundo, são claros...*

cesso será negligenciado[13]. O lirismo cheio de imagens, as tiradas filosóficas, as obscuridades, os subentendidos sábios etc., serão cuidadosamente evitados. Ao contrário: diálogos breves, as personagens típicas, os movimentos rápidos, as atitudes estereotipadas, as locuções proverbiais, as cançonetas, a grande ópera etc., encontrarão aí, proporcionalmente às dimensões da peça, o lugar que ocupam na França.

O humor será a única lanterna verde ou vermelha que iluminará os dramas e assinalará ao espectador se o caminho está livre ou fechado, se é conveniente gritar ou calar-se, rir muito alto ou muito baixo. O Teatro Alfred Jarry conta tornar-se o teatro de todos os risos.

Em resumo, nós nos propomos como tema: *a atualidade* entendida em todos os sentidos; como meio: *o humor* sob todas as suas formas; e como fim: *o riso absoluto*, o riso que vai da imobilidade babosa à grande agitação das lágrimas.

Apressemo-nos em dizer que entendemos por humor o desenvolvimento desta noção irônica (ironia alemã) que caracteriza uma certa evolução do espírito moderno. É ainda difícil dar dele uma definição precisa. O Teatro Alfred Jarry, confrontando os valores cômicos, trágicos etc., considerados por si mesmos ou em suas reações recíprocas, visa exatamente a precisar experimentalmente esta noção de humor. É dizer bastante que as declarações que seguirão relativamente ao humorístico participam também deste espírito e que seria errado julgá--las logicamente.

ALGUNS OBJETIVOS DO TEATRO ALFRED JARRY

Todo teatro que se respeita sabe tirar partido do erotismo. Conhecem-se as sábias dosagens dos estabelecimentos do *boulevard*, do *music hall* e do cinema. O Teatro Alfred Jarry irá, neste sentido, tão longe quanto se queira lhe permitir. Ele promete atingir mais alto por meios que julga preferível manter secretos. Além disso, e fora as emoções que provocará, diretamente ou às avessas, tais como a alegria, o medo, o amor, o patriotismo, o gosto pelo crime etc. etc., ele terá a especialidade de um sentimento sobre o qual nenhuma polícia do mundo tem poder: *a vergonha*, o derradeiro, o mais temível obstáculo à liberdade.

O Teatro Alfred Jarry renunciará a todos os meios que tocam de perto ou de longe às superstições, tais como: sentimentos religiosos, patrióticos, ocultos, poéticos etc., exceto para denunciá-los ou combatê-los. Não admitirá senão *a poesia de fato, o maravilhoso humano*, isto é, desembaraçada de todo laço religioso, mitológico ou fabuloso, e o *humorístico*, única atitude compatível com a dignidade do homem para quem o trágico e o cômico se tornaram uma piada.

13. É provavelmente nas duas divisões subtituladas *Necessidade do Teatro Alfred Jarry* e *Posição do Teatro Alfred Jarry*, que se sente mais a nuance de Vitrac: a destinação nacional do Teatro Jarry, por exemplo, e também esta afirmação: *A linguagem será falada...* As referências a Feydeau e a Roussel (p. 53) também parecem impróprias a Vitrac.

No palco o *inconsciente* não desempenhará nenhum papel próprio. Já é suficiente a confusão que ele engendra desde o autor, passando pelo encenador e os atores, até os espectadores. Tanto pior para os analistas, os amadores da alma e os surrealistas. Tanto melhor para todo o mundo. Os dramas que representaremos se colocam resolutamente ao abrigo de todo comentador secreto. O que não impedirá nada – acrescentará o outro. O que nos dispensará de responder, replicaremos nós.

Acrescentemos, para ser mais claros, que nós não pretendemos explorar o inconsciente por si mesmo, que em nenhum caso ele poderia ser a meta exclusiva de nossas pesquisas e que é levando em conta aquisições positivas realizadas neste domínio que nós lhe preservaremos um caráter nitidamente objetivo, mas *somente na escala do papel que ele desempenha na vida cotidiana.*

TRADIÇÃO CONFESSA DO TEATRO ALFRED JARRY

O Teatro Alfred Jarry renuncia a enumerar todas as influências fragmentárias que tenha podido sofrer (gênero: teatro elisabetano, Tchekhov, Strindberg, Feydeau etc.), para reter, do ponto de vista da eficácia procurada no país, apenas os exemplos indiscutíveis fornecidos pelos *teatros chinês, negro-americano e soviético.*

Quanto ao espirito que o dirige, ele participa do ensinamento humorístico desigual de *Ubu Rei* e do método rigorosamente positivo de Raymond Roussel.

E bom ainda acrescentar que esta confissão deve ser considerada antes como uma homenagem.

ENCENAÇÃO

Como no passado, os cenários e os acessórios serão reais e concretos. Serão compostos de objetos e de elementos tomados de empréstimo a tudo o que nos cerca e visarão, por seus arranjos, criar[14] figuras novas. As iluminações contribuirão por vida própria para conservar nesta exposição original de objetos seu caráter essencialmente teatral.

As personagens serão sistematicamente levadas ao tipo. Nós daremos uma nova ideia da *personagem de teatro.* Os atores serão caricaturais. Poderão assumir a aparência de personalidades em projeção. Cada um deles terá sua voz própria variando de intensidade entre o tom natural e o artifício mais irritante. E por meio deste *tom teatral novo* que pretendemos sublinhar e mesmo revelar sentimentos suplementares e estranhos.

O jogo dos movimentos acordar-se-á ou opor-se-á ao texto segundo as intenções a valorar. Esta *pantomima nova* poderá realizar-se fora do movimento geral da ação, o fugir, o aproximar-se, o alcançar, segundo a severa mecânica

---

14. ... *e visarão criar...*

imposta à interpretação. Método que nada tem de gratuitamente artístico, visto que está destinado a pôr em evidência os atos falhos, os esquecimentos, as distrações etc., em uma palavra, todas as traições da personalidade, tornando assim inúteis os coros, apartes, monólogos etc. (Eis aqui um exemplo das objetivações inconscientes que nos propúnhamos realizar em um parágrafo anterior.)

Acessoriamente os meios, mesmo os mais grosseiros, serão acionados para impressionar o espectador. Fanfarras, fogos de artifício, detonações, faróis etc.

Pesquisaremos, no domínio isolável dos sentidos, todas as alucinações suscetíveis de ser objetivadas. Todos os meios científicos utilizáveis sobre um palco serão postos em ação para dar o equivalente das vertigens do pensamento ou dos sentidos. Ecos, reflexos, aparições, manequins, escorregaduras, cortes, dores, surpresas etc. É por estes meios que contamos alcançar o *medo* e seus cúmplices.

Além disso, os dramas serão inteiramente sonorizados, inclusive os entreatos em que alto-falantes sustentarão a atmosfera do drama até a obsessão.

A peça, assim regulada nos detalhes e no conjunto obedecendo a um ritmo escolhido, desenrolar-se-á à maneira de um cilindro de música perfurado em um piano mecânico, sem jogo entre as réplicas, sem flutuação nos gestos e dará à sala *a impressão de uma fatalidade e do determinismo mais preciso.* Ademais, a máquina assim montada funcionará sem se preocupar com as reações do público.

APELO AO PÚBLICO

O Teatro Alfred Jarry, ao levar ao público as declarações precedentes, permite-se pedir-lhe sua ajuda, de qualquer natureza que seja. Ele se porá diretamente em contato com todos aqueles aos quais aprouver se interessar pela ação que ele está empreendendo. Responderá a todas as sugestões que forem feitas. Examinará todas as obras que lhe forem submetidas e se compromete, desde agora, na medida de seus meios, a representar aquelas que corresponderem ao programa que estabeleceu.

Nós nos propomos, além do mais, a manter uma lista onde inscreveremos todos os filiados de princípio, pedindo-lhes que, ao nos escrever, nos participem sua qualificação e seu endereço para que possamos, se o permitirem, ter em conta sua personalidade ou mais simplesmente mantê-los a par de nossa empreitada[15].

ILUSTRAÇÕES

Não são, a bem dizer, fotografias de encenação que ilustram esta brochura. Poder-se-á efetivamente considerá-las como a história sem palavras, em nove quadros vivos, do espírito ao qual nós nos esforçamos por manter. Tratava-se de ornar

15. Aqui se detém a cópia datilografada do texto que traz da mão de Vitrac a menção *1º Artigo.*

uma brochura; preferimos fabricar inteiramente fotografias que respondem a esta destinação, de preferência a reproduzir encenações verdadeiras. Estas foram já vistas e serão vistas no teatro.

O espírito destas ilustrações é comum a Antonin Artaud e a Roger Vitrac que as compuseram em estreita colaboração e que as interpretaram eles mesmos com a Srta. Josette Lusson. As atitudes e os conjuntos foram regulados por Antonin Artaud e foi o Sr. Eli Lotar que os fotografou e que realizou as montagens.

A cobertura é do pintor Gaston-Louis Roux.

UMA CONFERÊNCIA E UMA LEITURA

No dia 15 de maio de 1930, o Sr. Roger Vitrac fará na Sorbonne, no Groupe d'Etudes Philosophiques et Scientifiques pour l'Examen des Tendances Nouvelles, uma conferência sobre o Teatro, seguida da leitura por Antonin Artaud do primeiro ato do drama: O Golpe de Trafalgar[16].

Tradução de Regina Correa Rocha

16. Esta conferência permaneceu muito provavelmente em projeto. De fato, a cada fim de ano, era publicado o *Bulletin du Groupe d'Etudes philosophiques et scientifiques pour l'Examen des Idées nouvelles* (Sorbonne, 46, rue Saint-Jacques, Paris –Ve Dir D^e Allendy), espécie de memorando das atividades do grupo ao longo do ano. Porém, nenhuma conferência de Vitrac é mencionada no *Bulletin* relativo à 1930 (n° 8, ano 8).

"A História sem Palavras, em Nove Quadros Vivos", 8 montagens fotográficas idealizadas por Antonin Artaud e Roger Vitrac, realizadas por Eli Lotar para ilustrar a brochura
O *Teatro Alfred Jarry em 1930*.

Projeto de Encenação para *A Sonata dos Espectros* de Strindberg[1]

Ao contrário de *Golpe de Trafalgar*, esta peça convida a todas as posições preconcebidas. Ela traz o sentimento de alguma coisa que, sem estar no plano sobrenatural, não humano, participa de uma certa realidade interior. É o que constitui o seu atrativo. Ela apenas manifesta algo conhecido, conquanto enterrado e afastado. O real e o irreal se misturam como no cérebro de um homem em vias de adormecer, ou que desperta de repente, tendo se enganado de lado.

Tudo o que ele revela nós já o vivemos, sonhamos, mas esquecemos.

ENCENAÇÃO

A encenação deve inspirar-se nessa espécie de duplo curso entre uma realidade imaginária e aquilo que se experienciou num dado momento na vida, para abandoná-lo em seguida, quase imediatamente.

Esse *deslizamento* do real, essa desnaturação perpétua das aparências, impelem à mais completa liberdade:

---

1. A cópia datilografada deste texto nos foi comunicada ao mesmo tempo pela Sra. Colette Allendy e por Louis Jouvet. Nós nos servimos, para o estabelecimento do texto, da cópia conservada por Louis Jouvet que fora corrigida por Antonin Artaud. Esta cópia havia sido depositada no Teatro Pigalle em abril de 1931. No alto da primeira página à esquerda, o que segue, pela mão de Antonin Artaud: *Antonin Artaud / 45, rue Pigalle / Hôtel St-Charles / Paris.* Este "Projeto" parece entretanto ter sido escrito já em 1930 pois que nele se faz alusão a uma carta a Roger Vitrac que se pode datar do início de março de 1930.

arbitrariedade das vozes que mudam de tom, se encavalando, rigor brusco das atitudes, dos gestos, mudança e decomposição da luz, importância anormal concedida repentinamente a um detalhe mínimo, personagens que *moralmente* se apagam, deixando predominar ruídos, músicas, sendo substituídas por seus duplos inertes, sob a forma, por exemplo, de manequins que vêm tomar subitamente seus lugares.

O ASSUNTO

Primeiro Ato

Uma figura obsessiva de velho domina essa fantasmagoria. Poucas peças tanto quanto esta impõem a ideia das comunicações de linguagem com a realidade invisível que se supõe exprimir. Esse velho se apresenta como um símbolo de todas as espécies de ideias inconscientes ou conscientes de vingança, de ódio, de desespero, de amor, de pesar; e ele vive ao mesmo tempo uma realidade bastante concreta. Esse velho posto ali por não se sabe qual misteriosa necessidade de vingança envolve coisas e pessoas em todo tipo de maquinações precisas, mas no final ele próprio acaba sendo envolvido pela fatalidade. A peça toda é daí em diante regrada por esta fatalidade visível em tudo. As personagens parecem sempre prontas a desaparecer para dar lugar aos seus próprios símbolos.

Uma casa transparente serve de atrativo à peça. Esta casa se deixa ver até em seus segredos. Uma espécie de salão redondo situado no primeiro andar assume assim um sentido mágico. Várias personagens rodeiam essa casa como mortos atraídos por seus restos. Esse sentimento de invencível atração, de enfeitiça-mento, de magia, é opressivo, esmagador.

Figuras acessórias passam
a leiteira
o homem de classe,
a mulher de classe,
concretizando a atmosfera de nostalgia e de pesar, fixando tal sentimento desordenado, precisando uma ideia como as notas baixas, suspensas de um acorde.

A casa é descrita com seus costumes, seus habitantes e suas manias. Sentimos que os destinos de todas as personagens se entrelaçam, estão ligados, como os de náufragos em um navio perdido. Toda a peça é como um mundo fechado ao redor do qual a vida circular é interrompida por uma rachadura nítida.

As personagens falam às aparições, e estas lhes respondem. Mas cada uma parece ter a sua. E às vezes uma personagem pressentindo o invisível que está ao redor dela parece ter o interesse em não permanecer menos invisível que os outros. E apenas nomeados seus próprios espectros acorrem, aparecem, pronun-

PROJETO DE ENCENAÇÃO PARA *A SONATA DOS ESPECTROS* DE STRINDBERG

ciando palavras da carne (corpo) estranhamente ligadas a todas as partes concretas do drama.

O primeiro ato termina em uma brusca reunião de pavores (espantos), deixando prever o drama que atingirá seu ponto culminante no ato seguinte.

Segundo Ato

No segundo ato estamos em um misterioso salão redondo. É aí que a dona da casa guarda seus móveis sob a forma de uma múmia que passa seu tempo em um armário.

Ela fora, em algum tempo, a amante do velho, mas isso não tem nenhuma importância.

Ela evoca esses contos antigos em que a mais louca e a mais inconsciente personagem é também na realidade a mais lúcida, e a que, como a própria fatalidade, tem o poder de tudo desfazer.

Pela ação da múmia, o horripilante velho se dissolve e murcha até se tornar uma forma rangente, uma espécie de autômato sem *miolos*. Nós assistimos no decorrer desse ato a uma metamorfose mágica pela qual tudo muda: coisas, almas e pessoas.

O estudante que queria entrar na casa, a moça que o esperava sem o dizer, e mesmo repelindo-o, estarão reunidos.

Terceiro Ato

O estudante e a moça estão frente a frente. Mas todas as perturbações da vida, todas as pequenas servidões domésticas, e sobretudo o beber e o comer, e, em resumo, a carcaça corporal, os pesos das coisas, o choque da dureza, a atração do peso, a gravitação geral da matéria, os separam ainda. Há apenas libertação na morte.

A peça acaba neste pensamento budista, que é, aliás, uma de suas taras. Mas é também isso que a torna clara àquela parte do público a quem o puro inconsciente amedrontaria.

Assim, a encenação pode dissimular o sentido religioso de sua conclusão insistindo na densidade e no relevo do resto.

PRIMEIRO ATO

Cenário

À esquerda, em diagonal, a fachada aberta de uma casa cuja altura se perde nas abóbadas.

Todos os detalhes indicados por Strindberg serão representados em relevo com uma importância especial concedida a alguns dentre eles, notadamente ao "espião", que desde o começo despertará a atenção por um intenso halo luminoso.

A maior parte será maior que o natural.

A direita, um esboço de fonte em relevo, talvez com água verdadeira escorrendo. Os pavimentos da rua se elevarão ao fundo, igualmente em relevo, como em um cenário de cinema até serem cortados por uma aresta brusca. Poderemos ver algumas fachadas de casas no alto da rua que sobe. Sob a aresta teremos a sensação que corre água. O céu se abrirá sobre o fundo do cenário. Ele será glauco, dando a impressão de mar e de infinito.

Ruídos

Ouviremos, se avolumando por momentos, até se tornar obsessivo, um perpétuo ruído de água. Aquele do mar cujas ondas se quebram. Aquele da fonte que corre.

Os ruídos de órgão e de sino, indicados por Strindberg, sublinharão as entradas de certas aparições, preencherão os silêncios.

Haverá, ainda, o barulho de vento zunindo de maneira irregular, muito alto no ar, introduzindo uma impressão particular de solenidade, mas sem mugir, como se a atmosfera fosse largamente esbofeteada.

O retorno do velho com seus mendigos se fará com grande alarido.

O velho começará suas invocações de muito longe, e os mendigos lhe responderão de diversos planos. A cada chamada ouviremos as muletas batendo ritmicamente ora no chão, ora nas paredes, numa cadência bem marcada. Seus apelos de voz e seus barulhos de muletas serão pontuados até o final das palavras por som bizarro, como o de uma língua enorme batendo violentamente o orifício dos dentes.

O barulho não será nem gratuito nem por acaso, ele será buscado até que o som desejado seja encontrado.

Ao final, quando tomba o silêncio, dois mendigos, segurando violentamente o pequeno veículo do velho, o levam abruptamente à frente do palco.

(Ato 1, p. 45, ed. Stock, 1926.)

Iluminação

Iluminação violenta, ofuscante, centrada em um canto da fachada, uma parte da fonte e o meio da cena, nos pavimentos. Falsos dias iluminam os apartamentos que parecem ter sua luz própria. A luz no fundo é cinza verde, leve e transparente.

SEGUNDO ATO

Cenário

O cenário descrito por Strindberg é a casa do começo retomada do interior. As paredes são abertas, recortadas, transparentes. Elas deixam ver o céu, o ar, a luz de fora, mas que não se misturará com a de dentro.

Certos objetos indicados pelo autor, a cortina, o biombo, assumem uma importância desmedida. Eles são bem maiores que o natural. As paredes interiores são apenas indicadas por suas arestas, por planos incompletos.

Ruídos

Os passos das pessoas entrando serão ampliados, terão seus próprios ecos.

O vento de fora se confundirá às vezes com as palavras, sob a forma de um barulho bizarro, inexplicável.

O barulho das muletas do velho batendo na mesa repercutirá por toda a parte.

Todos esses barulhos serão escolhidos de maneira a terem todos seu destaque, a separar o fantástico quando se faz necessário, a deixar no plano banal e cotidiano o que aí deve permanecer, e a fazer valer o resto por contraste.

Certa rispidez de gestos, de atitudes, será acompanhada por barulhos de autômatos, rangidos que terminarão em melodias, notadamente no momento da metamorfose, quando a múmia muda o velho e quando a leiteira, invisível para todos, menos para ele, lhe aparece. Desse momento em diante, se manifestarão outros artifícios de encenação que serão indicados na parte das iluminações e do jogo geral.

Iluminação

Uniforme por toda a parte anterior, embora de uma cor um pouco mais forçada, um pouco mais pesada que a normal e sem que nenhuma lâmpada de cor a possa motivar.

A parte verde do fundo será iluminada por uma luz vinda do alto como em certas montagens de cenário do Museu Grevin, mas que não iluminará igualmente todo o ambiente. Esta luz será de um verde muito doce, quase branco.

Ela ornará a parte esquerda do biombo voltado para a direita, e deixará em uma sombra relativa à esquerda e o fundo do ambiente.

A luz de fora terá um detalhe de torre, de telhado ou de campanário, muito longe.

No momento da metamorfose a luz de fora, se intensificando até o ofuscamento, penetrará pelas janelas, pelas paredes transparentes, parecendo expulsar a iluminação própria dos dois cômodos.

Essa luz entrará com um ruído de vibração atroz amplificado até se tornar insuportável, dilacerante. Este ruído durará apenas alguns segundos e será perseguido através de todos os meios possíveis até se ter exatamente a amplitude e o diapasão desejados.

Desde o início do ato, o "espião" liberará um halo um pouco mais extenso do que no ato precedente e tomando todas as partes sombrias do espectro solar.

O barulho e a luz, se extinguindo de repente, deixarão ver, ao lado de cada personagem, uma espécie de duplo vestido como eles. Todos estes duplos plenos de uma imobilidade inquietante e figurados, ao menos alguns dentre eles, por manequins, desaparecerão lentamente, mancando, enquanto todas as personagens se sacudirão como que despertadas de um sono profundo. Isto terá durado mais ou menos um minuto.

TERCEIRO ATO

Cenário

Todo o cenário será construído sob uma iluminação que será irreal sem ter nada de muito convencionalmente feérico.

A frente do palco será ocupada por uma espécie de quiosque hindu com colunas transparentes, de vidro ou de outro material, translúcido em toda a sua largura.

Plantas verdadeiras ou artificiais, mas não pendentes, ocuparão todos os recantos. Iluminações perdidas serão disseminadas nas folhagens, a maioria partindo de baixo para cima.

O cenário será orientado da direita para a esquerda, a partir da parte posterior do palco até o fundo. A esquerda e ao fundo será montado o pequeno salão redondo que será separado da parte posterior do palco por um grande vidro semelhante àqueles das vitrines dos grandes magazines, de maneira que tudo o que se passar será achatado e como que deformado pela água e sobretudo que nenhum ruído virá dessa parte do palco. A direita e ao fundo o cenário estará livre. Assim, todo esse cenário ocupará apenas a profundidade do palco.

Iluminação

A iluminação do salão redondo será igual, amarelada, difundida por toda parte. No primeiro plano e desde o início do ato a luz será distribuída de modo a formar um círculo sobre cuja as bordas tudo será deformado como através de um prisma e no centro haverá uma abertura tal que a imagem do salão redondo possa aparecer de lado a lado.

Este círculo ocupará toda extensão do palco de alto a baixo e da esquerda para a direita.

PROJETO DE ENCENAÇÃO PARA *A SONATA DOS ESPECTROS* DE STRINDBERG

Ao fim do ato todas estas iluminações desaparecerão dando lugar à iluminação do tablado do fundo por cima da qual se manifestarão os reflexos da *Ilha dos Mortos*.

O aparecimento da *Ilha dos Mortos* far-se-á da seguinte maneira:

Uma maquete em relevo, representando a *Ilha dos Mortos*, de Böcklin, submetida a ação de uma luz intensa, será colocada diante de um espelho situado sobre o tablado do fundo. Este tablado será mantido em nível mais baixo do que o do palco.

E, seguindo um processo outrora muito empregado no teatro, a imagem virtual da maquete deverá ser projetada no ar sob a forma de reflexos e alguns metros acima da maquete real, de modo a ser vista da cera e nitidamente percebida pelo público.

Depois o elevador subirá de maneira a projetar com grande lentidão, acima dele, a aparição da *Ilha dos Mortos*.

Poder-se-á acrescentar a imagem mulher de cera estendida sobre um vasto leito vermelho debaixo de uma espécie de campanula de vidro,

ou o manequim de um velho de muletas deslocando-se na obscuridade com a condição que essa aparição do manequim possa ser regulada com toda a precisão e todo o tato desejado.

Haverá neste momento como iluminação, à parte dos reflexos virtuais da *Ilha* no ar negro, apenas um ponto luminoso deslocando-se sobre uma parte do manequim movente.

Ruídos

Não se ouvirá nenhum ruído.

Os passos serão feltrados. Às vezes deverão soar como se se elevassem da névoa.

Não haverá outro ruído exceto o da música do fim que deverá ser procurada em instrumentos especiais: viola etc.

O Jogo

O jogo dos atores seguirá as oscilações da peça, a dicção sempre nítida e precisa não cairá jamais na salmodia; o que não quer dizer que se proibirá todo o lirismo longe disto.

Os deslocamentos do real para o irreal serão movidos quer por lentos deslizamentos, quer por saltos inesperados. As personagens mudaram bruscamente de tom, de diapasão, às vezes de voz.

O estudante representará de uma ponta a outra da peça como um homem mal desperto e que, ao tocar a matéria sólida de uma impressão, de um sentimento, deve tocá-la como um homem que o fizesse por procuração.

O Velho evitará a atual composição do velho de teatro, tremelicando, balindo e que fala com uma vozinha esganiçada, da garganta.

Ele terá ao contrário um tom muito nítido, embora um pouco mais elevado do que o normal, sinal de grande segurança, de que ele tem consciência de falar em-nome-daquilo-que-o inspira.

Na múmia, as defasagens de tom serão extremamente bruscas. Mas sua voz alguns instantes antes da metamorfose tomará estranhos toques de doçura e juventude.

A moça falará sempre com imensa doçura, uma espécie de resignação. Sua voz, que não salmodiará jamais e há de precisar de tudo, será por instante apenas colocada. Ela ouvirá a si mesma mais ainda que a outros personagens.

O jogo do desempenho será no conjunto bastante lento como sentido, muito embora travado e movimentado a fim de evitar a monotonia. A monotonia será evitada pelo relevo geral, pela ausência de jogo entre as réplicas, salvo quando este for absolutamente necessário, pois então o intervalo será marcado com insistência. O jogo deverá dar por momentos a impressão do ralentado de cinema, sobretudo para certas personagens, que se deslocarão com pequenos passos de maneira quase sempre imperceptível e, no entanto, chegarão a seus lugares sem que ninguém se aperceba do fato. Procurar-se-á uma grande harmonia no gesto, na relação dos movimentos, que mais ainda do que no *Golpe de Trafalgar*, serão fixados e ajustados como mecanismo bem remontado.

A personagem da cozinheira será figurada por um manequim e suas réplicas serão lançadas em voz enorme e monocórdia por vários alto-falantes, de maneira que não se possa discernir exatamente a fonte.

No momento da metamorfose todas as personagens se congelarão por alguns instantes numa imobilidade absoluta.

No último ato, os atores quase não se mexerão. Parecerão procurar seus gestos, suas palavras terão o ar de contar os passos, como pessoas que perderam a memória.

No fim somente, para lançar sua invocação à morte, o ator recuperará sua força, sua consistência, uma voz bem corpórea.

Tradução de Regina Correa Rocha

CONFERÊNCIA APÓCRIFA[1]

Convidado, 8 de dezembro último, pelo grupo Effort, a tomar parte em um debate sobre o teatro[2], condensei em algumas páginas e de uma maneira extremamente breve, esquemática mesmo, minhas ideias sobre o assunto. Sendo, creio, o assunto proposto: o Destino do Teatro[3], respondi direta e ingenuamente. Isto é, sem antes me preocupar em saber qual era o público com que eu iria tratar, tentei

1. O texto dessa conferência, visivelmente inacabado e redigido provavelmente após o debate ao qual assistiu Antonin Artaud, daí seu título, nos foi comunicado pelo Sr. Jean-Marie Conty, que nos transmitiu também esse fragmento, que sem dúvida foi escrito a propósito da mesma conferência:

Todo mundo fala hoje em dia "crise" do teatro. Esta expressão está longe de significar a mesma coisa para todo mundo. E mesmo entre aqueles que não confundem a arte do teatro com seu rendimento material e industrial, que não falam da crise do teatro como falariam de uma crise na alimentação ou na venda de borrachas [...]

2. É muito provavelmente a esse *debate* que Antonin Artaud faz alusão em "A Encenação e a Metafísica".

3. *L'Effort* (O *Esforço*), agrupamento intelectual e artístico, fora fundado em 1929. Numerosos escritores, homens de teatro, músicas e cineastas lhe subministraram seu apoio. Esse agrupamento organizava reuniões, debates, conferências, concertos, representações teatrais, visitas a exposições. Oferecia a seus membros um serviço de informações sobre os livros, os espetáculos e os discos etc., e lhes proporcionava entradas a preços reduzidos para certos espetáculos. O objetivo era adquirir conhecimentos em todos os domínios através da investigação coletiva, embora permitindo a cada membro uma pesquisa individual.

L'Effort havia organizado na sala de Iéna, para terça-feira 8 de dezembro 1931, um debate sobre O *Destino do Teatro*, do qual participaram: Antonin Artaud, René Bruyez, René Fauchois, H.-R. Lenormand, André Ransan, Jean Variot e Paul Vialar.

considerar o teatro filosoficamente e na sua essência. Atitude abstrata, da qual só me dei conta ao perceber em que silêncio mortal caíam minhas palavras, terrivelmente fora de hora e lugar. Sem dúvida, eu nada tenho de um verdadeiro filósofo e a linguagem que adotei era, na minha boca, ridícula em vista de minha grande inabilidade em me servir dos termos filosóficos. No entanto, não percebi na sala nada que se assemelhasse a risos, que sem dúvida eram dissimulados, o que prova que as pessoas estavam seguras de si, menos ainda do que eu de mim, porém prova também que a filosofia, quando se exprime, tratando-se da filosofia aplicada ao teatro por um semi-ignorante, só pode causar espanto.

As pessoas que esperavam ser energicamente sacudidas puderam, com toda razão, sentir-se decepcionadas. Decepção que, por outro lado, me serve de elogio. É que deixei o palco com a impressão de ter falado não sei bem qual língua morta, impermeável ao espírito, e cujo manuseio é reservado apenas aos eruditos. Eis o discurso, não como o proferi, mas como, depois de proferido, me parece que deveria tê-lo feito a esse público de pessoas da sociedade, de artistas dos teatros próximos, de autores dramáticos representados quando jovens, e de jovens ansiosos por serem representados antes de envelhecer!

Rebelem-se quanto queiram contra essa maneira ambiciosa, quase que ampla demais, e ultrapassando sem dúvida os meus meios de considerar a questão do teatro, digo que, no momento e no ponto em que estamos, nenhuma questão pode ser colocada de outro modo salvo no plano universal, isto é, no da liquidação de todos os valores sob os quais vivemos e que, ninguém poderá negar, estão cedendo um após outro, em todas as costuras; e que essa liquidação, que cheira talvez a decadência, cheira acima de tudo a um ajuste de contas, que no seu desarranjo de máquina parece evocar a marcha contrária de alguma suja doença humana, cujos gestos não são mais sequer humorísticos, à força de serem repetidos demais. Voltarei a tudo isso em breve.

Na melhor das hipóteses, esperamos ver, enfim, formulada essa questão que nos interessa tanto: a questão do teatro.

Porém, ela não será melhor formulada esta noite do que tem sido desde há muito, pela simples razão de que não vejo nesta sala nenhum verdadeiro homem de teatro, exceto eu mesmo, e vocês vão compreender por quê.

No número de 12 de dezembro de 1931, da *Comœdia*, encontra-se o relato desta sessão intitulado: *Um Grande Debate sobre o Destino do Teatro ou "O Bom Rapaz Vive Ainda"*. A intervenção de Antonin Artaud é aí comentada nos seguintes termos:

Um outro jovem, mais jovem ainda o sucede (a Hanry-Jaunet, antigo administrador e secretário geral do Studio des Champs-Elysées): *Antonin Artaud. Um frêmito percorre a sala: O criador do Teatro Ubu vai certamente derrubar tudo. Infelizmente! Apesar de sua máscara à la Marat, apesar de sua voz sibilante, apesar de seus recursos de peito e de seus cabelos em posição de batalha, Artaud se contentou em fazer uma pequena exposição sobre a encenação e uma apologia do teatro metafísico que em nada resolveu o problema. Decepcionou. Não seria para menos, pois esperava-se no mínimo vê-lo pegar o teatro, o velho teatro, pelos ombros para tentar repô-lo em pé.*

Vão compreender por que, em minha tola pretensão, sou eu quem tem razão.

Digo que o teatro tal como o estamos vivendo, ou melhor, vendo-o morrer, ou melhor, tal como poderíamos vê-lo morrer, se ele não participasse, também ele, porém mais depressa que o resto, de uma espécie de decadência geral que domina nossas ideias, nossos costumes e os valores de todas as espécies em que nos apoiamos, mas sem ter passado, o teatro, por essa fase de movimento excessivo, de desenvolvimento extremo, mas mesmo assim fascinante por suas riquezas, pela multiplicação de suas nuanças, que se apoderou simultaneamente de todas as outras artes e meios de expressão paralelos a ele. Em suma, se não conseguimos precisar, se nos achamos tão incapazes de precisar a doença do teatro, é porque deixamos de ter pontos de referência no meio dessa progressão crescente, mas generalizada, que arrasta todo um mundo, todo nosso mundo ocidental, em direção à sua queda, à sua desaparição.

Tradução de Regina Correa Rocha

O Teatro e a Psicologia – o Teatro e a Poesia[1]

O TEATRO E A PSICOLOGIA

Essa concepção encantatória da Palavra faz parte de toda uma concepção oriental. Nós, no entanto, limitamo-nos à experiência e não nos arriscamos a ir tão longe. Entretanto, não é demasiado temerário afirmar que essa sujeição ao já conhecido, pelas limitações que impõe em todos os domínios, é a causa absoluta, direta, e não há, em suma, nenhuma outra, da queda quase orgânica do teatro ocidental atual. Se todas as artes e todos os teatros, e os próprios Mundos, precisam de uma fé para viver, podemos dizer que a religião do real e da experiência não é razão suficiente para existir.

Se o teatro não ultrapassa o domínio daquilo que as palavras, tomadas em seu sentido mais corrente, em sua acepção mais normal e ordinária, podem atingir, isto se deve às ideias do Ocidente sobre a Palavra, ideias que fazem de todo teatro uma espécie de imenso auto de ocorrência psicológica, um trabalho de bedel e de agrimensor dos sentimentos e do pensamento.

E isso sem nenhum recurso possível à exaltação através das imagens, isto é, sem apelo à imaginação.

Porém, não é suficiente acusar o teatro moderno de falta de imaginação. É uma censura gratuita na medida em que não forem determinadas, no teatro moderno, as relações de concordância entre a imaginação e a linguagem como consequência das possibilidades extremas da linguagem, o Humor e a Poesia.

---

1. Transmitido por Jean-Marie Conty.

O TEATRO E A POESIA[2]

Colocar nestas condições a questão do teatro é colocar a questão de uma linguagem que pertenceria apenas ao teatro, que seria independente, portanto, da Palavra, com o destino da qual foi ligada[3].

Parece-me que a noção de uma linguagem que pertenceria apenas ao teatro poderia confundir-se com a noção de uma linguagem no espaço, tal qual se pode produzir no palco e oposta à linguagem das palavras. A linguagem do teatro é em suma a linguagem do palco, que é dinâmica e objetiva. Ela participa de tudo aquilo que pode ser posto sobre um palco em matéria de objetos, de formas, de atitudes, de significações. Mas isto à medida que todos esses elementos se organizam e, ao se organizarem, se separam de seu sentido direto, visando criar assim uma verdadeira linguagem baseada no signo em vez de na palavra. É aí que aparece a noção de simbolismo baseado na troca de significações. É tirado das coisas seu sentido direto e lhes é dado um outro.

*

* *

Na atual decadência do teatro incrimina-se sobretudo o público. E isto com base nos textos de teatro que ele rejeitou, sem se perguntar o que a representação fez desses textos. E parece realmente que sob este ponto de vista não houve, pelo menos na França, há muito tempo, em torno de um texto de qualidade, nenhuma representação teatral válida. Parece ter sido completamente perdida a noção das necessidades do teatro e de suas possibilidades. Uma concepção europeia do teatro quer que o teatro seja confundido com o texto, que tudo seja centrado em torno do diálogo considerado como ponto de partida e de chegada. Em face disso parece-nos que, sem fazer apelo à noção filosófica e talvez demasiadamente especializada do teatro puro, é possível extrair a noção de um teatro baseado nas possibilidades de uma expressão puramente cênica, onde todos os meios de ação utilizáveis no palco entrariam, por sua vez, em jogo. Isto não quer dizer que é necessário que se faça prevalecer a encenação sobre o texto. E a respeito disso é preciso ainda opor uma certa concepção europeia de encenação, onde tudo, luz, cenário e movimento, é apenas um auxiliar, pode-se dizer, decorativo do texto, a uma concepção orgânica e profunda, onde a encenação se torna uma linguagem particular. No caso em que o texto conserva toda sua importância, certamente tudo o que é dado à encenação poderá apenas terminar em um desvio puramente artístico do texto, portanto inútil e parasitário. Podemos assim concluir que o teatro só será devolvido a ele mesmo no dia em que toda a representação dramática se desenvolver diretamente a partir do palco, e não como uma segunda ver-

---

2. Os dois textos se seguem no manuscrito. Parece que são duas subdivisões de um texto mais importante que Antonin Artaud teria projetado.

3. Antonin Artaud desenvolveu esta ideia no "Teatro Oriental e Teatro Ocidental".

são de um texto definitivamente escrito, suficiente a si mesmo, e limitado às suas próprias possibilidades.

Isto nos leva a questionar a linguagem da palavra tal qual ela é concebida atualmente na Europa – como meio de expressão – e a questionar se esta responde verdadeiramente a todas as necessidades orgânicas da vida. De onde provém a questão acessória da destinação da palavra[4], e de seu poder real e mágico de evocação e de realização.

Em todo caso, o que quer que possamos pensar acerca da importância da palavra dentro do real, o teatro, que oferece outras possibilidades além daquelas puramente verbais, não lhe está diretamente ligado.

O teatro se confunde com a própria destinação do mundo formal. Ele levanta a questão da expressão pelas formas e incita a uma não preocupação com o real mediante o humor, criador da poesia.

Este tratamento (através do humor) do real incita, em seguida, a se perguntar aonde este último conduz o espírito, a sensibilidade. Isto, se quisermos daí tirar consequências extremas. Por um lado, ele conduz à metafísica intelectual, por outro, à metafísica orgânica, pelas possibilidades de dissociação mágica e religiosa da linguagem empregada.

*

* *

Novos objetos, algumas vezes até esplendidamente evoluídos, porém acabados, alguma ideia elevada deles próprios que sejam capazes de dar, por vezes, à inteligência humana.

Tradução de Regina Correa Rocha

---

4. É igualmente no "Teatro Oriental e Teatro Ocidental" que Antonin Artaud falará da *destinação* da palavra.

O Teatro, Antes de Tudo, Ritual e Mágico...[1]

O teatro é antes de tudo ritual e mágico, isto é, ligado a forças, baseado em uma religião, crenças efetivas, e cuja eficácia se traduz em gestos, está ligada diretamente aos ritos do teatro que são o próprio exercício e a expressão de uma necessidade mágica espiritual.

As crenças se extinguem, o gesto exterior do teatro permanece vazio de sua substância interna, mas ainda transcendente no plano da imaginação e do espírito. Não existem mais poderes ou ideias ocultas atrás desse gesto, mas um substrato poético real continua a se agitar por trás como uma rejeição. As ideias morrem mas seu reflexo permanece no estado poético que o gesto evoca. E a qualidade segunda, o segundo estádio do gesto representado pela poesia no estado puro, que tem ainda o direito de chamar-se poesia, mas sem uma eficácia mágica real. A arte está muito próxima de sua decadência.

Neste estado, no entanto, o espírito continua a criar mitos e o teatro a representá-los. O teatro continua a viver acima do real, a propor ao espectador um estado de vida poética que, se impelido ao extremo, só conduziria a precipícios, mas assim mesmo preferível à vida psicológica simples, sob a qual sufoca o teatro de hoje em dia.

Este é o grau em que o teatro usa da magia da natureza, permanece marcada por uma coloração de tremor de terra e de eclipse, onde os poetas fazem falar a tempestade, onde o teatro enfim se contenta com o lado físico acessível da alta magia.

---

1. Transmitido por Jean-Marie Conty.

A poesia que ele utiliza é negra; e, radiosa, é ainda mais negra, ainda mais fechada.

É o momento em que o teatro se tornou função de uma substituição. A vida ordinária o teatro opõe um estado de vida poética resplandecente, porém falsa. A vida psicológica, uma outra vida psicológica apenas mais avultada, apenas mais monstruosa. As personagens manejam suas facas, mas o que comem, mesmo no plano simbólico, não tem mais sentido.

Nós estamos, agora, no estádio da vida aplicada, onde tudo desapareceu, natureza, magia, imagens, forças; no estado de estagnação em que o homem vive de seu dote, com uma reserva sentimental e moral há um século imutável. Neste estádio o teatro não cria mais mitos. Os mitos mecânicos da vida moderna, foi o cinema que os assumiu. Ele podia assumi-los, pois não levam a nada. Eles dão as costas ao espírito. Quanto ao pseudoconhecimento da inconsciência, aos fantasmas psicológicos, às aparições poéticas que ela pode fazer surgir, é preciso entender a si mesmo, ou por uma aproximação com a vida ardente, a vida em estado puro, achar alguma coisa de essencial no ser, decidir separar novamente os princípios psicológicos, mas separá-los metafisicamente e por aquilo que eles representam de transcendente. Assim, o inconsciente conduzirá novamente aos símbolos e às imagens tomados como um meio de reconhecimento e que ultrapassa a psicologia.

Ora, o inconsciente registrado fotograficamente terminará apenas por estender desmesuradamente o domínio do conhecido não mágico e não sairemos mais do teatro moral e cirúrgico.

Tradução de Regina Correa Rocha

Carta a *L'Intransigeant*[1]

Poderiam os senhores me permitir retificar alguns termos da entrevista por mim dada, em *L'Intransigeant* de hoje, sobre o teatro da NRF.

Na realidade a NRF não criou um teatro confiando a mim a direção, mas aceita, no entanto, patrocinar o empreendimento que eu planejo. Ela me dá seu apoio e o direito de me servir de seu nome.

A primeira peça que vou montar é o *Woyzeck* de Büchner.

Permitam-me ainda os senhores insistir na significação profunda que pretendo dar ao espetáculo que vou montar e em alguns dos signos característicos das encenações que farei.

O teatro contemporâneo está em decadência porque perdeu o sentimento, por um lado, da seriedade, por outro, do riso, pois rompeu com a gravidade, com a eficácia imoral e perniciosa, e, para dizer tudo, com o perigo. Perdeu ainda o sentido do humor verdadeiro e o poder de dissociação física e anárquica do riso. Enfim ele rompeu com o espírito de anarquia profunda que é a base de toda a poesia[2].

Eu lhe seria muito grato se insistir nesses poucos pontos e se disser que, *objetivamente*, é por meio de uma espécie de nova pantomima, onde os gestos e

---

1. Carta publicada em *L'Intransigeant* de 27 de junho de 1932, precedida da seguinte introdução:

Após o nosso artigo estampado ontem sobre o teatro da N.R.F., Antonin Artaud, a quem caberá a direção deste na próxima temporada, nos deu hoje algumas especificações complementares.

2. Esse parágrafo foi inteiramente retomado em "A Encenação e a Metafísica".

atitudes figuram no sentido de hieróglifos vivos, que conto torná-los concretos e sensíveis no palco.

Desculpando-me, peço aos senhores crerem em todos os meus agradecimentos.

ANTONIN ARTAUD

Tradução de Regina Correa Rocha

O Teatro que Vou Fundar[1]

Eu tenho um projeto de teatro que conto realizar com o apoio da NRF; ela me oferece suas páginas para que eu possa definir a orientação desse teatro, objetivamente e do ponto de vista ideológico. O artigo, no qual vou expor meu programa e definir minhas diretrizes, será constituído por uma espécie de manifesto que vários escritores da NRF deverão assinar. Além disso, André Gide, Julien Benda, Albert Thibaudet e Jean Paulhan constituem o comitê que patrocinará esse empreendimento. Como membros desse comitê eles tomarão parte em todas as discussões concernentes aos espetáculos que serão montados nesse teatro.

Ainda não examinei a questão do local e pode ser que eu me decida por um galpão, o qual mandarei arrumar e reconstruir segundo princípios que tendem a se aproximar da arquitetura de certas igrejas, ou melhor, de certos lugares sagrados e de certos templos do Alto Tibete. Eu tenho do teatro uma ideia religiosa e metafísica, porém no sentido de uma ação mágica, real, absolutamente efetiva. E é preciso entender que tomo as palavras "religioso" e "metafísico" em um sentido que não tem nada a ver com a religião ou com a metafísica, da maneira que são entendidas habitualmente. Demonstrando, assim, até que ponto esse teatro tem intenção de romper com todas as ideias que alimentam o teatro na Europa em 1932.

Eu creio na ação real do teatro, mas não exercida no plano da vida. Depois disso, é inútil dizer que considero vãs todas as tentativas feitas na Alemanha, na

1. *Paris-Soir*, 14 de julho de 1932.

Rússia ou na América, nesses últimos tempos, para submeter o teatro às finalidades sociais e revolucionárias imediatas. Esses procedimentos de encenação empregados, pelo fato de se deixarem submeter aos dados mais rigorosos do materialismo dialético, pelo fato de voltarem as costas à metafísica que menosprezam, persistem, por mais modernos que sejam, numa encenação segundo a acepção a mais grosseira dessa palavra. Eu não tenho tempo, nem aqui é o lugar, para aprofundar essa discussão. Existem aqui, como os senhores podem notar, duas concepções de vida e poesia que se opõem. Concepções com as quais o teatro é solidário em sua orientação.

Em todo caso e do ponto de vista objetivo, eis o que posso dizer: Está em meu projeto encenar o *Woyzeck* de Büchner e várias outras obras tiradas de dramaturgos elisabetanos: *A Tragédia do Vingador*, de Cyril Tourneur; *A Duquesa de Amalfi* e *O Demônio Branco*, de Webster, algumas obras de Ford etc., porém apresentar um programa não é na realidade meu objetivo, como tampouco representar peças escritas. Eu creio que o teatro só poderá voltar a ser ele próprio no dia em que os autores dramáticos mudarem completamente sua inspiração e sobretudo seus meios de escritura.

Para mim, a questão que se impõe é de se permitir ao teatro reencontrar sua verdadeira linguagem, linguagem espacial, linguagem de gestos, de atitudes, de expressões e de mímica, linguagem de gritos e onomatopeias, linguagem sonora, mas que terá a mesma importância intelectual e significação sensível que a linguagem das palavras. As palavras serão apenas empregadas em momentos determinados e discursivos da vida como uma luz mais precisa e objetiva aparecendo na extremidade de uma ideia.

Eu me proponho tentar fazer em torno de um tema conhecido, popular ou sagrado, um ou mais ensaios de realização dramática, onde os gestos, as atitudes, os signos, *serão inventados* à medida que forem pensados, e *diretamente* no palco, onde as palavras nascerão para rematar e concluir esses discursos líricos feitos de música, de gestos e de signos ativos. Será necessário encontrar um meio de escrever, como nas pautas musicais, com uma linguagem cifrada de um novo gênero, tudo aquilo que foi composto.

Tradução de Regina Correa Rocha

CARTA À COMŒDIA[1]

Paris, 18 de setembro de 1932

Senhor,

Permita-me desenvolver aqui alguns dos princípios que me guiaram no empreendimento que busco.

Concebo o teatro como uma operação ou uma cerimônia mágica, e concentrarei todos os meus esforços para lhe devolver, por meios atuais e modernos, e também compreensíveis a todos, seu caráter ritual primitivo.

Em todas as coisas existem dois lados, dois aspectos[2].

1. Carta publicada na *Comœdia* de 21 de setembro de 1932, sob a rubrica *l'Avant-Garde*, com a seguinte introdução:

> Por que o Sr. Antonin Artaud funda
> "O Teatro da Crueldade"
> O teatro, disse ele, é uma "cerimônia mágica"
> e nós não representaremos peças escritas

Nós havíamos anunciado que o jovem escritor de arte e encenador, senhor Antonin Artaud, se dispôs afundar, sob a égide da Nouvelle Revue Française, *um novo palco de vanguarda que se abrirá logo e se intitulará "Teatro da Crueldade". No período difícil que atravessa o teatro, no momento em que todo mundo se preocupa com o seu destino, era particularmente interessante saber do próprio senhor Antonin Artaud suas metas e suas ideias. Eis a sua resposta que constitui verdadeiro manifesto.*

2. Lê-se na *Comœdia*: *Il y a dans tout côté deux choses, deux aspects* ("Há em todo lado, duas coisas, dois aspectos"). O que nos parece um erro de impressão evidente. Cremos mais lógico entender: *Il y a dans toute chose deux côtés, deux aspects.* ("Há em toda coisa, dois lados, dois

1º Aspecto físico, ativo, exterior, que se traduz por gestos, sonoridades, imagens, harmonias preciosas. Este lado físico é endereçado diretamente à sensibilidade do espectador, isto é, a seus nervos. Ele possui faculdades hipnóticas. Ele prepara o espírito através dos nervos para receber as ideias místicas ou metafísicas que constituem o aspecto interior de um rito, do qual estas harmonias ou estes gestos são apenas o invólucro.

2º O aspecto interior, filosófico ou religioso, entendendo-se este último em seu sentido mais amplo, no sentido de comunicação com o universal.

Que se tranquilizem, porém, os espectadores, pois todo rito tem três graus. Junto com o lado físico destinado a envolver e a encantar, a exemplo de qualquer dança e de qualquer música, aparece o lado feérico e poético do rito, sobre o qual o espírito pode se deter sem ir mais longe. Neste estágio, o rito conta estórias, fornece imagens maravilhosas e muito conhecidas, da mesma maneira que, ao lermos a *Ilíada*, podemos nos deter nos avatares matrimoniais de Menelau sem nos preocuparmos com as ideias profundas e terríveis que eles encerram e são obrigados a dissimular.

Aliás, eu já insisti neste lado mágico e operatório em um artigo publicado no número de fevereiro de 1932 na NRF[3], quando tive a grande satisfação de constatar que excelentes críticos me davam razão[4]. Foi assim que Jean Cassou, no número de 17 de setembro da *Nouvelles Littéraires*, falou da maneira poética de utilizar os objetos no palco usando o próprio nome de "cerimonial" que eu havia empregado em uma nota anexada a esse mesmo artigo[5]. Parece, assim, haver uma concordância, em certos meios, em considerar o teatro não como um jogo de arte gratuito ou como um meio de se distrair dos aborrecimentos de uma difícil digestão.

Mas ao mesmo tempo que ele reencontra os poderes de ação direta sobre os nervos e a sensibilidade e através da sensibilidade sobre o espírito[6], o teatro abandona o hábito do teatro falado, onde a clareza e a lógica constrangem a sensibilidade. Não se trata, no entanto, de suprimir a palavra, mas de reduzir consideravelmente seu emprego, ou dela se servir em um sentido mágico esquecido ou desconhecido.

---

aspectos"). Isto confirma a nossa impressão: é que, mais abaixo, a propósito do primeiro desses aspectos, o *aspecto físico*, Antonin Artaud diz: *Ce côté physique...* ("Este lado físico...").

3. "A Encenação e a Metafísica".

4. A redação do jornal julgou oportuno introduzir neste ponto a seguinte nota: O *Sr. Artaud esquece alguns, e aqueles que, de há muito, aqui mesmo, a propósito de* Édipo Rei, *expuseram um sistema que é aliás desde toda eternidade o fundo mesmo da grande arte teatral.*

5. Não é aliás a palavra *cerimonial* que é empregada por Antonin Artaud, mas a expressão *velha magia cerimonial*. Mas é bem esta palavra que utiliza Jean Cassou em um artigo consagrado a *Jean-Cocteau: Morceaux choisis, Poèmes (n.r.f) – Essai de critique indirecte (Grasset)*, número de 17 de setembro de 1932 de *Nouvelles Littéraires*. A propósito do teatro de Jean-Cocteau, ele escreve o seguinte: O *teatro, irmão da sessão de predigitação, quer pasmar. Ele quer produzir uma imitação do milagre, recuperar, por seus feitiços, sua função antiga de cerimonial religioso e operatório.*

6. Aqui também, provavelmente, um erro de impressão. Lê-se na *Comœdia:... e pela sensibilidade um espírito...* Pensamos que se deva entender:... *sobre o espírito...* Pois o teatro tal como o concebe Antonin Artaud deve agir sobre o espírito. Ele o diz aliás nesse mesmo texto na página anterior (3º): *Il prépare l'esprit par les nerfs...* ("Ele prepara o espírito pelos nervos...")

Trata-se, sobretudo, de suprimir um certo lado puramente psicológico e naturalista do teatro e de permitir à poesia e à imaginação retomar seus direitos.

Existe, entretanto, e eis aqui a novidade, um lado virulento e diria mesmo perigoso da poesia e da imaginação a reencontrar. A poesia é uma força dissociadora e anárquica, que, por analogias, associações, imagens, vive apenas de uma subversão de relações conhecidas. A novidade está em subverter estas relações não apenas no domínio exterior, no domínio da natureza, mas no domínio interior, isto é, no da psicologia.

Se agora me perguntarem como, responderei que é este o meu segredo. Em todo caso, o que posso dizer é que nesse novo teatro o lado objetivo exterior, isto é, a parte cênica, a arte cênica, terá uma importância primordial, onde tudo será baseado não no texto, mas na representação, onde o texto volta a ser escravo do espetáculo. Uma nova linguagem que terá suas leis e seus próprios meios de escrita se desenvolverá paralelamente à linguagem falada e, por mais física e concreta que ela seja, terá tanta importância intelectual e faculdades sugestivas quanto a outra.

Pois creio que é urgente para o teatro tomar consciência de uma vez por todas daquilo que o distingue da literatura escrita. A arte teatral, por mais fugaz que possa parecer, é baseada na utilização do espaço, na expressão dentro do espaço. E não está escrito em nenhum lugar que as artes fixas, inscritas na pedra, na tela ou no papel, sejam mais válidas ou eficazes magicamente.

Nesta nova linguagem, os gestos têm o valor das palavras, as atitudes têm um sentido simbólico profundo, são capturadas em estado de hieróglifos, e o espetáculo todo, em vez de ter em vista o efeito e o charme, será para o espírito um meio de reconhecimento, de vertigem e de revelação.

Ora, isto é dizer que a poesia se instala nos objetos exteriores, retirando de suas junções e alternativas imagens e consonâncias estranhas, e fazendo com que tudo no espetáculo vise à expressão por meios físicos que engajam tão bem o espírito quanto a sensibilidade.

E assim que aparece uma certa ideia alquímica do teatro onde, ao contrário do teatro habitual, a descentralização analítica dos sentimentos corresponde ao estado grosseiro da alquimia científica (a qual é apenas um ramo degenerado da Alquimia), onde as formas, os sentimentos, as palavras, compõem a imagem de uma espécie de turbilhão vivo e sintético, no meio do qual o espetáculo toma o aspecto de uma verdadeira transmutação.

Quanto às obras, nós não encenaremos peças escritas. Os espetáculos serão feitos diretamente em cena e com todos os meios que a cena oferece, mas tomada como uma linguagem do mesmo nível dos diálogos do teatro escrito e das palavras. O que não quer dizer que estes espetáculos não serão rigorosamente elaborados e preestabelecidos definitivamente antes de serem encenados.

Por enquanto isso é tudo. Quanto aos meios materiais de realização, permitam-me revelá-los somente mais tarde.

ANTONIN ARTAUD

Tradução de Regina Correa Rocha

A MARCEL DALIO

Paris, 27 de junho de 1932[1]
Segunda-feira

Caro Amigo,

Você deve ter notado que, depois da entrevista e de minha carta a *L'Intransigeant*, meus projetos estão tomando corpo[2]. Telefonei sábado para sua casa para marcarmos um encontro. Não devem ter lhe dado o recado, ou o fizeram tarde demais. É no entanto *bastante urgente* que eu o veja. Eu lhe perguntei no outro dia, *olhos nos olhos*, se você acreditava nesse trabalho, pois ele é de uma natureza tal que devemos ou nos entregar totalmente ou não nos entregar de maneira alguma. Trata-se, em suma, de começar do nada. Achei muito engraçado que você me perguntasse se eu tinha intenção de fazer teatro de arte, pois me parece que pela própria definição este risco está afastado: um teatro de arte não pode ser nada além de um teatro marginal. Já um teatro que tenciona demolir

---

1. Carta rasgada escrita sobre papel com cabeçalho: *Le Dôme*, transmitido pela Sra. Anie Faure. Inserida num envelope assim endereçado:
    M. Marcel Dalio
    Hôtel Livingstone
    16, rue Livingstone
    Paris
Ou esta carta não foi enviada, ou Antonin Artaud, a recopiou antes de enviá-la.
2. Trata-se sempre da entrevista e da carta a *L'Intransigeant*, p. 77.

tudo para voltar ao essencial, para procurar, através de meios especificamente teatrais, realcançar o essencial, não poderia ser um teatro de arte, e isto *por definição*. Fazer arte, fazer esteticismo, é ter em vista a aprovação, o efeito furtivo, exterior, passageiro, mas também procurar exteriorizar sentimentos graves, procurar atitudes essenciais do espírito, querer dar aos espectadores a impressão de que eles *arriscam* alguma coisa, vindo ver nossas peças, e tornando-os sensíveis ao espírito de uma nova ideia do *Perigo*, creio que isto não é fazer arte.

Demorei muito para lhe telefonar, pois queria estar absolutamente pronto. Agora, creio que já estou.

Eu sei sobre o que quero falar com você e estou apto a lhe dizer de uma maneira objetiva o que quero fazer.

E esperando que autores novos nos tragam peças que se enquadrem na linha do essencial, e que sejam capazes de exprimi-lo com os meios cênicos, vocais e plásticos que preconizo, eu tenho um programa.

O ponto no qual quero insistir é que as peças que escolhi não são para mim um fim, mas um meio: "são peças que não podem atrapalhar o emprego dos procedimentos cênicos que tenho em vista".

E por seu turno, é preciso que esteja bem entendido que, por mais espetaculares que sejam, esses procedimentos cênicos que visam realizar uma certa ideia do espetáculo integral não querem fazer do espetáculo a finalidade e o fim do teatro.

Resumindo, eu não quero que possam me acusar de fazer um teatro de arte, ou um teatro arqueológico, e aqueles que me fizerem essa acusação não terão compreendido o que procuro. Não existe nisso nenhum segredo e eu não temo que tomem de mim minhas ideias, pois pretendo desenvolvê-las a fundo em um manifesto preciso e que tornarei público.

Praticamente a questão que se coloca para mim é a seguinte: "estando os espetáculos escolhidos, preciso ainda de um elenco que possa se prestar a todos esses procedimentos cênicos, que traduzam *minuciosamente* as indicações que lhes darei, pois, bem entendido, só será possível chegar a uma encenação de tal maneira matemática como a que almejamos se os atores estiverem dispostos a seguir escrupulosamente as indicações que lhes darei".

Em outros termos, vivendo esses espetáculos a partir de certos procedimentos cênicos, será sob minha direção que os atores serão levados à realizá-los.

Portanto, é necessário um homem, mas um homem maravilhoso que possa no plano prático e financeiro tomar iniciativas verdadeiramente revolucionárias, tão revolucionárias quanto aquelas que você e eu admitimos serem possíveis e mesmo necessárias no domínio artístico, plástico e no das ideias. Eu digo que essas iniciativas deverão ser revolucionárias, não por gosto, ou por um desejo doentio de pôr tudo em desordem, mas sim porque creio que nas circunstâncias atuais apenas concepções novas em matéria de finanças podem ter chance de criar um negócio sólido e que tenha possibilidade de durar. Nada impede que esse homem seja você, e chego mesmo a lhe perguntar se, com os elementos apresentados, o apoio da NRF, seu nome, e os nomes dos escritores que me prometeram apoiar, você se encarregaria de criar um negócio sólido, isto é, obter todas as espécies de crédito que nos permitam ter um teatro, cenários, publicidade e um pouco de dinheiro líquido que nos permita começar.

E preciso que tornemos a nos falar pessoalmente sobre tudo isso e nessa espera sou seu amigo,

ANTONIN ARTAUD

Rua do Comércio nº 4, XVe, E. V.

Tradução de Regina Correa Rocha

AO SENHOR VAN CAULAERT

Paris, quarta-feira
6 de julho de 1932[1]

Caro Senhor,

Eu já lhe disse em que consistiam os meus projetos e os apoios que eu havia obtido.

Eis aqui alguns detalhes suplementares.

Eu não sei onde nos instalaremos, mas pode ser que eu me decida por um hangar que mandarei arrumar e reconstruir seguindo os princípios que levaram à arquitetura de certas igrejas, ou melhor, de certos lugares sagrados e de certos templos do Alto Tibete. Eu tenho do teatro uma ideia religiosa e metafísica, mas no sentido de uma ação mágica absolutamente efetiva.

Isto significa dizer-lhe até que ponto esse teatro quer romper com todas as ideias sob as quais se entende o teatro na Europa em 1932.

Eu creio na ação real do teatro, mas no plano da vida. E inútil dizer, depois disso, que considero vãs todas as tentativas feitas na Rússia para submeter o teatro a finalidades sociais e revolucionárias imediatas, por mais novos que sejam

---

1. Carta rasgada, transmitida pela Sra. Anie Faure.

J. D. Van Caulaert, cartazista especializado em cartazes de teatro, desenhava os croquis que acompanharam as críticas teatrais de *Paris-Soir*. Na crítica relativa aos *Cenas*, encontram-se dois desenhos de J. D. Van Caulaert: um retrato de Antonin Artaud e um retrato de d'Iya Abdy (*Paris-Soir*, 9 de maio 1935).

os procedimentos de encenação empregados. Esses procedimentos, na medida em que se submetem aos dados mais estritos do materialismo dialético, voltam as costas à metafísica que menosprezam e persistem em uma encenação segundo a acepção mais grosseira dessa palavra. Seria preciso aqui entender a discussão, pois duas concepções de vida e de poesia se afrontam, concepções com as quais o teatro é solidário em sua orientação.

Eu pensei em elaborar um programa, mas isso não é importante e não tenho como meta encenar peças escritas. O teatro só voltará a ser ele próprio no dia em que os autores dramáticos, se impondo novas disciplinas, mudarem suas inspirações e sobretudo seus meios de escrita.

A questão que se impõe é de se permitir ao teatro tornar a encontrar sua verdadeira linguagem, linguagem espacial, linguagem de gestos, de atitudes, de expressões e de mímicas, linguagem de gritos e de onomatopeias, linguagem sonora, onde todos os elementos objetivos conduzirão a signos, sejam eles visuais, sejam sonoros, mas que terão a mesma importância intelectual e significação sensível que a linguagem das palavras. As palavras serão empregadas apenas nas partes já determinadas e discursivas da vida, como uma claridade mais precisa e objetiva surgindo na extremidade de uma ideia.

Eu me proponho tentar fazer em torno de um tema conhecido, popular ou sagrado, uma ou mais tentativas de realização teatral, onde os gestos, as atitudes, os signos, serão inventados à medida que forem pensados, e diretamente no palco, onde as palavras nascerão para fechar, e fazer chegar a um domínio reconhecido, esses discursos líricos feitos de música, de gestos e de signos ativos. E será necessário encontrar um meio de anotar como sobre pautas musicais, com uma linguagem numérica diferente, tudo o que foi composto.

Agradecimentos e saudações.

ANTONIN ARTAUD

Tradução de Regina Correa Rocha

AO SENHOR VAN CAULAERT OU SR. FOUILLOUX
(PROJETO DE CARTA)

Paris, sexta-feira
8 de julho de 1932[1]

Caro Senhor,

Como o senhor sabe, eu tenho um projeto de teatro, conforme o meu artigo[2], mas praticamente, e no ponto do desenvolvimento cultural em que nos encontramos, todo esforço para fazer um teatro como esse deve consistir em concretizar e objetivar princípios semelhantes e lhes achar uma expressão análoga. Toda a originalidade desse teatro tende à procura de uma nova linguagem cênica à base de signos ou gestos ativos e dinâmicos e não mais de palavras. O que quer que ele seja, o teatro, se quiser viver, não poderá continuar a se apresentar como uma espécie de entretenimento digestivo, e ser no máximo, quando excelente,

---

1. Carta rasgada, transmitida pela Sra. Anie Faure. No envelope, a seguinte menção de Antonin Artaud:

Van Caulaert   *Teatro Alquímco ou Mágico*
Fouilloux   *ou METAFÍSICO*

Cabe supor que Antonin Artaud, desejando interessar o maior número de pessoas em seu projeto de teatro, tenha redigido um modelo de carta que, no caso presente, teria enviado às duas pessoas nomeadas no envelope. Quanto aos diferentes qualificativos desse teatro, ver-se-á nas cartas subsequentes que hesita longamente antes de intitulá-lo: *Teatro da Crueldade*.

Georges Fouilloux fora administrador e, depois, a partir de 1931-1932, diretor do Teatro Pigalle.

2. Sem dúvida a carta ao *L'Intransigeant*, p. 77.

um divertimento de letrados inteligentes e cultos. Creio que a finalidade do verdadeiro teatro é nos reconciliar com uma certa ideia da ação, da eficácia imediata que, pensam alguns, deva se desenvolver no plano utilitário quer da vida, quer da atualidade, e que me parece, no que só posso esposar algumas ideias de certos eminentes pensadores do século, deve procurar alcançar as regiões mais profundas do indivíduo e criar nele próprio uma espécie de alteração real, ainda que escondida, e da qual só serão percebidas as consequências mais tarde. Isto significa colocar o teatro no plano da magia, o que nos aproxima de certos ritos, de certas operações da Grécia Antiga e da Índia em todos os tempos. Contudo precisamos nos entender e não é preciso acreditar que o teatro, segundo essa concepção, seja reservado a uma elite de espíritos religiosos, místicos e iniciados.

Existem graus. Eu tentei lhe descrever a meta profunda dessa tentativa, mas praticamente é preciso procurar os meios elementares, simples, visíveis e exteriores de produzir semelhantes efeitos e, objetivamente, trata-se apenas de alargar os meios de expressão do teatro, o que poderá parecer à primeira vista uma espécie de *music hall* borbulhante de expressões, de imagens sólidas, uma pantomima sonora e *falada*, uma série de quadros e imagens com música – pois a música concebida com um novo espírito terá grande importância nesse teatro, e esses jogos de expressão, de entonações e de palavras serão centrados em torno de temas simples, claros e conhecidos, quando não o forem em torno de obras dramáticas de peso: *Woyzeck*, Webster e melodramas da melhor veia romântica, que serão o seu pretexto e objeto.

Eu tentei desenvolver em grandes linhas minha ideia. E não importa a confiança que estejam dispostos a depositar em mim. Pois tenho, atrás de mim, realizações teatrais, e um movimento se cria e existe em torno dessas ideias, no meio da NRF e alguns outros. Se não houver impossibilidade radical, à primeira vista, e lhe interessar a tentativa, queira marcar um encontro, contanto que L. Jouvet[3], com quem tudo isso é feito de pleno acordo, não queira realizar qualquer coisa ele próprio fora da CDCE[4].

Cordialmente,

ARTAUD

Rua do Comércio nº 4.

Tradução de Regina Correa Rocha

---

3. Louis Jouvet, cuja colaboração Georges Fouilloux havia conseguido, havia montado vários espetáculos no Teatro Pigalle, em particular em 1932, *La Pâtissière de Village*, de Alfred Savoir.
4. Nós não sabemos ao que correspondem essas misteriosas iniciais.

A ANDRÉ ROLLAND DE RENÉVILLE

Quarta-feira,
13 de julho de 1932[1]

Meu caro amigo,

Creio que você não compreendeu muito bem o gênero de dificuldades com que me defronto na redação de meu manifesto[2]. Eu não o censuro, de modo geral, por ter um espírito voltado para o essencial; eu o censuro por voltar seu espírito em vão para o nada, de uma maneira gratuita e insensível, e por desenvolver suas conclusões e difundir o resultado de suas pesquisas em um domínio não real e ineficaz, onde elas têm apenas valor literário, verbal, sem ligação de nenhuma espécie com o mundo em que vivemos. A sua ascese é enfim inumana, e me parece indispensável afirmar que nenhuma conquista, que tenda a e tenha como objetivo a realidade metafísica a mais rara e a mais densa, tem valor a não ser *em função* do plano físico, terrestre, material e humano no qual vivemos. Além disso, como aquilo que podemos esperar da verdade – na me-

---

1. Ao contrário de todas as cartas endereçadas a André Rolland de Renéville, que nos foram transmitidas por seu destinatário, essa carta nos foi comunicada pelo Sr. Jean-Marie Conty. Será que não foi enviada? Tê-la-á Antonin Artaud pedido de volta a André Rolland de Renéville, a fim de retomar algumas ideias aí contidas ou para publicá-la como publicou a "Terceira Carta sobre a Crueldade"? Em todo caso, trata-se efetivamente de uma carta acabada.

2. É evidente que agora, e nas cartas seguintes, o que está em pauta é o "Primeiro Manifesto do Teatro da Crueldade".

dida em que o fazemos com os meios humanos, portanto limitados por essência – só pode ter valor em relação a certas possibilidades bastante atuais e imediatas do espírito, me parece evidente que nós só a procuremos, que tendamos a ela porque estamos separados dela. Eu quero dizer que a verdade não é uma questão de definição. Fazer a pergunta como se propuséssemos um problema de escola, nos perguntando qual é a ideia que fazemos da verdade, quais são os meios de alcançá-la, qual é seu discriminante, qual é sua pedra de toque, de que maneira nos parece possível determinar que a possuímos, é fazer a pergunta de uma maneira falsa, é fazer uma falsa ideia da natureza da verdade, do valor das ideias, e do funcionamento do espírito. Eu não tenho a intenção, hoje, de retomar o problema da verdade e de o discutir. Um problema mais restrito, porém não menos difícil, apresentou-se a mim – o problema do teatro, que tenho a intenção de tentar resolver em seu sentido integral, e em seu plano mais elevado, se ouso dizer, e chegar a encontrar e a fixar a verdade limitada do teatro, o que será um progresso precioso em direção à conquista da verdade total que humanamente pode apenas consistir em uma atitude de espírito, a melhor e a mais profunda possível, a mais capaz justamente de nos distanciar das contingências humanas, atitude filosoficamente paralela àquela de certos êxtases ou da morte.

Colocar seu espírito filosoficamente em estado de morte para, por meio dessa conquista intelectual, conquistar materialmente e na ordem sensível a equivalência desse estado filosófico é, me parece, a operação maior, a operação radical à qual nós devemos tender, sendo ela a única a permitir que nos situemos dentro da verdade, que obtenhamos a verdade, assim como a conquista de uma certa verdade contingente e orgânica responde, no plano da matéria, à unificação dos sólidos pela expulsão de sua face inerte e à aparição alquímica do ouro. Trata-se agora, através da expulsão orgânica de todos os valores inertes do mundo contemporâneo, de chegar à aparição teatral de uma maneira que não seja, como em toda esta carta, um jogo de espírito nas palavras e jogos de palavras em torno de uma crítica, de uma essencial verdade de espírito.

Portanto, a afirmação da verdade teatral não pode fazer-se em si mesma, mas através de todos os obstáculos concretos e orgânicos que opõem a situação exata e real do teatro nesse instante preciso, na vida e nos espíritos,

à concorrência real e filosófica do cinema,

uma certa concepção da arte e da vida, concepção comum à grande maioria das pessoas,

o destino reservado no mundo moderno a todos os valores morais ou espirituais, o destino reservado às ideias etc.

É partindo desse fundo rochoso, bem situado e localizado, cercando fisicamente todos esses obstáculos, que podemos de uma maneira eficaz, ativa, decisiva, impor às pessoas o sentido da verdade teatral que se procura.

São estas, *grosso modo*, minhas censuras, minhas sugestões.

Acredite que todas elas vêm de um amigo definitivamente sincero e fiel, e que é seu.

Antonin Artaud

Tradução de Regina Correa Rocha

A André Rolland de Renéville

Terça-feira,
26 de julho de 1932

Meu caro amigo,

É preciso que você esteja verdadeiramente louco para me escrever uma carta como essa. Essa carta me mostrou um lado obcecado e doentio seu, do qual eu não imaginava a importância. Considere pois que a sua última carta é de dez dias atrás. Dez dias para um homem no campo, sempre diante do mesmo ponto do horizonte rapidamente reduzido a algumas linhas essenciais, mais rapidamente ainda mobiliadas pelo espírito com uma eficácia aborrecida e idêntica, dez dias nessa condição é muita coisa; para um homem da cidade isto não é nada. Você me escreveu uma carta maravilhosa; e eu estava me perguntando, ainda estou a me perguntar, se responderia diretamente ou se enviaria o manifesto. Eu não tinha ainda tomado consciência de minha demora. Eu não encontrei G. C, ela não procurou influenciar ninguém e eu me inclino mesmo a crer que ela é bem menos culpada do que você possa pensar. Estou persuadido de que, se eu lesse a carta que você lhe escreveu, encontraria nela o que a levou a responder da maneira que ela o fez.

Estando isso acertado, a outra razão pela qual não lhe escrevi é que estou absolutamente *aborrecido* com a redação desse manifesto que não consigo pôr de pé. Explique isso como puder. Eu não podia, pois, responder-lhe falando dele porque o mesmo fenômeno de inibição se manifesta cada vez que ponho empenho, por pouco que seja, nele.

Por outro lado, é errado falar de manifesto; existem muitos manifestos e poucas obras. Muita teoria e nenhuma ação. As ideias sobre o teatro que quero fazer estão contidas no "Teatro Alquímico" e em "A Encenação e a Metafísica". Eu devo fazer simplesmente um papel técnico e explicativo para dizer aquilo que quero realizar e como espero realizá-lo.

Não há por que lançar uma condenação sobre o teatro atual, que se condena por si mesmo, e cujas circunstâncias, aliás, estão em vias de fazer justiça elas mesmas. Um teatro contra o qual o cinema pode lutar é um teatro especificamente morto. É suficiente, me parece, perguntar qual é a finalidade profunda do teatro, sua razão de estar vivo para se conscientizar de que a essa finalidade (nós somos alguns daqueles que a consideraram transcendente no mais alto grau) o cinema não pode responder. O teatro só poderá voltar a ser ele próprio no dia em que tiver achado sua razão de ser, no dia em que tiver encontrado, de forma material, imediatamente eficaz, o sentido de uma certa ação ritual e religiosa, ação de dissociação psicológica, de dilaceração orgânica, de sublimação espiritual decisiva à qual ele estava primitivamente destinado.

Em breve, espero, o artigo que devo escrever.

Seu fiel amigo,

ANTONIN ARTAUD

Tradução de Regina Correa Rocha

A GASTON GALLIMARD
(PROJETO DE CARTA)

11 de agosto de 1932[1]

Caro Senhor,

Eu o fiz esperar por causa da redação de meu artigo[2] que ainda não está pronta. Explico-lhe aqui de uma maneira precisa e técnica o que quero fazer.

Nada poderei fazer sem seu apoio efetivo e se não for do conhecimento de todos que o senhor patrocina diretamente o meu projeto e que o recomenda a todos aqueles sobre os quais tem influência e, sem incluir o título, dizer por exemplo que a NRF depositou sua confiança em mim para que eu realizasse um teatro conforme tudo aquilo que se pode atualmente esperar de *essencial* no teatro.

O artigo saiu um pouco longo porque me obrigou a uma revisão de todas as nossas ideias sobre o teatro. Eu quis retomar a questão a fundo. Através de sua influência o senhor poderia contribuir muito para o êxito deste projeto, em torno do qual criou-se um movimento, principalmente no ambiente jovem e não contaminado do teatro de hoje e que atualmente está à sua espera.

No ponto em que estou não posso divulgá-lo sem perigo para mim e para as ideias que estão em sua base.

1. Carta rasgada transmitida pela Sra. Anie Faure.
2. O "Primeiro Manifesto do Teatro da Crueldade" cujo o esboço de uma parte está escrito em sequência a este projeto de carta.

Meus mais profundos sentimentos.

Artaud

A EFICÁCIA

Teatro digestivo, de divertimento, oposto ao teatro sério, grave. Tudo isso ligado à decadência de nossas ideias.

OS ATORES

Qual é o papel do ator em semelhante teatro. Ao mesmo tempo extremamente importante, e extremamente limitado. Aquilo que chamamos personalidade do ator deve desaparecer completamente. Nesse teatro não há lugar para o ator que impõe seu ritmo ao conjunto, e a cuja personalidade tudo deve se sujeitar. Nem conservar semelhante concepção. No teatro, o ator enquanto ator não pode mais ter direito a nenhuma espécie de iniciativa. A personalidade preponderante do ator se explica diante de peças vazias, e de uma encenação nula, e porque toda representação necessita de um elemento forte. Mas, de outro lado, e porque nenhuma expressão atua, a não ser graças a uma força no fundo intraduzível e na qual todo signo, gesto ou imagem existe apenas em estado de convocação, de imantação ideológica dessa força, e é feita apenas para invocar o seu sentido. A própria orientação dos nossos espetáculos exige atores fortes, que serão escolhidos não em função de seu talento, mas em função de uma espécie de sinceridade vital, mais forte do que suas convicções. Não se trata de dons, mas de uma orientação particular de certos dons, o sentido de uma certa emulação sagrada.

O PÚBLICO

A questão não é se existe ou não um público para esse teatro, mas sim a criação desse público. É da própria natureza de semelhante espetáculo ter sempre algo a oferecer a não importa qual público, a quem as coisas representadas serão sensíveis pelo menos em uma de suas acepções[3].

Tradução de Regina Correa Rocha

---

3. Cf. O *Teatro da Crueldade* ("Primeiro Manifesto").

A André Gide

Quinta-feira,
20 de agosto de 1932[1]

Caro Senhor,

Recebi sua carta e lhe agradeço. Minha declaração, agora terminada, deve aparecer em outubro na NRF. Eu espero terminá-la dizendo que um certo número de escritores, que já me autorizaram, e cujos nomes citarei, me permitiu citá-los como adeptos dos princípios que formulo. Não haverá um comitê de patrocinadores e não porei seu nome encabeçando os outros nomes. Mesmo que até outubro o senhor não tenha tomado a decisão no que concerne a "Arden of Feversham", eu lhe peço que me permita anunciar que o senhor tem a intenção de fazer uma peça para esse teatro o qual chamarei

"TEATRO DA CRUELDADE",

que será feito a partir da cena e em ligação com a encenação. Eu a anunciarei encabeçando a minha enumeração dos espetáculos, entre os quais projeto encenar:

1º Um trecho do Zohar, a história do Rabi ben Simeon, que queima como fogo e que penso ser atual como o fogo.

1. Carta pertencente à coleção Jacques Doucet. Há um erro quer a respeito do dia, quer da data: 20 de agosto de 1932 caia num sábado.

2º A tomada de Jerusalém, com a coloração vermelho sangue do qual provém, e fazendo vir, antes, todos os detalhes precisos e evocadores, seja de paixões, seja de lutas filosóficas profundas, entre os profetas, o rei, os padres e a plebe.

3º A história do Barba Azul, segundo os arquivos e com uma ideia nova de erotismo e de crueldade.

4º Um conto do Marquês de Sade, onde o erotismo será transposto, figurado alegoricamente e vestido no sentido de uma exteriorização violenta da crueldade.

5º Um ou mais melodramas românticos, onde o inverossímil se tornará um elemento ativo e ardente de poesia.

6º O *Woyzeck* de Büchner, por espírito de reação contra meus próprios princípios e a título de exemplo daquilo que se pode tirar cenicamente de um texto preciso.

7º Obras do teatro elisabetano despojadas de seu texto, do qual só guardarei as personagens, os trajes ridículos da época, as situações e naturalmente a ação[2].

Parece-me que, mesmo para um sócio capitalista e na condição de se saber ler um texto, meu texto, existe um programa suficientemente sedutor, sobretudo quando for lida minha declaração, que em [sua][3] parte técnica indica a utilização teatral que eu posso fazer seja do que for.

Fielmente seu,

ANTONIN ARTAUD

Rua do Comércio nº 4.

Tradução de Regina Correa Rocha

---

2. Esta numeração aparece no "Manifesto"
3. Palavra faltante no texto autografado.

A JEAN PAULHAN

Segunda-feira,
12 de setembro de 1932[1]

Caro amigo,

Obrigado por sua carta, e desculpe-me de o ter assediado de telegramas. Eu espero incessantemente receber as provas, porém caso aconteça alguma coisa, eis aqui a primeira frase tal qual a refiz. Creio, agora, que se reconhece aí minha maneira pessoal de escrever e que a crueldade não é algo aí acrescentado.
Ei-la:

Não se trata de brandir em cena, a todo momento, a faca do açougueiro, mas de reintroduzir em cada gesto de teatro* a noção de uma espécie de crueldade cósmica, sem a qual não haveria nem vida, nem realidade.

* Pode-se substituir "gesto de teatro" por "ato teatral". O senhor tem muito mais do que eu o senso da língua, veja o que irá *melhor*.

A crueldade não é acrescentada a meu pensamento. Ela sempre viveu nele, mas me faltava tomar consciência. Eu emprego o nome de crueldade no sentido cósmico de rigor, de necessidade implacável, no sentido gnóstico de turbilhão de vida que devora as trevas, no sentido dessa dor de necessidade implacável fora

1. Desta carta foi extraída a segunda carta sobre a Crueldade.

da qual a vida não saberia se exercitar. O bem é desejado, ele é resultado de um ato, o mal é permanente. O deus escondido quando cria obedece à necessidade cruel da criação que se impõe a si mesma, e assim ele não pode deixar de criar, admitindo no centro do turbilhão voluntário do bem um núcleo de mal, cada vez mais reduzido, cada vez mais consumido. E o teatro no sentido de criação contínua, a ação mágica inteira obedece a essa necessidade. Uma peça na qual não existe essa vontade, esse apetite de viver cegamente e capaz de passar por cima de tudo, visível em cada gesto e em cada ato, e no lado transcendente da ação, será uma peça inútil e defeituosa.

Eu tenho pressa em vê-lo também, pois tenho medo de que essa primeira frase tenha me prejudicado muito, e me parece que principalmente na parte teórica e de doutrina eu tenha atingido um ponto jamais atingido por mim até agora.

Seu amigo,

A. Artaud

Tradução de Regina Correa Rocha

A André Rolland de Renéville

Paris, 13 de setembro de 1932[1]

Caro amigo,

Eu me pergunto se minha carta de ontem não o chocou um pouco. Você sabe que minha amizade por você é integral e profunda. É uma amizade de espírito. Nada pode ter primazia sobre ela.

Eu modifiquei, novamente, todo o começo do manifesto, que mesmo com a frase modificada, a única frase, me parecia um pouco fraco.

Responda-me com toda urgência, ainda é tempo, e diga-me o que pensa desse novo início e, se julgando-o com o mesmo rigor anterior, o considera válido.

Aqui está ele:

O processo do teatro atual não está mais por fazer. Nós temos necessidade de um teatro que aja, e que aja com energia. Não se trata, bem entendido, de brandir em cena, a todo momento, a faca do açougueiro, mas de redescobrir teatralmente a noção de um princípio que seja a base de toda a realidade. Não se pode negar que a vida, naquilo que ela tem de devoradora, de implacável, se identifica com a crueldade. E isto não somente no plano físico e visível, onde a crueldade está por todo lado, e adquire em todos os lugares o comportamento de uma força, mas também e principalmente no plano invisível e cósmico, onde o simples fato de existir, com a imensa soma de sofrimentos que isto supõe, aparece como uma crueldade.

---

1. Envelope e papel com o cabeçalho: *Le Dôme*.

Ora, o teatro, na medida em que para de ser um jogo de arte gratuito, em que volta a ser ativo e redescobre sua ligação com as forças, retoma seu caráter perigoso e mágico, e se identifica com essa espécie de crueldade vital, que é a base da crueldade.

Não podemos, por outro lado, continuar a prostituir a ideia de teatro, que tem apenas valor pela ligação mágica, atroz, que contrai com a realidade e com o perigo.

Formulada desta forma a questão do teatro etc.

Creio que dessa maneira o começo se ajusta admiravelmente com a frase seguinte, a qual conservei. Se você tiver objeções a detalhes, faça-as a mim com urgência e proponha-me palavras ou a parte principal da frase que se coadune com o conjunto.

Mas faça-o rápido. Pois há urgência, já que as provas estão chegando.

Paulhan é admirável em sua maneira de fazer a apresentação do manifesto. Você verá como e por quê. Além do mais ele me paga adiantado (o manifesto), e sabendo que estou aborrecido me envia uma boa soma em dinheiro.

Não se pode ser injusto com ele. Se por amizade ele gosta de coisas de que nós não gostamos, ele também gosta do que é bom. E nós não somos tão severos com todas as nossas relações.

Escreva-me contando o que tem feito. Por mim, espero chegar a escrever, agora, as coisas importantes e decisivas com as quais sonho há anos.

Por que escrevo? Para me libertar, para me alcançar e alcançar a Verdade sensível e mágica por todos os meios que conheço.

Seu fiel amigo,

ANTONIN ARTAUD

Tradução de Regina Correa Rocha

CORRESPONDÊNCIA

Paris, 4 de março de 1933[1]

Caríssimo amigo,

Eu não o vejo muito frequentemente, mas gosto muito de você e não o esqueço. Nunca esquecerei certas conversas e a amizade que você me demonstrou nos tempos difíceis, em que era preciso uma certa intuição do espírito e do coração para confiar em mim.

Você encontrará anexada a esta carta a última versão do "teatro da crueldade", que estou fundando, e que por vir depois do manifesto da NRF esclarece, do ponto de vista técnico, tudo o que o manifesto da NRF deixava obscuro. Você verá como minhas ambições são vastas, e que elas sejam realizáveis, nem todas as ideologias do mundo o provarão se eu não chegar à realização. Apesar de tudo eu acredito que, ideologicamente, o manifesto formula questões que esta versão parece querer, em parte, responder. – Acontece a esse respeito uma coisa bem significativa no mundo literário e da imprensa. É que a importância que a maior parte dos escritores parece atribuir, no íntimo, às ideias do manifesto, eles ainda não acreditam ter chegado o momento de reconhecê-la oficialmente. Eu creio

---

1. Carta transmitida pelo Sr. Jean-Marie Conty. Não se sabe se ela foi enviada ou recopiada antes de ser remetida. Não consta nenhuma indicação sobre o destinatário. Mas é muito possível que se tratasse de Jean-Richard Bloch. O que leva pensar assim que Antonin Artaud insiste repetidas vezes sobre o conteúdo ideológico de sua brochura e fala mesmo de sua/e *revolucionária*.

que eles se enganam e que os acontecimentos estão incrivelmente maduros. A grande mudança que se prepara no domínio social deve vir de cima. São as bases espirituais sobre as quais nós vivemos e que devemos retomar completamente.

Nós temos necessidade de magia no domínio poético como nos outros. O teatro, que é poesia em ação, poesia realizada, tem de ser metafísico ou então não ser. Eis em poucas palavras o que penso e acredito que ideologicamente meu primeiro manifesto, acrescido desta última versão, remeta o teatro a seu verdadeiro plano, de onde ele jamais deveria ter descido, e que este plano é aquele dos ritos religiosos de base metafísica, quer dizer, o plano do Universal. Todas as críticas referentes a procedimentos acessórios de encenação, voltando-se contra o mercantilismo, a industrialização do teatro, a cabotinagem das vedetes, a farta grosseria de um público de ruminantes que vai ao teatro para ruminar à vontade, são críticas perdidas e inúteis, não sendo o princípio proposto refazer o teatro de arte, de uma arte alienada, *desinteressada*, mas ao contrário, *interessar* o espectador através de seus órgãos, todos os seus órgãos, em profundidade e em totalidade. Aqueles que visam dar, que visam devolver ao público a religião do teatro, e especialmente, de um certo teatro literário de obras consagradas: Esquilo, Eurípedes, Shakespeare, Molière, Corneille, Racine, para mim cospem fora da escarradeira. Todas essas obras escritas são uma linguagem morta que, com exceção de Esquilo, e mesmo assim revivificado e entendido como deveria ser, não saberiam mais inspirar nenhum interesse. Essa famosa poesia, que o público menospreza não sabendo o que ela é, e que ela ainda é a única coisa que o toca sem que ele possa dizer como isso acontece, já é tempo de reconhecer que ela está na base de toda verdadeira criação dramática, e que ela só pode agir efetivamente em seu sentido pleno. Em seu sentido de deflagração e de emoção plena, de comunicação religiosa, espasmódica, com a metafísica ativa, isto é, com o espírito universal. Toda a ação que não leve a isso, que [não][2] venha disso, que não retorne a isso, é uma ação trancada e embrionária, uma ação de eunuco e de fraco, de impotente, de castrado admitido. O fato de uma consciência humana não querer ir até aí, não admitir as consequências revolucionárias, perigosas -por mais perigosas, por mais *cruelmente* más que elas sejam -, de um princípio; eis para mim o que me ultrapassa. É por isso que eu quis que meu manifesto e essa versão afirmassem minha fé revolucionária no plano mais elevado e mais decisivo possível, e não é possível que não se vejam e que não se reconheçam, mesmo nos meios oficiais do teatro, ambientes mais ameaçados pelos acontecimentos – e até que ponto essa versão e as ideias que ela encerra são antagônicas a tudo o que é admitido em matéria de teatro, e o quanto essa reação contra um estado de coisas, em plena ruína, se apoia em bases intelectualmente sólidas que, se olharmos de perto, são as únicas nas quais o teatro sempre pôde se apoiar.

Não é em vão que todas as pessoas jovens de 20 à 25 anos, e que pensam, sentiram que o Teatro da Crueldade estava no caminho do velho teatro primitivo, e escrevem isso. Quer eles o contestem, quer o neguem, será preciso que as

---

2. Palavra faltante no texto autografado.

pessoas *bem estabelecidas* reconheçam que o Teatro da Crueldade tem o futuro com ele.

Note bem, caro amigo, que essa crítica violenta está endereçada a quem quisermos, exceto a você. Eu o tomei por confidente de minha cólera porque você é, entre os meus amigos mais antigos, um dos raros diante de quem falo me sentindo amado e compreendido.

O que quer que você queira e possa fazer pelo Teatro da Crueldade, saiba que considerarei como um gesto de um amigo muito caro, de um verdadeiro irmão.

Eu lhe aperto as mãos de todo o coração.

ANTONIN ARTAUD

Tradução de Regina Correa Rocha

A ANDRÉ ROLLAND DE RENÉVILLE

8 de abril de 1933

Caro amigo,

Você é realmente um juiz impressionante. Aproximadamente e com as restrições que aqui faço, e que você não mostra, mas que podemos ler em seus próprios elogios e sob suas apreciações, você me disse exatamente o que eu penso sobre minha conferência[1]; isto é, que ela oscila perpetuamente entre o fracasso e a palhaçada mais completa, e uma espécie de grandiosidade que não se mantém, mas que aparece aqui e ali através de imagens de um êxito concreto e absoluto. Resta dela, para mim, uma descrição poético-clínica da peste que merece ser conservada, duas ou três observações verdadeiramente inquietantes – quero dizer inquietantes *nos fatos* –, uma posição extremamente sutil, ainda que às vezes exprimida erradamente, do problema da peste *tomado em si*, e, como você diz, um sentimento bastante agudo das relações poéticas entre as coisas. Existe ainda uma ideia sobre as relações entre o espírito e a matéria em virtude de certos fenômenos materiais, como por exemplo as doenças, que pela maneira como é apresentada vai muito longe. Mas, mesmo e sobretudo aí, os termos, ou melhor, a força de espírito me faltaram. Pois existe uma verdade à qual eu gostaria que o público fosse sensível, e ele o foi inconscientemente, e foi isso que sem dúvida o perturbou e causou essa hostilidade anormal nas conferências desse tipo. É verdade que apenas

1. "O Teatro e a Peste", conferência feita na Sorbonne em 6 de abril de 1933.

minha presença em alguns lugares causa um tumulto, faz nascer em alguns uma irritação anormal, como que diante de uma monstruosidade, de um fenômeno abjeto da natureza. As pessoas, seja por me verem, seja por certas ideias que eu discuto, são levadas a se encolerizar. Essa verdade da qual eu lhe falo, e que irrita, é que aquilo que você chama de metáfora, e que não é, das relações entre o teatro e a peste, vale igualmente para meu espírito, que eu considero organicamente alterado por um mal que o impede de ser o que deveria ser. Existe dentro dessa luta terrível entre eu e as analogias que pressinto, e em minha impotência de petrificá--las em termos, para me tornar fisicamente dono da *totalidade do meu tema,* um espetáculo perturbador que irrita as pessoas pouco preparadas para uma certa limitação do pensamento.

Quando proponho considerar a peste unicamente como uma entidade psíquica, quero dizer que não temos o direito de nos deter nos fenômenos materiais, de petrificar nosso espírito sob formas, unicamente sob formas, e qualquer que seja a perversão orgânica, ela é apenas a onda mais distante, a última ressaca de uma situação vital da qual a consciência, a vontade, a inteligência, participaram algum dia; assim sendo, seria vão considerar os corpos como organismos impermeáveis e fixos. Não existe matéria, existem apenas estratificações provisórias de estados de vida, na transformação individual dos quais não é de se surpreender que o espírito, a consciência, a vontade e a razão, cada um por sua vez, intervenham.

Considerando assim todos os fenômenos em sua universalidade, e se quisermos notar na própria peste todas as variações que ela apresenta através dos tempos e do espaço, podemos admitir uma perversão maior da vida que, em suma, sem tocar o corpo, produz organicamente as desordens mais excessivas – e podemos nos pôr de acordo para chamar de peste essa perversão, no momento em que no mundo moral, social, psicológico e psíquico ela produz desordens tão absolutas, tão fulminantes e quase abstratas. Se quisermos em seguida reconhecer que o espírito não passa duas vezes pela mesma situação, que não existem doenças, mas doentes, devemos evocar a figura virtual e arbitrária de um mal que se assemelha ao teatro quando ele é epidêmico e profundamente desorganizador, isto é, quando ele reúne um conjunto suficiente de traços extremos, e de desordens reveladoras. Entretanto, mesmo nessa virtualidade e nessa arbitrariedade existe às vezes alguma coisa de concreto. Ou melhor, essa virtualidade e essa arbitrariedade influem periodicamente sobre os corpos, a matéria, as consciências, o corpo social e os acontecimentos, de tal modo que uma figura física e aprisionada da peste se liberta de tempos em tempos. Não se pode recusar às personagens interpretadas arbitrariamente por este ou aquele, que jamais havia pensado em interpretá-las, os sentimentos aborrecidos, extremos, gratuitos e horríveis que ele manifesta, uma identidade natural com os sentimentos e as personagens de teatro. Com essa diferença, já observada em outro lugar, que as personagens e os sentimentos provocados pela peste representam o último estado de uma força espiritual que se extingue, ao passo que[2] as personagens e os sentimentos de teatro são, ao contrário, a ressurreição de uma força espiritual que cresce em intensidade, e em densidade, e se afirma à medida que se propaga. O mal da peste toca o corpo e o transtorna ao extremo, e o corpo finalmente remanesce intacto; e ao ser tocado parece que o foi não em sua matéria, mas em sua consciência e em sua vontade. Porém, tocado ou não, a peste é igualmente perfeita, com ou sem lesão real do organismo.

Assim também o sentimento de teatro deixa o ator intacto, e não se converte em realidade por um ato. E no entanto não se pode dizer que a esse sentimento falta ação, densidade ou eficácia. É aqui que se situa a questão da eficácia física interna das imagens da poesia, no que falhei completamente em minha conferência, por falta de um pouco mais de paciência e de um pouco de aplicação de espírito. Acredito assim mesmo ter dito uma coisa bastante importante no momento em que sublinhei que era preciso mais virtude ao ator furioso para não efetuar realmente um crime do que coragem ao assassino para chegar a realizar o seu. Pois existe o lado comunicativo de todo sentimento válido e de toda imagem que se impõe ao espírito, e do espírito ou da consciência a todo organismo, atitudes essas inversamente semelhantes àquelas que uma epidemia impõe globalmente ao organismo e do organismo ao espírito.

Eis aqui sumariamente o que eu queria dizer, e você foi um juiz bastante bom para enxergar minha vontade espiritual de dizer tal ou tal coisa nas dobras de minha vontade estratificada.

Eu estarei quarta-feira às nove horas no bar do Dôme. E se você puder perder um pouquinho de seu tempo em cima de pontos sem importância, terei sempre uma alegria absoluta e perfeita em reencontrá-lo.

Fielmente seu amigo,

ANTONIN ARTAUD

Tradução de Regina Correa Rocha

---

2. A palavra *que* se encontra, por erro, duas vezes no texto autografado.

A Orane Demazis

Paris, 30 de dezembro de 1933[1]

Cara amiga,

Eu lhe envio um convite para a leitura que devo fazer dia 6 de janeiro próximo, em casa de amigos. É necessário que você esteja lá.

1. Carta transmitida pela Sra. Anie Faure. Ela deve ter sido copiada antes de ser enviada, pois, na margem, aparece a seguinte menção de Antonin Artaud:
Orane Demazis
Carta não respondida.
Id. M. Pagnol?
Anie Faure nos comunicou primeiramente, em um primeiro rascunho dessa, trazendo também uma menção na margem, menção provavelmente à leitura feita em 6 de janeiro de 1934 na Lise Deharme:
Sra. Orane Demazis,
não respondeu
não veio
Para não multiplicar as notas, de preferência a indicar as variantes entre a carta e seus rascunhos, que seriam muito numerosas, damos abaixo o texto inteiro dessa primeira versão:
Paris, 30 de dezembro de 1933
Querida grande amiga,
Cartão. Não na qualidade de ator a propósito do texto terminado.
Eu tenho um projeto.
*Este teatro não será um teatro de esteta, mas para a multidão. Não será um objeto de luxo. A multi*dão não precisa de luxo mas de pão e de ser tirada da inquietude, de crer na doçura de

Eu não lhe peço para apoiar com aplausos a leitura do drama de Shakespeare[2], mesmo se ela for boa. Trata-se, para mim, de algo diverso de uma simples demonstração de minhas qualidades de ator em uma obra-prima que pertence a uma época finda. Peço-lhe, isto sim, para provar a nossa inércia, a nossa negligência, a nossa inconsciência e a nossa fraqueza frente a tudo. Todas as virtudes ao contrário que fazem de nós gado pronto para a guerra e o massacre. Eu tenho viver. *O objetivo é devolver ao teatro sua função, captar e derivar conflitos, esvaziar questões pendentes, dar uma chicotada energética na sensibilidade de quem participa na representação. Eu digo participa, pois creio no caráter sagrado do teatro. Eu o considero rito ativo, uma espécie de objeto mágico feito para agir sobre os órgãos da sensibilidade nervosa como pontos de sensibilização) (a) medicina chinesa a ser usada nos órgãos sensíveis e nas funções diretrizes do corpo humano. A luz vermelha cria ambiência batalhante, predispõe ao combate. Isto é também tão seguro quanto tiro, bofetada. Bofetada não mata seu homem. Tiro às vezes. Ambiência luz ruídos muda disposições nervosas. Uma palavra soprada no minuto oportuno pode endoidar homem, quero dizer, tornar louco.*

Esta técnica, pois é de técnica que se trata, faz parte do teatro. Meios que o teatro esqueceu, ele perdeu o hábito de se servir e que ele precisará reaprender se quiser voltar a sua função verdadeira, reencontrar sua eficácia.

Conto colocar estes meios base espetáculo, utilizando 300 fig(urantes) (a)tores e que terá para multidão atrativos visuais-plásticos. Albergue. Esses meios apoiaram intenções secretas, serviram para entorpecer primeiras desistências. Como povoações centro África, multidões, os refinados África superior permanecem sensíveis repetições, sonoridades, ritmos, encantações onde a voz apoia o gesto, o gesto prolonga a voz.

Uma espécie de dever humano sem interesse por si mas que responde a um senso agudo do destino, a uma noção de fatalidade que nos dirige, nos obriga a tomar consciências malsãs que compõem espírito do tempo.

Há alguma parte um desregramento que nós não somos senhores, neste desregramento crimes inexplicáveis, gratuidades participam como ensaio demasiado frequentes sismos, erupções vulcânicas, tornados marítimos, catástrofe estrada de ferro. E o que não se quer ver é que a arte que encanta lazeres, e da qual toda a noção que nos resta é que ela ê feita encantar lazeres e também para raio e que espetáculo representado está dispensado de sua realização na vida.

E isto que fizeram compreender todas as grandes épocas que o teatro significou alguma coisa. Época Teatro Elizabetano. Aqueles que fazem do teatro esta ideia de divertimento fácil e que lhe recusam o direito de nós reconduzir a noção solene, insistência da dificuldade de tudo o que existe são responsáveis pelo estado de coisas inquietantes em que estamos mergulhados como cegos de nascença.

Nossa incapacidade total de reagir e mesmo de viver como a consciência superaguda da crueldade da existência faz de nós um gado totalmente pronto para guerra e o massacre.

Se não tivéssemos do teatro noção não artística, mas mágica no sentido forte da palavra, e mesmo demiúrgica, isto indicaria em nós a força que não temos e que assim mesmo corresponderia a um aspecto diferente das coisas, pois tudo está ligado magicamente, corresponde a essa ideia enérgica e aguda.

Pessoas hão de querer tomar iniciativa semelhante criação. Ocasião é oferecida tentar sair do marasmo, fazendo alguma coisa. Vocês estão em um meio que pode muito. Vocês têm a compreensão de certos sofrimentos. Vocês podem muito. Ajudem-me e estejam lá em primeiro lugar entre tantas outras coisas.

Eu lhes dirijo saudações afetuosas.

(a)palavra escrita de maneira incompleta.

Antonin Artaud

2. Ricardo II.

do teatro uma ideia enérgica, ativa. Creio que o teatro pode muito, é o único meio de expressão diretamente ativo e que contém todos os outros, não por redução, mas em termos absolutos. Eu queria devolvê-lo à sua função, que é captar e derivar os conflitos, canalizar as forças más, esclarecer os problemas, resolver e esgotar as questões pendentes e ao mesmo tempo dar uma chicotada na sensibilidade de quem dele participar. Eu digo dele participar, pois o teatro, naquilo que ele tem de sagrado, é como um sacrifício, como um rito que age, quer queira quer não, por mais distanciado que se esteja da ideia dos ritos, e do espírito sagrado. Pois essa ação, da qual falo, é orgânica, ela é tão verdadeira quanto as vibrações de uma música capaz de entorpecer as serpentes. Ela se dirige *diretamente* aos órgãos da sensibilidade nervosa, assim como os pontos de sensibilização da medicina chinesa comandam os órgãos sensíveis e as funções diretrizes do corpo humano. A luz vermelha nos dá um ambiente de batalha, ela predispõe ao combate: isto é tão verdadeiro quanto um tiro ou uma bofetada. Uma bofetada não mata um homem, o tiro pode, às vezes, matá-lo. Um ambiente de luzes e de ruídos criado por dispositivos especiais, uma palavra que escapa no momento preciso, pode enlouquecer um homem, quero dizer, deixá-lo louco. Tudo isso para voltar a essa ideia de que o teatro age e que é suficiente saber manejá-lo. Que esse meio precioso deve servir a coisas sérias, e é ignóbil que apenas sirva como simples objeto de divertimento. Eu gostaria de fazer um teatro que sirva, que se dedique a captar as forças que o teatro pode captar. Parece-me que, no momento em que vivemos, uma espécie de dever humano – com o qual pouco nos importamos, mas que corresponde também a um sentido do destino, à noção que podemos ter da fatalidade que nos dirige – nos obriga, esse dever humano, a tomar consciência de todas as forças ruins que compõem o espírito do tempo. Existe em algum lugar um desregramento do qual não somos senhores, qualquer que seja o nome com que se queira chamá-lo. Desse desregramento participa toda a sorte de crimes inexplicáveis em si, de crimes gratuitos. E também repetições, muito frequentes, de sismos, erupções vulcânicas, tornados marinhos ou catástrofes em ferrovias. E o que não podemos ver é que a arte, que encanta os lazeres, e cuja atual noção é que ela é feita para encantar os lazeres, é também um para-raios; aquilo que é representado no palco pode acontecer que seja realizado na vida etc. etc.

Foi isso que se compreendeu em todas as épocas onde o teatro significou alguma coisa, como por exemplo na época do teatro elisabetano. O teatro descritivo e anedótico, o teatro satírico, mesmo quando não se mistura nele muito fel são uma das taras da época atual; ele[3] demonstra a nossa total incapacidade de reagir, e mesmo de viver, a pouca consciência que possuímos e a necessidade e mesmo crueldade da vida. Aqueles que têm do teatro e da arte em geral essa ideia simplista de que a arte é feita para distrair, no sentido mesquinho de distrair, e que acham a vida um tanto maçante, penosa demais para que a arte ainda os obrigue a pensar e lhes fale de coisas sérias, ou os conduza a uma noção

---

3. O singular indicando sobretudo o *teatro descritivo e anedótico*, que é incriminado.

séria, solene, insistente da gravidade e dificuldade de tudo o que existe, são os responsáveis pelo estado de coisas inquietantes no qual estamos mergulhados[4] hoje em dia.

Estando tudo isso dito, apenas uma pergunta se impõe: somos capazes de suportar essa ideia eficaz, ativa, do teatro, e somos capazes de realizar um teatro que corresponda a essa ideia? Eu tenho um projeto e o proponho. Será que depositarão em mim a confiança para realizá-lo? Acreditarão em mim com a força necessária para isso? Semelhante teatro é dirigido necessariamente ao povo. É necessário que se dirija apenas ao povo. Ele só tem razão de ser se agir sobre as massas, massas consideráveis. Não é um teatro de estetas. Os meios de ação física e técnica de que dispõe, dirigidos sobretudo aos nervos e não à razão, são fatais. Tais golpes não podem falhar. Pois se deve contar com a beleza visual e plástica, e com a amplitude do espetáculo que esse teatro apresentará. Ele movimentará as massas importantes de figurantes e atores. Uma música, uma sonorização constantes. O dinamismo da representação. A luz. Cores que se movimentam estarão lá como um comentário físico do tema e da ação.

Paris, 31 de dezembro de 1933

As multidões não resistem a certos métodos. Tudo aquilo que constitui o atrativo de uma revista espetacular, do gênero de o *Albergue do Cavalo Branco*, encobriria intenções mais secretas, entorpeceria as primeiras resistências, para com tudo isso sustentar uma ideia mágica desses métodos, uma espécie de intenção de feitiçaria. As tribos selvagens da África Central, os povos refinados da África superior, continuam sensíveis a certos ritmos, a certas encantações, a voz apoiada pelo gesto, o gesto sendo o prolongamento plástico da voz.

Se tudo isso é admitido, se me acreditam com condições de realizar semelhantes intenções através das imagens cênicas desejadas, contidas inteiramente em um roteiro que compus[5] e que lerei dia 6 de janeiro, depois da peça de Shakespeare, resta saber se teremos os recursos para essa experiência, se, ao tomar consciência deste dever, queremos ser promotores de uma realização dessa ordem, se teremos coragem de tomar a iniciativa, ou se deixaremos essa iniciativa a outros que jamais se apresentarão.

Você, Orane Demazis, pertence a um círculo que pode muito nesse sentido, que teria de fazer apenas um pequeno gesto- e para esse círculo os riscos seriam mínimos – para que tudo isso se tornasse realidade.

Está sendo oferecida às pessoas uma oportunidade de fazer alguma coisa, de tomar parte em uma experiência que ajudará a sair do marasmo, que reunirá iniciativas esparsas, que dará o que comer a duzentos ou trezentos artistas, que

---

4. Reaparecem as ideias contidas na primeira parte dessa carta, "Para Acabar com as Obras--Primas".

5. *A Conquista do México.*

criará, por outro lado, um intenso movimento de opiniões. Eu não procuro nada para mim mesmo, pois tenho a intenção de manter o anonimato no que farei, e de receber pela minha parte apenas um simples salário de operário especializado.

Eu acredito em sua sensibilidade, em sua compreensão, em seu sentimento do sofrimento de muitos. Você pode muito. Não me parece possível que você não faça alguma coisa. No dia 6 de janeiro eu exporei meu projeto com detalhes. Eu lhe peço que me ajude. E você certamente o fará ao comparecer nesse dia. Eu lhe rogo, eu lhe peço, entre tantas coisas, para vir.

Eu a saúdo afetuosamente.

ANTONIN ARTAUD

Villa Seurat nº 18 (Rua da Tombe-Issoire nº 101)

Tradução de Regina Correa Rocha

A André Gide (II)

Paris, 10 de fevereiro de 1935[1]

Caro senhor e amigo,

Eu acabo de terminar uma tragédia[2] – *com texto*; os diálogos, por mais condensados que sejam, já estão inteiramente escritos.

Essa tragédia será encenada na "Comédie des Champs-Elysées", no começo de abril próximo; antes, me proponho a fazer uma leitura para alguns amigos. Todos os atores estarão presentes a essa leitura.

Eu queria lhe pedir que me desse a honra e a amizade de assistir a essa leitura. A sua presença é para mim muito importante, assim como a de alguns amigos como Jean Paulhan, e explico por quê.

O diálogo dessa tragédia é, ouso dizer, de uma violência extrema. Não existe *nada*, dentre as noções de sociedade, de ordem, de justiça, de religião, de família e de pátria que não seja atacado.

Espero, inclusive, reações bastante violentas por parte dos espectadores. Eis a razão pela qual eu gostaria de preparar antecipadamente a opinião pública.

E necessário que não haja mal-entendidos. Tudo aquilo que é atacado é mais no plano metafísico do que no social. Não é anarquia pura. – Eis o que deve ser compreendido.

1. Carta pertencente à coleção Jacques Doucet.
2. *Os Cena.*

Mesmo aqueles que se acreditam ideologicamente os mais livres, os mais destacados, os mais evoluídos, continuam amarrados, em segredo, a um certo número de noções que nessa peça eu ataco em bloco[3].

Não é necessário que esse espetáculo seja um grito de protesto contínuo.

Não existe nenhum anarquista ideologicamente decidido a jogar por terra a noção de família que não conserve uma ligação profunda, enraizada, humana, com seu pai, sua mãe, suas irmãs, seus irmãos etc.

Não existe nada nessa peça que seja poupado. E o que eu quero que todos compreendam é que eu ataco a superstição social da família, sem, no entanto, pedir que levantem as armas contra tal ou tal individualidade. Dando-se da mesma forma com a ordem e com a justiça. Por mais enfurecidos que estejamos com a ordem atual, um antigo respeito pela ideia de ordem "em si" leva as pessoas a nem sempre distinguirem entre ordem e aquilo através do qual ela é representada, e as leva na prática a respeitar as individualidades sob pretexto de respeitar a ordem "em si".

Porém, quanto a mim, na posição ideológica em que me encontro, não posso ter em conta de maneira alguma todas essas nuanças, o que faz com que, provisoriamente e para ir rápido, eu seja levado a atacar a ordem em si.

Eis aqui, portanto, os pontos sobre os quais, me parece, a opinião pública deve ser preparada.

3. Anie Faure nos comunicou o primeiro projeto desta carta contida num envelope com a subscrição: *André Gide*, que começa neste parágrafo: Ei-lo:
Caro amigo,
Ataco em bloco nesta peça um certo número de noções às quais o último libertário permanece apegado em segredo. É aqui que sua humanidade se vê e fala. Uma humanidade profunda, secreta, dissimulada, enraizada. Mas se ataco por exemplo nesta peça a superstição social da família, isto não é uma razão para que se pegue em armas contra tal ou qual individualidade.
Por encarnecido que alguém seja contra a ordem atual, um velho respeito pela ideia de ordem em si impele as pessoas a confundir esta ordem com aqueles por quem ela é representada e as leva na prática a respeitar também tal ou qual individualidade. Entretanto, eu, na posição ideológica que tomei não posso absolutamente ter em conta tais nuanças, o que faz com que provisoriamente e para ir depressa eu seja levado a atacar a ordem em si.
Eu bato forte para bater depressa e sobretudo completamente e sem recursos.
Todas as nuanças humanas só podem me estorvar e paralisar minha ação em qualquer domínio que seja.
Eu quis pois acabar com todas estas inibições.
Eu não sou a favor disto e não é preciso que me tomem por uma anarquista.

*
* *

Vocês têm medo das palavras porque vocês não são capazes de atos.
Respeitem quanto queiram seu pai, personagem-particular mas compreendam que o que eu ataco é a ideologia representada pelo Pai.
É porque vocês estão imbuídos de uma ideologia onde a autoridade do Pai está acima de tudo que vocês respeitam, o Agente de Polícia, o Coletor, o estado de coisa imposto por um regime que nos oprime a todos.

Eu bato forte para bater rápido e sobretudo para bater completamente e sem apelação.

Mantendo-me no domínio das ideias puras não posso levar em consideração todo um conjunto de nuanças humanas que só me atrapalharia e que paralisaria toda ação. E o que nos recusamos a perceber é que são as nuanças humanas que em geral paralisam a ação e impedem as pessoas de fazer alguma coisa e mesmo de tentar alguma coisa.

Eu quis, pois, de uma vez por todas acabar com todas essas inibições. Mas essa não é uma razão para que me considerem um anarquista absoluto e definitivo.

É nesse sentido que a opinião pública deve ser preparada. É preciso, primeiro, que se assista à peça para pressentir onde eu quero chegar. Aqueles que têm medo das palavras são os mesmos que têm medo dos atos: é por isso que nunca se fez nada. – É por esta razão que é importante para mim que o Sr. assista a essa leitura; EU INSISTO em sua presença.

Depois disso o senhor poderá dizer as palavras que devem ser ditas; e eu não tenho necessidade de lhe repetir que sua palavra é sempre escutada.

Ninguém, por mais ligado que esteja à sua ideologia pessoal, ou melhor, à sua própria mitologia, estando as coisas como estão, quer passar por imbecil. Ora, é preciso que aqueles que protestam, se os houver, se persuadam de que assim fazendo parecerão imbecis. E é a isso que eu quero chegar.

Não há homem inteligente e fino que tenha o direito, sem pôr em risco sua reputação, de se revoltar contra as palavras de uma personagem de teatro – estando bem entendido que essa personagem que diz o que pensa representa ao mesmo tempo o meu próprio pensamento, mas o representa dramaticamente, isto é, dinamicamente, dialeticamente – e sob a garantia de uma outra palavra que venha provisoriamente a destruí-la, sob a garantia sobretudo de uma atmosfera ideal que a deforme e que ao mesmo tempo a situe.

Portanto, é para evitar que o público confunda as ideias com os homens e, mais que isso, que as confunda com as formas,

que eu destruo a ideia, de medo que o respeito à ideia não possa levar a poupar uma forma, a qual, por sua vez, favorece a duração de más ideias.

Eis porque eu necessito de sua presença e porque lhe peço até mesmo para me reservar um dia ou uma noite após o jantar.

Eu esperarei sua resposta para convocar meus amigos e minha companhia.

Enquanto aguardo sua resposta, peço-lhe que me considere seu muito fiel e sinceramente devotado amigo.

Antonin Artaud

Hotel dos Estados Unidos, Bd Montparnasse, nº 135, Paris

O local da leitura será a casa do Sr. Jean-Marie Conty, à rua Victor Considérant, nº 12 (Praça Denfert-Rochereau).

Tradução de Regina Correa Rocha

A JEAN-LOUIS BARRAULT

Paris, 14 de junho de 1935[1]

Meu caro Barrault,

Você sabe muito bem a consideração que tenho por você e por sua obra. Por isso você poderá entender com que espírito eu lhe falo e lhe escrevo.

Não importa que você possa me censurar, por pouco que seja, pelo que vou lhe dizer, mas não quero que você conserve nem sequer a sombra de um pensamento dissimulado.

Eu não acredito em uma possível colaboração entre nós, pois se sei o que nos une, vejo ainda melhor o que nos separa, e que consiste em um *método de trabalho* que partindo de dois pontos de vista diametralmente opostos chega a um resultado que não é o mesmo, apesar das aparências. Eu já o vi trabalhar em *Os Cenci*, e quando eu lhe pedia para ensaiar os atores, você os triturava de tal maneira, pondo tanto de si, que no fim das contas as coisas acabavam saindo dos limites. Enfim, muitas vezes na minha frente você reprovou minha maneira pessoal de trabalhar, referindo-se ao fato de que, sendo eu antes de tudo autor, não levava adiante as coisas, e que ia de encontro, no espetáculo, a obstáculos que eu não podia vencer, por falta de trabalho e de aplicação. Ora – e isto é uma coisa

---

1. Carta já publicada nas *Lettres d'Antonin Artaud à Jean-Louis Barrault* (Bordas – 1952). Texto revisto segundo o documento original, a edição Bordas, é muito falha apresenta numerosos erros de leitura.

que considero acima de tudo – eu não acredito nas separações estanques, especificamente em matéria de teatro. Isso está na base de tudo que venho escrevendo há quatro anos ou mais.

EU NÃO QUERO que em um espetáculo montado por mim haja um piscar de olhos sequer que não me pertença. Se em *Os Cenci* nada foi fixado definitivamente foi porque *Os Cenci* escapava, em parte, dos limites do teatro que quero fazer e porque eu, no final das contas, fui desbarrancado pela imensidão da tarefa que havia me imposto.

Enfim, eu não acredito em associações, sobretudo desde o surrealismo, pois não acredito mais na pureza dos homens. E por mais que eu o estime, eu o creio passível de falha e não quero mais me expor, nem de perto, a um risco dessa espécie.

Eu não sou homem de suportar quem quer que seja perto de mim em uma obra, qualquer que ela seja, e mais do que nunca depois de *Os Cenci*. Se houver animais para movimentar em minha peça, eu mesmo os farei se movimentarem, sob o ritmo e com a atitude que imporei a eles. Encontrarei os exercícios necessários para que eles encontrem essa atitude ou será preciso que se demonstre que eu não passo de um vulgar teórico, o que não creio.

Além disso lhe repito que no ponto em que você se encontra é necessário que você realize a sua obra de acordo com sua maneira pessoal de compreender certas ideias. Quanto a mim, tenho a intenção de me recolher durante algum tempo, e de tentar expulsar, enfim, os vícios que me paralisam. Isso pode durar alguns meses[2]. Nesse ínterim procure Conty. Ele é bem capaz de conseguir o pouco dinheiro que lhe será necessário, e pôr em ordem seus negócios.

Ele me prometeu formalmente que meu artigo sobre você será publicado em 1º de julho na NRF[3], e todos o consideram bastante elogioso.

Eu o cumprimento afetuosamente.

ANTONIN ARTAUD

Tradução de Regina Correa Rocha

---

2. Sem dúvida uma nova cura de desintoxicação.

3. *Autour d'une mére, action dramatique de J.-L. Barrault au Théâtre de l'Atelier* apareceu efetivamente em 1º de julho de 1935 na *Nouvelle Revue Française*.

A Jean Paulhan

(A bordo) 25 de janeiro de 1936[1]

Caro amigo,

Eu creio ter achado o título conveniente para meu livro.

O Teatro e seu Duplo

pois se o teatro duplica a vida, a vida duplica o verdadeiro teatro e isso não tem nada a ver com as ideias de Oscar Wilde sobre a arte. Esse título corresponderá a todos os duplos do teatro que penso ter encontrado há tantos anos: a metafísica, a peste, a crueldade,

o reservatório de energias que constituem os mitos que não são mais encarnados pelos homens, são encarnados pelo teatro. Considero esse duplo o grande agente mágico, do qual o teatro, por suas formas, é apenas a figuração, esperando se tornar a transfiguração.

E no palco que se reconstitui a união do pensamento, do gesto, do ato. O Duplo do Teatro é o real não utilizado pelos homens de hoje.

---

1. Escrito sobre papel cora o cabeçalho:
Cie Gle Transatlantique
French Line

Eu peço desculpas, ainda uma vez, por não ter podido avisá-los do horário de minha partida. Mas o último dia foi demasiadamente agitado. Você pode me escrever para a Embaixada da França no México. Eu irei lá para pegar minha correspondência.

Meus cumprimentos a você e à senhora Paulhan.

ANTONIN ARTAUD

Tradução de Regina Correa Rocha

TEATRO SARAU DEHARME[1]

... o teatro em si, o teatro destacado do resto, não me interessa, trata-se sempre daquilo que é, e de saber se podemos *modificar* alguma coisa naquilo que é, naquilo que é essa desordem, esse desespero, essa inquietude em todos os planos, esse tédio, indicando um desperdício e uma desordem nas estações, nas forças, naquilo que faz com que a vida dure e que não morramos imediatamente; a eletricidade é uma força e mesmo o rematado materialista deve reconhecer e admitir fenômenos, fenômenos de matéria sutil. Cabe retomar esse desespero, essa anarquia, recorrendo-se diretamente às forças, às forças puras que a ciência não capta, mas cujos efeitos registra, mas que o homem, através de seu organis-

---

1. Transmitido pela Sra. Anie Faure, que nos comunicou igualmente dois projetos para o convite, escritos por Antonin Artaud. Os dois projetos apresentam apenas ínfimas diferenças entre si e nós apresentamos o segundo:
No dia 21 de dezembro próximo, às 5h e 1/2*.
Leitura por Antonin Artaud
de A Vida e Morte de Ricardo II
de William Shakespeare.
Esta leitura será acompanhada de uma sonorização original em disco
e seguida
da primeira audição de um argumento para teatro inédito
A Conquista do México,
escrito para uma realização direta no palco.
Lise e Paul Deharme convidam o Sr. Fulano de Tal a dignar-se a assistir a essas primeiras audições que terão lugar em seu domicílio, 6, qual Voltaire.
(* Esta leitura deu-se em 6 de janeiro de 1934 e não em 21 de dezembro de 1933.)

mo, pode captar. Por que? Porque o homem é o único organismo vivo (pelo menos em aparência e por nossa visão presente das coisas) que tem uma noção consciente e dirigida das coisas e que pode, por sua vontade, modificá-las a seu bel-prazer. Resta apenas um lugar no mundo, um só, onde podemos alcançar esse organismo e dele nos servir de uma maneira ativa: é o teatro, desde que renunciemos à nossa concepção europeia e consideremos o teatro como o lugar onde se manifesta uma vida consciente e excitada. Essa vida valerá de qualquer modo, mesmo se não aceitarmos essa ideia mais ou menos mágica de captação de forças, que também é admissível.

*
* *

Não é preciso, aliás, tomar essa leitura[2] como uma demonstração absoluta dos princípios enunciados durante a conferência, nem mesmo como um esboço de seus princípios, pois tal demonstração só pode ser feita no palco e nunca de outra forma.

*
* *

E agora[3] eu lhes peço que façam alguma coisa, que passem à ação e que o façam imediatamente.

Se as pessoas que me ouviram acham que eu estou errado, que não é urgente fazer alguma coisa, se elas não concordam comigo em pensar que o que deve ser feito o será através de um retorno à energia daquilo que nos anima a todos, tomada no sentido que ela tem de primitivo e de puro, que me digam, caso contrário peço que se reúnam em associações para permitir a realização do roteiro que acabo de ler ou de qualquer outro espetáculo montado sobre os princípios que acabo de desenvolver.

Eu não me apego especialmente a esse roteiro[4], mas, se for montado, faço questão de observar que ele contém os mesmos elementos espetaculares que O *Albergue do Cavalo Branco*, ou qualquer outro espetáculo do *music hall*.

Eu peço que considerem essa realização não como um mecenato, mas como um trabalho.

Por mais fabulosa que se afigure essa realização, foi feita uma estimativa de preço e ela não custará mais que um milhão.

Tradução de Regina Correa Rocha

2. Transmitido pelo Sr. Jean-Marie Conty sabe-se que foi em abril de 1933 que Antonin Artaud fez a conferência: "O Teatro e a Peste". Ele via portanto uma relação direta entre esta conferência e a leitura feita a 6 de janeiro de 1934.

3. Escrito no verso de uma página manuscrita de *Heliogabalo*. Comparar com a carta de 30 de dezembro de 1933 para Orane Demazis (p. 115).

4. *Conquista do México*, provavelmente.

AO ADMINISTRADOR DA "COMÉDIE-FRANÇAISE"

Paris, 21 de fevereiro de 1925[1]

Senhor Administrador,

Chega de infestar a imprensa dessa maneira. Seu bordel é muito guloso. É preciso que os representantes de uma arte morta ofendam nossos ouvidos um pouco menos. A tragédia não precisa de Rolls Royce nem a prostituta de bijuteria. Chega de indas e vindas em sua casa de tolerância oficial.

Nós podemos ver mais longe que a tragédia, pedra angular de sua venenosa construção, e seu Molière não passa de um tolo.

Mas não se trata da tragédia. Recusamos à sua instituição digestiva o direito de representar o que quer que seja do teatro passado, futuro e presente.

Com Piérat, Sorel, Segond-Weber, Alexandre e os outros, a "Comédie-Française" foi apenas casa de sexos – e que sexos! – sem que a ideia de um teatro qualquer, mesmo prepucial, tivesse alguma importância aí dentro.

Despejem Sylvain, despejam Fenoux, despejem Duflos, despejem todo mundo – sempre veremos retornar à superfície os mesmos imbecis, os mesmos bufões, os mesmos Alexandre, os mesmos restos mortais, os mesmos trágico-pantaleões.

1. Segundo uma cópia datilografada, conservada por Génica Athanasiou. Carta publicada em *84*, nº 13, março de 1950. A data e o tom da carta permitem pensar que se trata de um texto destinado ao nº 3 de *la Révolution Surréaliste*, como "A Carta ao Papa", "A Carta ao Dalai-Lama" etc., mas que não foi incluído nele sem dúvida por se tratar de uma atividade muito particular.

Não se renove, "Comédie-Française"! Nem seu Porqueiro de Simouns, nem seu Poizat das estradas de ferro[2], das pequenas e tortuosas vias férreas da tragédia defeituosa, nem Jean Coco, o último convocado, podem mudar nada em sua marcha, daqui para frente regressiva.

Agora não falta mais nada ao seu cozido infernal, Societários cozinheiros de meia-pataca a não ser um indigno Farigoule[3] de polícia, para mostrar a vocês até onde seu Molière pode levar.

Recusamo-nos a continuar incentivando o culto de seu sanguinário Corneille, que sacrifica os filhos aos pais e dá primazia a quaisquer mitos patrióticos em detrimento das soberanas exigências do coração.

E quanto a Racine, mesmo que o coloquem no molho Granval, no molho Sylvain, no molho Lambert, ou no molho de alcaparras, jamais conseguirão representá-lo.

Vocês são chamados de tolos. Sua mera existência já é um desafio ao espírito. Não há trabalho indigno, manifestações, mobilizações em massa da cretinice nacional que não encontrem em vocês um exutório ou um trampolim. O poder dos sentimentos é forte o suficiente para não permitir que o prostituamos à toa.

O teatro prescinde de vocês. Sua matéria é diferente da matéria de seus tecidos miseráveis. Teatro Francês, vocês dizem. Vocês não pertencem à França mais do que à terra dos Cafres; são, quando muito, do 14 de Julho.

O teatro é Terra do Fogo, lagunas do Céu, batalha dos Sonhos. Teatro é Solenidade.

Aos pés da Solenidade vocês depositam seus excrementos, como o árabe aos pés das Pirâmides. Deem lugar para o teatro, senhores, lugar para o teatro daqueles a quem basta o campo ilimitado do espírito.

Tradução de Sílvia Fernandes

2. A "Comédie-Française" havia incluído em seu repertório *O Cavaleiro de Colombo*, peça em três atos e em versos de François Porché (26 de outubro de 1922), *Electra*, tragédia baseada em Sófocles, em três atos e em versos de Alfred Poizat (4 de fevereiro de 1907, reprisada em 25 de janeiro de 1923) e *Circe*, peça em dois atos e em versos de Alfred Poizat (27 de setembro de 1921).

3. Antonin Artaud fazia pouco caso do teatro de Jules Romains (pseudônimo de Louis Farigoule). Cf. sua opinião à respeito da criação de *Knock ou o Triunfo da Medicina* em *Cartas a Génica Athanasiou*.

A Louis Jouvet

Paris, 27 de abril de 1931[1]

Caro senhor,

1. O rascunho desta carta nos foi enviado pelo Sr. Jean-Marie Conty. A fim de não multiplicar as notas, e para maior clareza, reproduzimo-lo integralmente.

O senhor havia me falado, quando de nossa última entrevista, do projeto que tencionava desenvolver durante a próxima temporada. Ainda que não tenha tido exatamente a impressão de que o senhor pudesse pensar em mim como colaborador, envio, em todo caso, um segundo projeto de encenação; e desta vez para uma peça moderna. Trata-se de uma peça do próprio Roger Vitrac, mas livre de toda grosseria excessiva, de todo surrealismo intempestivo, sem nada de diretamente chocante ou provocante, e suportável para todos os públicos.

Por que o senhor não monta essa peça? Seu próprio programa demonstra que o senhor se esforça por conceder a uma certa escola moderna do teatro o lugar maior. Entretanto, até aqui o senhor não havia ultrapassado um certo ponto. E a peça de Vitrac não se encaixa nessa escola, quebra resolutamente todos os moldes, faz estalar a grande moldura em cujo interior parece que se quer manter, apesar de tudo, o teatro.

Entretanto, é impossível não sentir que o público, o verdadeiro, quer sempre mais liberdade no teatro, que ele espreita, pressente, espera uma espécie deforma nova à qual o teatro, um dia ou outro, virá moldar-se; onde será colocado.

O senhor sente, certamente como eu, como todos nós, que se poderia ir mais longe, que o verdadeiro teatro que esperamos implica um desarranjo total de nível, de plano, de orientação, que seu centro de gravidade está em outro lugar. E me parece que ele deve entrar em seu programa, que será ampliado para oferecer, entre esses espetáculos adequados, outros espetáculos mais resolutamente e essencialmente revolucionários. E isto não quer dizer que esses espetáculos revolucionários, no sentido em que eu os entendo, não se tomem, em breve prazo, espetáculos inteiramente repou-

O senhor me falou, por ocasião de nossa última entrevista, do projeto que pretende desenvolver durante a próxima temporada[2]. Ainda que não tenha tido a impressão de que o senhor pudesse pensar em mim como colaborador, envio, por via das dúvidas, um segundo projeto de encenação; e desta vez para uma peça moderna[3].

Seu próprio programa demonstra que o senhor se esforça por dar um espaço maior para certa escola moderna de teatro. Entretanto, todas as peças que o senhor apresentou até agora não ultrapassam certos limites, permanecem *conformes* com uma certa visão, uma certa tradição. O senhor sente, certamente, como eu, como todo mundo hoje, que se pode ir mais longe, que o verdadeiro teatro que todos esperamos implica uma inversão total de nível, de plano, de orientação, que seu centro de gravidade está em outro lugar. E me parece que ele deve entrar de qualquer modo em seu programa, mesmo que o senhor aumente pouco o alcance de suas realizações, para oferecer entre esses espetáculos *conformes* outros espetáculos mais decididamente, mais essencialmente revolucionários. Isto não pode ser feito a não ser que se tenha, para sustentar esses espetáculos, montagens mais comerciais. Aliás, isso não significa que, muito em breve, esses espetáculos revolucionários, no sentido em que os entendo, não se tornem espetáculos comerciais, porque de repente parecerão os únicos adequados à mudança de perspectiva de um público faminto de novidade, de imprevisto. O teatro moderno está à espera de uma forma que seja adequada à visão moral, intelectual, sentimental desta época. Por pouco que consigamos oferecê-la, será suficiente para que o povo não aceite outra. Minha opinião, para dizer tudo, é que para os dias que correm ser revolucionário é bastante conveniente: é o único meio de se tornar comercial!

Aliás, não envio ao senhor a peça sobre a qual desenvolvo meu projeto como um modelo do gênero. Ela nos devolve apenas um aspecto do teatro que espera-

santes, porque surgirão, de repente, como os únicos adequados à mudança do ângulo de visão de um público faminto de imprevisto. O teatro moderno está à espera de sua forma, que esteja de acordo com a óptica moral, intelectual e sentimental deste tempo. Por pouco que consigamos oferecê-la, o público, datem diante, não aceitará outra e seria conveniente ser revolucionário para tornar--se comercial. Aliás, para mim o teatro deve estar muito mais livre de peso moralmente, fisicamente e em todos os sentidos, do que a peça sobre a qual projeto minha encenação. Não a ofereço como um modelo do gênero. Ela nos oferece apenas um lado do teatro esperado, que deve ser muito mais livre intelectualmente.

Cordialmente seu,

ANTONIN ARTAUD

2. O Teatro Louis Jouvet estava instalado, na época, na Comédie des Champs-Elysées. A direção do Teatro Pigalle fora oferecida a Jouvet em 1930, por seus fundadores. Ele recusou a proposta, mas aceitou montar alguns espetáculos. O primeiro foi *Donogoo-Tonka*, de Jules Romains, a 25 de outubro de 1930; o último iria ser *A Pasteleira da Aldeia*, de Alfred Savoir, espetáculo para o qual contratou Antonin Artaud como assistente.

3. E o "Projeto de Encenação para o *Golpe de Trafalgar*, Drama Burguês em 4 atos de Roger Vitrac".

mos. Para mim ele deve ser muito mais livre intelectualmente, mais liberto de peso moral, físico e em todos os sentidos.

Cordialmente seu.

ANTONIN ARTAUD

Rua Pigalle, 45.

Tradução de Sílvia Fernandes

A René Daumal
(rascunho de carta)

Paris, 14 de julho de 1931[1]

DECLARAÇÃO

Caro amigo,

Ainda estou me perguntando a que dizia respeito a objeção que você me fez no tocante à questão que eu havia formulado, de saber se no [ ][2] era preciso recorrer à noção de dualidade.

No entanto, você está de acordo comigo ao pensar que este tipo de declaração pública, que redigiremos de comum acordo para explicar os objetivos do teatro que pretendo fazer, deve versar sobre assuntos absolutamente concretos, partindo da situação atual do teatro na França e na Europa e dizendo, por exemplo, que: ao estado de degenerescência orgânica em que se debate o teatro na França desde a guerra, veio juntar-se, nos últimos tempos, uma espécie de crise industrial que acaba de forçar uma boa parte dos teatros de Paris a fechar prematuramente suas portas.

1. Rascunho de carta enviado pelo Sr. Jean-Marie Conty. Interrogado sobre seu conteúdo, André Rolland de Renéville afirmou lembrar-se de uma conversa entre René Daumal e Antonin Artaud que poderia ter gerado esta Declaração. Mas o projeto de uma declaração comum não ultrapassou o estágio de conversas.

2. Uma lacuna no manuscrito.

Todavia[3], é muito significativo para o futuro do teatro na França que, ao mesmo tempo, um certo número de cinemas continue a render o máximo. Não acreditamos que o preço relativamente baixo de um espetáculo cinematográfico seja suficiente para explicar essa queda vertical do interesse do público pelo teatro, e sua repentina falta de gosto por uma forma de expressão[4] que, até agora, e especialmente em período de crise, era fundamental como os gêneros de primeira necessidade; mas parece que o gosto do público pelos espetáculos, dessa[5] parte do público que ia procurar numa representação teatral apenas uma distração de caráter estritamente digestivo, deve encontrar numa representação cinematográfica um divertimento à altura. Pois, se podemos ver muito bem por que o teatro que se faz atualmente na França mostra-se inferior a qualquer filme, mesmo um muito ordinário, não vemos, nem no aspecto intelectual, nem sobretudo do ponto de vista espetacular, em que ele poderia revelar sua superioridade. Aliás, esvaziando simultaneamente todas as salas de espetáculo onde sobrevive um teatro de texto com pretensões literárias e com análise psicológica duvidosa, o público faz por si mesmo justiça a um gênero há muito prescrito.

Se o teatro é feito para condensar um sistema de vida[6], se deve constituir como que a síntese heroica da época em que foi concebido[7], se podemos defini-los como o resíduo concreto e o reflexo dos costumes e dos hábitos de uma época, é certo que o cinema nos oferece da vida moderna, em seus aspectos mais variados, uma imagem dinâmica e completa, da qual o teatro está longe de se aproximar.

O teatro tal como se pratica, não somente na França mas em toda a Europa há cerca de um século, está limitado à pintura psicológica e falada do homem individual. Todos os meios de expressão especificamente teatrais pouco a pouco cederam lugar ao texto, que absorveu em si a ação de tal modo que se pode ver, afinal de contas, o espetáculo teatral inteiro reduzido a uma só pessoa monologando diante de um biombo.

Esta concepção, por mais válida que seja em si, consagra para os espíritos dos Ocidentais a supremacia da linguagem articulada, ao mesmo tempo mais precisa e mais abstrata, sobre todas as outras; e, aliás, seu resultado imprevisto foi fazer do cinema, arte de imagens, um sucedâneo do teatro falado!

Se na concorrência com o teatro o cinema ganhou a primeira partida, realmente parece ter perdido a segunda. O que, aliás, não tem o poder de restituir ao teatro, tornado irremediavelmente passivo, uma vida que realmente perdeu.

Entretanto, enquanto o teatro na França parece não conseguir se libertar de uma atmosfera de casa de prostituição e não superar o interesse de uma sessão

---

3. *Todavia* substitui *entretanto*, riscado.

4. O início desta frase foi refeito por Antonin Artaud. A forma inicial era: "Os preços relativamente baixos de um espetáculo cinematográfico não são suficientes, segundo [nós], para explicar esta queda vertical do interesse do público e essa desafeição repentina pelo teatro".

5. *Dessa* substitui *da maior*, riscado.

6. *Condensar um sistema de vida* substitui *reunir para nós uma concepção de vida*, riscado.

7. *Em que foi concebido* substitui *à qual corresponde*, riscado.

de tribunal correcional, em certos países da Europa desde antes da guerra e na Alemanha desde a guerra, e depois da guerra na Rússia, tem sido feito um esforço para restituir à arte da encenação e ao espetáculo o brilho que haviam perdido. Os Balés Russos restituem à cena o sentido da cor. E, de hoje em diante, será preciso levar em conta, para a montagem de um espetáculo, as necessidades de harmonia visual, da mesma forma que depois de Piscator será preciso levar em conta as necessidades dinâmicas e plásticas do movimento e depois de Meyerhold e Appia será preciso levar em conta uma concepção arquitetural do cenário, utilizado não somente em profundidade, mas em altura, e representando em perspectiva através de massas e volumes e não mais através de superfícies planas e em *trompe-l'oeil*.

Enfim, à concepção psicológica, à velha concepção clássica do teatro de costumes e do teatro de caracteres, onde o homem é estudado com uma sensibilidade que se poderia chamar de fotográfica – de qualquer forma, inerte, morta por antecipação, anti-heroica por essência – de suas paixões, em uma moldura cotidiana e habitual, se bem que qualquer peça de teatro seja assimilável a um jogo de xadrez ou a um jogo de construção psicológica e chegue a nos dar apenas uma imagem desoladora e plana do real; e quando surge uma inovação nesse sentido, ela faz suceder à concepção habitual do homem inflexível, que age por blocos e luta através de invectivas, uma concepção dispersa e multiforme do homem dividido em um quarto cheio de espelhos, como se vê nas obras-primas de Pirandello; e abandonamos aqui a sala do tribunal correcional ou quando muito o pretório do supremo tribunal de justiça pelo gabinete do psicanalista, o que nos faz descer novamente um ponto em nossa experiência psicológica e desmoralizante do homem que, quaisquer que sejam os monstros que conceba e tenha por companhia habitual, não deixará de ser o homem cotidiano; portanto, frente a esta concepção do homem arrebatado pelo êxtase diante de seus monstros pessoais, uma experiência foi feita – e é a única verdadeiramente teatral – na Rússia, na época da revolução, para criar um teatro de ação e de massas[8].

Uma era do teatro está encerrada e [não][9] acreditamos que seja necessário dedicarmo-nos a condenar um gênero que os acontecimentos condenam[10].

Na medida em que o teatro é [   ][11], o cinema tomou seu lugar.

Agora, há lugar para um teatro que [...]

É possível que exista uma poesia do cinema, mas:

1º as necessidades industriais forçarão o cinema a rejeitá-la a maior parte do tempo;

8. As notas que seguem estão escritas nas margens da carta.

9. Falta uma palavra no manuscrito.

10. *Que os acontecimentos condenam* substitui *que traz em si mesmo a própria condenação*, riscado.

11. Uma lacuna no manuscrito.

2º quando ela existisse, não saberiam de modo algum colocá-la no nível do teatro, enquanto ordem fisiológica, animal, mecânica;

3º grosseira, sem magnetismo; é abusivamente que se fala do magnetismo das imagens.

Tradução de Sílvia Fernandes

A Louis Jouvet

Domingo, 2 de agosto[1]

Caro amigo,

Tomo a liberdade de lembrar a você a entrevista que deveria acontecer por ocasião de seu retorno de viagem, no final de julho.

Sou maçante e obstinado porque tenho a impressão de ter alguma coisa a dizer: aquilo que sempre considerei uma espécie de impermeabilidade do mundo cênico a tudo que não pertence estritamente a ele, a quase inutilidade da palavra que não é mais o veículo, mas o ponto de sutura do pensamento, a futilidade de nossas preocupações sentimentais ou psicológicas em matéria de teatro, a necessidade, para o teatro, de procurar representar alguns dos lados estranhos das construções do inconsciente, tudo isso em profundidade e em perspectiva sobre o palco, em hieróglifos de gestos que sejam construções desinteressadas e absolutamente novas do espírito; tudo isso está preenchido, satisfeito, representado e levado adiante pelas surpreendentes realizações do Teatro Balinês, que é uma bela afronta ao teatro como o concebemos. É sobre isso e muitas outras coisas ainda que eu queria conversar com você, desejando que nossa colaboração se transforme em algo mais que algumas conversas sobre teatro a respeito da peça que você está montando e feita no intervalo de duas temporadas de filmagem.

1. Entre 1928 e 1933, somente o dia 2 de agosto de 1931 caiu num domingo.

Não sou rico e ter uma vida estável, de resto, me é indiferente.
Cordialmente seu.

ANTONIN ARTAUD

Rua Labruyère, 58, 9º, Paris.

Tradução de Sílvia Fernandes

A LOUIS JOUVET

Tarde de terça-feira,
20 de outubro de 1931

Caro amigo,

Por que você ainda não me deixou, numa oportunidade qualquer, o manuscrito do "Rei das Crianças"? Minha opinião pessoal sobre o valor da peça conta pouco, assim como os prognósticos de sucesso que eu possa fazer sobre ela. Queria simplesmente saber se era verdade que essa peça seria representada e se você, Louis Jouvet, esperava fazer sucesso representando-a, e que tipo de sucesso esperava dela. Queria, além disso, saber se a data de sua estreia está mais ou menos definida. Tudo isso para não fazer um trabalho inútil. Dito isso, e se você acha, sinceramente, que eu possa ser útil em alguma coisa, só peço que, seja ou não representada essa peça, eu possa me dedicar ao trabalho e transmitir minhas sugestões pessoais, que podem ser atribuídas a você. Redigirei uma espécie de relatório tão completo quanto possível e você pode utilizá-lo em seguida como bem entender.

Não existe peça – e acho que nesse ponto você pensa como eu –, qualquer que seja sua qualidade, que não possa ser melhorada e mesmo corrigida e refeita por uma encenação competente. Mas não acredito que uma encenação seja problema de texto e possa ser feita sobre o papel. É qualidade distintiva das coisas de teatro não poderem elas estar contidas nas palavras, ou mesmo em esboços. Uma encenação se faz *em* cena. Ou somos homens de teatro ou não somos. A mim parece absolutamente impossível descrever um movimento, um gesto ou sobretudo uma *entonação* cênica se não os fazemos. Descrever uma encenação de maneira verbal ou gráfica é o mesmo que tentar fazer um esboço, por exemplo, de um certo tipo de dor. Os projetos de encenação relativos à *Sonata dos Espectros* ou ao *Golpe de Trafalgar*, que lhe pareceram um pouco literários, me parecem, entretanto, efetivamente o máximo do que pode ser *escrito* e *descrito*, se nos limitarmos à linguagem das palavras. As mesmas palavras, visando descrever um gesto, um som de voz, podem ser vistas e ouvidas em cena de dez mil maneiras diferentes. Tudo isso é incomunicável e deve ser demonstrado no espaço. A ideia do dispositivo cênico que poderei transmitir a você não terá valor a não ser pelo modo como ele for preenchido de deslocamentos, gestos, cochichos e gritos. Tenho ideia de toda uma técnica sonora e visual que não poderá emergir se tentarmos descrevê-la em volumes recheados de raciocínios verbais, girando todos em torno do mesmo ponto cem vezes retomado. E tudo isso seria inútil quando uma só entonação real alcançasse, instantaneamente, o mesmo fim. O que quer dizer que as sugestões que eu pudesse fazer a você só teriam valor se eu mesmo pudesse dirigir a encenação materialmente e réplica por réplica, com os movimentos correspondentes. Com efeito, materialmente, objetivamente, vejo a encenação restrita a alguns objetos e acessórios indispensáveis e significativos, sempre com um certo número de níveis e planos cujas dimensões e perspectiva interferem na arquitetura do cenário. Quero esses planos e níveis interferindo numa *qualidade* de luz que é, para mim, o elemento primordial do mundo cênico. Mas quero, além disso, o diapasão das vozes e o grau das entonações constituindo, também eles, espécies de níveis, um elemento concreto com a mesma importância do cenário ou do diapasão luminoso. Tudo isso com movimentos, gestos, atitudes, regrados com o mesmo rigor que os movimentos de um balé. Para mim é este rigor, relacionado a todas as ordens de expressão possíveis sobre uma cena, que constitui o teatro, enquanto em nosso teatro europeu ainda nos ligamos apenas ao texto. E com essa ideia verdadeiramente paradoxal, tomada a Diderot, de que no palco o ator não sente *realmente* o que diz, conserva o controle absoluto de seus atos e pode representar e pensar ao mesmo tempo em outra coisa: em suas galinhas e em seu cozido.

Eu teria ainda muito a dizer a esse respeito. Fico por aqui. Tudo isso será objeto de uma conferência sobre teatro que farei proximamente na Sorbonne com uma leitura dramática[1]. Gostaria bastante que você tivesse lido, na *Nouvelle Revue Française* de outubro, meu artigo sobre Teatro Balinês[2] e que me falasse dele. Estou à sua disposição, *sinceramente* e com toda cordialidade para tudo o que você espere de mim em relação ao *Rei das Crianças*. Desejo apenas fazer um

---

1. "A Encenação e a Metafísica", conferência ministrada na Sorbonne, dia 10 de dezembro de 1931, na cadeira do Grupo de Estudos Filosóficos e Científicos para o Exame das Novas Tendências, dirigida pelo Dr. Allendy. O texto será publicado em seguida na *Nouvelle Revue Française* (nº 221, 1º de fevereiro de 1932).

2. "O Teatro Balinês na Exposição Colonial" na *Nouvelle Revue Française* (nº 217, 1º de outubro de 1931), retomado e completado em seguida em O *Teatro e seu Duplo*.

trabalho muito preciso a esse respeito. Não estou realmente em situação de recusar trabalho, pois não quero mais fazer cinema como ator, e até peço que você me dê uma oportunidade de trabalhar. Cordialmente seu.

ANTONIN ARTAUD

Rua Labruyère, 58, 9º, Paris.

Tradução de Sílvia Fernandes

A JEAN PAULHAN
(RASCUNHO DE CARTA)

Tarde de sábado
29 de Janeiro de 1932[1]

Caro amigo,

Estou estarrecido com a encenação dos *Trapaceiros*[2]. Essas personagens-
-fantoches me aturdiram.

Todas essas personagens não são humanas; não representam *humanamente*;
não se comportam exteriormente de acordo com suas reações interiores, de acordo com o que as palavras, testemunhas de suas reações interiores, podem sugerir
que estão sentindo e reagindo. Em uma palavra, representam teatro, e convencionalmente, com paradas excessivas no mesmo lugar, segundo o velho estilo
convencional de uma certa representação ao vivo, de uma estilização na imobilidade que, quando proposital, pode causar efeitos felizes, mas quando é involun-

1. Esta carta foi enviada pelo Sr. René Thomas. Em seguida, fez parte da coleção Tristan
Tzara. Estava dentro de um envelope, com a inscrição: J. P. / Os Trapaceiros. Carta e envelope
estavam rasgados ao meio. Há um erro no dia da semana ou do mês, pois 29 de janeiro de 1932
caiu realmente numa sexta-feira.

2. A primeira montagem dos *Trapaceiros* de Steve Passeur foi feita pelo Grupo do Atelier,
nas Galerias de Bruxelas, dia 21 de janeiro de 1932. A peça foi reprisada em Paris, no Teatro do
Atelier, dia 30 de janeiro de 1932. Foi interpretada por Dalio, Yolande Laffon e Vital. A direção foi
de Charles Dullin, com cenário de Vakalo.

tária como aqui, produz efeitos desastrosos e mostra que as tendências e os planos psicológicos da obra não foram suficientemente esclarecidos.

Essas personagens com quem temos relação[3] e que nos deslabirintam* os sentimentos, quanto mais se apoiem intelectualmente sobre suas reações, mais devem concretizá-las e torná-las plásticas através de movimentos, idas e vindas, delimitações grosseiras que por meios físicos indicam flutuações interiores do pensamento. Ao ver uma tal encenação, realmente poderíamos dizer que a cena com seus espaços, seus planos, sua perspectiva e suas possibilidades de movimento não existe. Ou existe apenas para isso: para permitir materializar grosseiramente tudo o que é de ordem sensível, psíquica e intelectual. Um deslocamento, um gesto, um movimento, às vezes contribuem mais para esclarecer um pensamento difícil do que todos os tesouros da linguagem e da expressão falada reunidos. É o que penso.

Ao lado do ritmo e da instituição da palavra, há no teatro um ritmo e uma instituição do movimento, dos movimentos, que deve deixar no espírito a lembrança de um todo completo, de uma espécie de suporte perfeitamente arejado, banhado de ar e de espaço, e que por suas linhas, suas proporções, seu espírito geral, clarifique plasticamente e ordene toda uma psicologia. Essa instituição é tripla. Contém o texto e sua plástica (entonações etc.), a seguir a plástica dos movimentos, tudo isso ordenado e *disposto no lugar. Disposição* que faltava essencialmente à encenação dos *Trapaceiros.*

Foi essa ausência de *disposição* que, sem dúvida, impediu a peça de conquistar o êxito que, sem dúvida, merecia, apesar de tudo o que possa ter de artificial e forçado.

Essas personagens centradas em torno de um problema essencial, colocadas face a face, não dizem tudo o que temos direito de esperar delas.

O problema que colocam é brilhante. E essencial e quase se poderia dizer que para um homem e uma mulher, para dois homens e uma mulher colocados frente a frente, não há, na realidade, outro problema. Em suma, é o jogo, uma espécie de jogo moderno do amor e do acaso, e é apaixonante quando se descobre que o acaso, na peça, chama-se Luckmann e que ele organizou tudo com vistas a fins absolutos e abstratos que ele é o único a conhecer e alimentar. Ele penetrou, um dia, nas realidades tristes do amor, nas miseráveis, indecisas e hipócritas satisfações que o amor oferece e tira em seguida traiçoeiramente, e repeliu-as. Quanto mais as questões (coisas – sentimentos) examinadas são de uma sutil natureza intelectual, mais os meios pelos quais as exprimimos devem ser grosseiros e grosseiramente delimitados.

Eu tive a impressão de algo extremamente pensado e de um nível intelectual bastante elevado. Nunca mais tive essa impressão de extrema intelectualidade. Os atores a devoraram a tal ponto que me pus a duvidar do sentido do texto, esse

---

3. Encontramos no manuscrito: *Estas personagens com quem temos relações a manter.* Antonin Artaud, sem dúvida, estava indeciso entre as duas ortografias: *affaire, à faire.*

* *Délabyrinthent* no original. Neologismo proveniente de *labyrinthe* (labirinto). (N. da T.)

sentido espiritual que tanto me havia impressionado. Poucas pessoas vivem apenas para seu espírito, com seu espírito. Esses atores nos mostraram que tinham sentidos, mas muito pouco intelecto. O que torna falso seu caráter, sua posição, eu quase diria sua postura, uns diante dos outros.

Tradução de Sílvia Fernandes

Maurice Maeterlinck[1]

O nome de Maurice Maeterlinck evoca, antes de tudo, uma atmosfera. É, aliás, nisso que se poderia resumir sua contribuição ao domínio das letras assim como ao do pensamento. Nós não estabeleceremos nenhuma relação entre o fato de ter nascido em Gand, a 28 de agosto de 1862, e a natureza íntima de seu pensamento. Que Maeterlinck tem uma alma nórdica, é um fato e nada mais. Nós consideraremos antes seu talento como o resultado da conflagração de sua alma com a ambiência particular da época em que ele apareceu e que seus poemas fixam melhor.

Neste pequeno livro das *Serres chaudes* (*Estufas Aquecidas*, 1889), o espírito profundo do simbolismo existe realmente. Os outros simbolistas encerram e agitam um certo bricabraque concreto de sensações e de objetos *amados* por sua época, mas Maeterlinck dele emana a própria alma. Nele o simbolismo não é somente um cenário, mas um modo profundo de sentir.

Com um espírito análogo ao deste adorável Max Elskamp de *Le Louange de la vie* (*O Louvor da Vida*), por demais negligenciado hoje, mas de um misticismo menos ortodoxo, mais *pessoal*, Maeterlinck utiliza certos processos de pensamento cuja *atualidade* a gente não observa bastante. Uma certa maneira de unir – em virtude de que misteriosas analogias – uma sensação e um objeto, e de colocá-los

---

1. Prefácio a *Douze Chansons*, de Maurice Maeterlinck. Fora de texto um retrato de Maeterlinck gravado por Gorvel. Coleção *Les Contemporains*, obras e retratos no século XX. Traz o número 24 da coleção. Stock, 1923.

no mesmo plano mental, evitando a metáfora, reaparece no fundo do princípio da poesia arquiatual.

Quanto resta disso, dizia impudentemente Jean Schlumberger, de seus dramas de marionetes? Devemos nós citá-los uns após outros? Em todo caso alguns como *Pelléas et Mélisande*, *La Mort de Tintagiles*, fornecem, em nosso mundo espiritual, um equivalente dos *pupazzi* da comédia italiana no mundo plástico, eles trazem uma nota desconhecida. Maeterlinck amplia sua galeria de *pupazzi* místicos. Acrescenta novas figuras a suas encantadoras criações. Seu teatro é, bem cedo, todo um mundo onde as personagens tradicionais do teatro reaparecem, evocadas por dentro. A fatalidade inconsciente do drama antigo torna-se, em Maeterlinck, a razão de ser da ação. As personagens são marionetes agitadas pelo destino.

Mas o pendor íntimo de sua natureza o induz a procurar nos místicos um alimento para seu pensamento. Ele traduz O *Ornamento das Núpcias Espirituais*, de Ruysbroek o Admirável (1891); Os *Discípulos de Sais*, de Novalis (1895). Maeterlinck falou em termos esplêndidos de Novalis, de Ruysbroek, de Boehme; nele as imagens têm um sentido, elas aprofundam o tema.

É em *Le Trésor des humbles* (O *Tesouro dos Humildes*, 1896) que nos encontramos com as páginas consagradas aos pensadores a quem ele dedica a teoria central do trágico cotidiano. Não se pode analisar seu pensamento. Sua filosofia está toda nesse dom que ele tem de revelar com imagens sensações obscuras, relações desconhecidas do pensamento.

Ele dá em 1898 *La Sagesse et la destinée* (A *Sabedoria e o Destino*); em 1902, *Le Temple enseveli* (O *Templo Enterrado*); em 1903, *Le Double Jardin* (O *Duplo Jardim*). Maeterlinck alargou o domínio dos sentimentos, ele soube tornar sensíveis para nós os movimentos da vida obscura das plantas, as leis ocultas dos fenômenos da vida.

La Vie des abeilles (A *Vida das Abelhas*) é de 1901. As angústias, os desejos, as repulsões, os delírios dos gloriosos insetos, são exaltados por uma lírica, escavados por uma filosofia.

Nós diremos, como alguns o repetem, que Maeterlinck, o filósofo, fez obra, sobretudo, de divulgador? Não. Maeterlinck esclareceu muitas trevas, mas além disso ele as *vivificou*.

Nele os problemas passam sem esforço do estado de ideia ao estado de realidade. Ele os desnuda e no-los mostra vivos. Ele lhes dá primeiro seu aspecto de problemas, isola seus dados, e nos dá a impressão de vivê-los, porque os evoca com este átomo de sensualidade concreta que se apega indefectivelmente a nossos pensamentos. Não se deveria fazer figurar toda a filosofia de Maeterlinck na teoria central do trágico cotidiano. Ninguém é um grande filósofo por haver reparado que toda a vida é este drama imóvel onde se tramam os encontros ocultos das forças do destino. Onde Maeterlinck é verdadeiramente grande é quando analisa tais encontros, quando determina seus estados.

Maeterlinck evocou para nós as figuras dos velhos místicos. Ele soube tornar-nos sensíveis às etapas de seus pensamentos. Com ele tem-se verdadeiramente a sensação de se descer ao fundo do problema. "A pessoa de Deus é incognoscível, diz a sabedoria do Talmud, mas seus caminhos se exprimem por números e por cifras." São estes *números*, cuja natureza é agora insensível à criatura comum, que Maeterlinck fixou em frases lapidares.

La Mort (*A Morte*), *L'Hôte inconnu* (*O Hóspede Desconhecido*), *Les Sentiers dans la montagne* (*As Sendas na Montanha*), escondem as últimas etapas de sua vasta curiosidade. O alto pensamento de Boehme, de Ruysbroek, não mais existe nestas últimas obras, exceto como lembrança de uma antiga disciplina. *Le Grand Secret* (*O Grande Segredo*) é como o breviário rápido das conquistas do homem no domínio do Desconhecido.

As *Doze Canções* (1896) realizam, no gênero romance, uma ampliação melódica de sua visão simbólica do mundo.

Maeterlinck estreou nas letras com um conto em prosa: *Le Massacre des Innocents* (*A Matança dos Inocentes*), que foi publicado em *La Pleiade* em 1886; três anos depois ele se torna famoso. Mirbeau, em um artigo generoso e entusiasta, exalta *La Princesse Maleine*. Estamos em 1889.

Maeterlinck traduziu *Annahella*, de John Ford (1895), e mais recentemente *Macbeth*, de Shakespeare, que foi representado graças a seus cuidados na Abadia de Saint-Wandrille com Séverin-Mars. Ele compôs entre outras peças: *L'Oiseau bleu* (*O Pássaro Azul*), *Les Fiançailles* (*Os Esponsais*), *Monna Vanna*, *Marie-Magdeleine*, *Le Bourgmestre de Stilmonde* etc.

*
* *

A filosofia de Maeterlinck é como um templo em ação, cada pedra libera uma imagem, cada imagem é uma lição. Ela não constitui, a nenhum título, um sistema. Ela não tem arquitetura, forma; ela tem um volume, uma altura, uma densidade. As altas regiões do espírito possuem planaltos tão repousantes quanto as mais vastas clareiras. E para aí que Maeterlinck nos arrasta com ele: o que digo eu? Ele as restabelece para seu uso e para *nosso* uso com as imagens, os átomos, os mais sensíveis a nossos órgãos humanos. Determinada página sobre Ruysbroek, sobre Boehme, nos restitui a geografia profunda do pensamento deles.

Maeterlinck conheceu bem as abelhas. Cada uma das fases de sua vida se inscreve como o minuto vivo de um drama, intenso, vasto, crepitante, com as escapadas gloriosas das festas, o ruído das batalhas, os funerais estridentes dos que caíram.

O drama é a forma mais alta do espírito. Está na natureza das coisas profundas chocar-se, combinar-se, deduzir-se. A ação é o princípio mesmo da vida. Maeterlinck foi tentado a dar vida a formas, a estados do pensamento puro. Pelléas, Tintagiles, Mélisande, são como as figuras visíveis de tais sentimentos especiais. Uma filosofia se desprende destes encontros, à qual Maeterlinck tentará mais tarde dar um *verbo*, uma forma na teoria central do trágico cotidiano. Aqui o destino desencadeia seus caprichos; aqui o ritmo é rarefeito, espiritual, nós estamos na própria fonte da tempestade, nos círculos imóveis como a vida.

Maeterlinck foi o primeiro a introduzir na literatura a riqueza múltipla da subconsciência. As imagens de seus poemas se organizam segundo um princípio que não é o da consciência normal. Mas na poesia de Maeterlinck o objeto não se reintegrou ainda em seu estado puro de objeto, de objeto manejado por mãos verdadeiras, a sensação permaneceu literária. E o preço de doze séculos de poesia francesa. Mas os modernos puseram as coisas nos eixos.

Maeterlinck apareceu na literatura no momento em que precisava vir. Simbolista ele era por natureza, por definição. Seus poemas, seus ensaios, seu teatro, são como os estados, imagens diversas de um idêntico pensamento. O intenso sentimento que ele tinha da significação simbólica das coisas, de suas trocas secretas, de suas interferências, lhe deu em consequência o gosto de fazê-las reviver sistematizando-as. É assim que Maeterlinck comenta-se com as próprias imagens que lhe servem de alimento.

Divulgador? Não. Poeta, ou melhor *pensador.* Vivificador de aparências. Exegeta admirável, criador. Seu pensamento, que vai de um panteísmo indefinido (forma, se se pode dizer física de seu misticismo natural) a um espiritismo mitigado, acaba, após alguns desvios, por se fixar sobre si mesmo. Multiplica-se, orna-se com sua própria penetração. O templo se descobre vivendo. Que luzes nos traz Pascal, senão luzes, se se pode dizer, *interiores,* luzes que deixam em sua noite, em seu silêncio, o desconhecido, mas escavam o interior do conhecido, o interior do possível, descobrem possíveis novos. Assim Maeterlinck estreitou a membrana. Tais verdades muito profundas não estão separadas das verdades superiores senão por uma membrana sem substância que o espírito do homem penetrará profundamente algum dia.

Tradução de J. Guinsburg

No Cinema

A CONCHA E O CLÉRIGO
(ROTEIRO DE UM FILME)[1]

CINEMA E REALIDADE

Dois caminhos parecem abrir-se atualmente ao cinema, nenhum dos quais, certamente, é o verdadeiro.

De um lado, o cinema puro ou absoluto e de outro essa espécie de arte venial híbrida, obstinada em traduzir por imagens mais ou menos felizes situações psicológicas que estariam perfeitamente colocadas em um palco ou nas páginas de um livro, mas não na tela, só existindo enquanto reflexo de um mundo que tira de outro lugar sua matéria e seu significado.

1. Roteiro que Antonin Artaud entregou à Associação de Autores de Filmes em 16 de abril de 1927, sob o nº 149. Publicado a seguir na *Nouvelle Revue Française*, nº 170, 1º de novembro de 1927.

A Concha e o Clérigo foi o único dos roteiros de Antonin Artaud a ser filmado. A direção foi entregue a Germaine Dulac, considerada na época uma cineasta de vanguarda (tinha realizado, entre outros filmes, *A Festa Espanhola, A Morte do Sol, A Sorridente Sra. Beudet*). Foi Yvonne Allendy que lhe entregou o roteiro de Antonin Artaud; Artaud pensava em interpretar o papel do clérigo e pretendia acompanhar as filmagens. Por esse motivo havia pedido uma licença de duas semanas a Dreyer, que acabara de contratá-lo para *A Paixão de Joana D'Arc*. Parece que essas não eram as intenções de Germaine Dulac, que não queria a presença de Antonin Artaud no local da filmagem (o Estúdio Gaumont). Por má vontade ou por acaso o início da filmagem foi tão atrasado que Artaud não pôde acompanhá-la. Além disso, ele também foi afastado da montagem do filme, a que dava especial importância. Desde o final do mês de agosto de 1927, ele manifesta sérias preocupações quanto à filmagem de seu roteiro. Depois de terminado o filme, Yyonne Allendy trata de encontrar uma sala para projetá-lo: sua escolha parece ter recaído sobre

Está claro que tudo o que vimos até agora sob a aparência de cinema abstrato ou puro está longe de responder àquilo que parece ser uma das exigências essenciais do cinema. Pois, por mais que o espírito humano seja capaz de conceber e endossar a abstração, só se pode ficar insensível a linhas puramente geométricas, sem valor significativo em si mesmas, e que não fazem parte de uma sensação que o olho da tela possa reconhecer e catalogar. Por mais que nos aprofundemos no espírito, encontramos, na origem de toda emoção, mesmo a intelectual, uma sensação de ordem nervosa que implica o reconhecimento, talvez em grau elementar, mas de qualquer modo sensível, de algo substancial, de uma certa vibração que sempre recorda estados, conhecidos ou imaginados, revestidos de uma das múltiplas formas da natureza real ou sonhada. O significado do cinema puro estaria, portanto, na recuperação de um certo número de formas desta ordem, num movimento e seguindo um ritmo que seja a contribuição específica desta arte.

Entre a abstração visual puramente linear (e um jogo de sombras e reflexos é como um jogo de linhas) e o filme de fundamento psicológico que relata o

a Sala Adyar, Praça Rapp. 4, Paris VII (cf. "Distinção entre Vanguarda de Conteúdo e de Forma", p. 175). Ela prepara *releases* para a imprensa e pensa até em contratar homens-sanduíche para a publicidade. Quanto a Germaine Dulac, parece não ter pressa em mostrar o filme a seu roteirista. Para poder vê-lo, Artaud é obrigado a lhe escrever, dia 25 de setembro. Portanto, é apenas no mês de outubro que ele consegue, finalmente, ver *A Concha e o Clérigo* na versão dirigida por Germaine Dulac. Ele não ficou satisfeito com o filme e achou que seu roteiro tinha sido desfigurado pela diretora, que lhe deu uma interpretação banal, contentando-se em fazer dele um sonho narrado. Para protestar contra essa interpretação contestável do texto inicial, Artaud o publica na *Nouvelle Revue Française*, precedido de uma nota intitulada "Cinema e Realidade", que é, de certo modo, uma reprovação da maneira como *A Concha e o Clérigo* foi realizado. Germaine Dulac responde dizendo que vai dar uma conferência no Salão de Outono, na qual apresentará o filme. Antonin Artaud, que não tinha sido avisado, fica sabendo pela imprensa. Parece que ela desistiu dessa apresentação graças à intervenção de Armand Talher, diretor do Estúdio das Ursulinas, que pediu a exclusividade do filme. A situação se complica a tal ponto entre Antonin Artaud e sua diretora que, por ocasião da primeira projeção pública de *A Concha e o Clérigo*, no Estúdio das Ursulinas, dia 9 de fevereiro de 1928, acompanhado de alguns amigos, entre os quais Robert Desnos, ele ofende Germaine Dulac a ponto de serem todos expulsos da sala.

Essas informações nos foram fornecidas, em grande parte, pelos rascunhos de um artigo de Yvonne Allendy, posterior à agitada sessão de 9 de fevereiro, de cuja redação Artaud não deve estar totalmente alheio. Aliás, é bem possível que esse artigo tenha sido publicado em um jornal da época e que algum dia possamos encontrar sua versão definitiva. Apresentamos, a seguir, um excerto dos rascunhos encontrados pela Sra. Colette Allendy nos papéis de sua irmã.

Acuso a Sra. G. Dulac de ter se apoderado de uma ideia original, que pertencia ao roteirista e de tentar, por vários meios relatados abaixo, afastá-lo e quase suprimi-lo de uma obra que, para ser bem realizada, exigia sua assídua colaboração.

Por esse motivo acuso a Sra. G. Dulac de ter traído o espírito do roteiro e, por sua obstinação em deformar imagens poéticas cujo sentido não compreendia e para a concretização das quais recusava toda sugestão, de ter ela mesma provocado uma reação violenta dos poetas desejosos de eximir o Sr. Antonin Artaud dos erros do filme da Sra. Dulac.

Yvonne Allendy acusa ainda Germaine Dulac de ter mandado *imprimir sobre o filme*:

Sonho de Antonin Artaud.

Composição visual de Germaine Dulac.

desenvolvimento de uma história, dramática ou não, há lugar para um esforço em direção ao cinema verdadeiro, cuja matéria e sentido não podem ser vislumbrados nos filmes até agora apresentados.

Nos filmes de peripécia toda emoção e humor repousam unicamente sobre o texto, excluindo-se as imagens; com raras exceções, todo o pensamento de um filme está nos letreiros, mesmo nos filmes sem letreiro; a emoção é verbal, exige esclarecimento ou apoio de palavras, pois as situações, as imagens, os atos, giram todos em torno de um significado claro. Estamos procurando um filme com situações puramente visuais, cujo drama decorreria de um choque infligido aos olhos, tirado, se ousamos dizê-lo, da própria substância do olhar, não proveniente de circunstâncias psicológicas de essência discursiva, que não passam de texto traduzido visualmente. Não se trata de encontrar na linguagem visual um equivalente da linguagem escrita, da qual aquela só seria uma má tradução, mas sim de divulgar a própria essência da linguagem e transportar a ação para um plano em que qualquer tradução se tornasse inútil e a ação agisse quase intuitivamente sobre o cérebro.

No roteiro que vem a seguir procurei concretizar esta ideia de cinema visual, onde a própria psicologia é devorada pelos atos. Sem dúvida, este roteiro não constitui a imagem absoluta de tudo o que pode ser feito nesse sentido; mas pelo

Como o autor respondeu através de notas na imprensa e pela publicação de seu roteiro na NRF, provando assim que a criação das imagens lhe pertencia, a Sra. Dulac cedeu, mandando imprimir a fórmula habitual:
Roteiro de Antonin Artaud.
Realização de G. Dulac.
Germaine Dulac também é acusada *de ter tentado desde o mês de novembro de 1927, data na qual a NRF publicava o roteiro do Sr. Antonin Artaud e, sentindo-se comprometida, por esse fato, impedir a projeção desse filme em Paris.* Isso explica a data tardia da primeira exibição.
Em relação à conferência de Germaine Dulac, nos dias 3 e 17 de novembro de 1927, encontramos o seguinte anúncio em *Comœdia;*
O Cinema no Salão de Outono.
O primeiro dos espetáculos de vanguarda cinematográfica apresentados por Robert de Jarville no teatro do Salão de Outono, no Grand Palais, acontecerá na quarta-feira, 23 de novembro, às 13 horas.
Germaine Dulac falará de Dois filmes *e apresentará* O Convite à Viagem *e fragmentos de* A Concha e o Clérigo.
Os anúncios foram impressos e trazem uma variante da fórmula criticada por Yvonne Allendv, pois anunciam que Germaine Dulac apresentará:
A Concha e o Clérigo
Sonho de Antonin Artaud
realizado cinegraficamente por Germaine Dulac.
Ora, no mesmo dia da conferência, o anúncio publicado em *Comœdia* prova que Germaine Dulac desistiu de sua apresentação:
Conferência de Germaine Dulac.
Hoje, quarta-feira, 23 de novembro, às 15 horas, Robert de Jarville apresenta no teatro do Salão de Outono, no Grand Palais, um espetáculo de vanguarda cinematográfica, durante o qual Germaine Dulac falará de Dois filmes, *com exibição de* O Convite à Viagem, *sua última produção, e de* Dura lex, *filmado por Goskine na Rússia soviética.*

menos a anuncia. Não que o cinema deva renunciar a toda psicologia: muito pelo contrário, seu princípio é dar a essa psicologia uma forma mais viva e ativa, sem estes vínculos que tentam mostrar as motivações de nossos atos sob uma luz totalmente estúpida, ao invés de exibi-los em sua barbárie original e profunda.

Este roteiro não é a reprodução de um sonho e não deve ser considerado como tal. Não procurarei desculpar sua aparente incoerência pela escapatória fácil dos sonhos. Os sonhos têm mais que sua lógica. Têm sua vida, onde só aparece uma verdade inteligente e sombria. Este roteiro busca a verdade sombria do espírito através de imagens originadas exclusivamente delas próprias, que não extraem seu

Se acreditarmos na nota de Lucien Wahl em *L'Oeuvre* (11 de novembro de 1927) e nas notas de Jean Moncla em *La Volonté* (19 de novembro de 1927), o filme fora apresentado alguns dias antes, pelo menos à imprensa. O artigo de Lucien Wahl não deixa de ser ambíguo. Efetivamente, começa por afirmar: O *Cineclube ofereceu uma matinê realmente interessante. Por causa de um erro ou de esquecimento, que sei involuntário, não fui informado a tempo de poder assisti-la. Por isso não pude ver o filme russo intitulado* Dura lex, sed lex, *inspirado num romance de Jack London, mas posso falar de* A Concha e o Clérigo, *que foi exibido ao mesmo tempo, pois havia sido montado* [a notícia diz, efetivamente, *montado* e não *mostrado*] *há duas ou três semanas.* Em seguida, depois de citar excertos de *Cinema e Realidade*, o jornalista tenta contar o filme, afirmando entre parênteses: (*Não li o roteiro publicado. Falo de memória, daquilo que vi*). O que é bastante estranho, pois *Cinema e Realidade* e o roteiro foram publicados juntos na *Nouvelle Revue Française*.

Enfim, para dar uma ideia do que foi a exibição de 9 de fevereiro de 1928, vamos citar a nota que apareceu no *Charivari* de 18 de fevereiro.

Quinta-feira última, o Estúdio das Ursulinas apresentou o ensaio geral de seu novo espetáculo. Foi exibido um filme da Sra. Dulac, A Concha e o Clérigo, *obra de alucinação, que é a narrativa de um pesadelo. O público seguia com interesse essa curiosa produção, quando se ouviu na sala uma voz perguntar: "Quem fez esse filme?"*

Ao que uma outra voz respondeu: "Foi a Sra. Germaine Dulac".

Primeira voz: Quem é a Sra. Dulac?

Segunda voz: É uma vaca.

Diante da grosseria do termo, Armand Tallier, o simpático diretor das Ursulinas, apareceu, mandou acender a luz e identificou os dois agitadores...

Eram Antonin Artaud, um surrealista um pouco louco e maníaco, autor do roteiro do filme, que manifestava desse modo seu descontentamento com a Sra. Dulac, que acusava de ter deformado sua "ideia" (uma ideia um pouco louca). E junto com ele, protestava outro surrealista bastante conhecido que parece, às vezes, ter talento.

Intimados por Tallier a se desculparem, só encontraram para responder a palavra de Cambronne e outras imundícies e logo foram auxiliados nessa tarefa por outros surrealistas, os mesmos que haviam feito baderna na véspera, na Tribuna Livre. *Mas as personalidades do mundo cinematográfico presentes não consentiram e, Tallier à frente, dispersaram a socos e pontapés a turma Artaud e Cia., que, de raiva, quebrou os vidros do* hall, *dando gritinhos bizarros: "Goulou... Goulou..."*

Certamente é preciso levar em conta a tendência ao exagero de tais notas e Georges Sadoul, em "Memórias de uma Testemunha" (*Estudos Cinematográficos*, n⁰ 38-39, primavera de 1965), se por um lado confirma o "*concerto de gritos e vociferações*" e as injúrias grosseiras dirigidas a Germaine Dulac, por outro, nega que os manifestantes tenham sido expulsos da sala, pois, segundo escreve, *Armand Talher não era desses homens que chamam a polícia para "restabelecer a ordem* ". (O artigo de *Charivari* não fala, aliás, de intervenção policial). O que quer que tenha acontecido, *A Concha e o Clérigo*, projetado com *A Tragédia da Rua*, filme dirigido por Bruno Rahn, foi retirado de cartaz. O filme entrou em cartaz de novo, na mesma sala, com *Três Horas de uma Vida...*, de James Flood, a partir de 14 de maio de 1928.

sentido da situação em que se desenvolvem, mas de um tipo de necessidade interior e poderosa, que as projeta à luz de uma evidência sem apelação.

A pele humana das coisas, a derme da realidade, é sobretudo com isso que o cinema lida. Ele exalta a matéria e a revela para nós em sua espiritualidade profunda, em suas relações com o espírito de onde ela se originou. As imagens nascem, derivam umas das outras enquanto imagens, impõem uma síntese objetiva mais penetrante que qualquer abstração, criam mundos que não pedem nada a ninguém nem a nada. Mas desse puro jogo de aparências, desse tipo de transubstanciação de elementos, nasce uma linguagem inorgânica que mobiliza o espírito por osmose e sem nenhuma espécie de transposição em palavras. E pelo fato de lidar com a própria matéria, o cinema cria situações que provêm do simples choque de objetos, formas, repulsões, atrações. Ele não se separa da vida, mas reencontra a situação primitiva das coisas. Os filmes melhor sucedidos nesse sentido são aqueles onde reina um certo humor, como os primeiros Malec[2] ou os Carlitos menos humanos. O cinema constelado de sonhos e que dá a vocês a sensação física da vida pura obtém seu triunfo no humor mais excessivo. Uma certa agitação de objetos, formas, expressões, só se traduz bem nas convulsões e sobressaltos de uma realidade que parece se destruir a si mesma com uma ironia na qual ressoa o grito dos confins do espírito.

A objetiva descobre um homem vestido de negro e ocupado em dosar um líquido em vidros de altura e volume diferentes. Utiliza para esse transvasamento um tipo de concha e quebra os vidros depois de servir-se deles. É inacreditável o acúmulo de frascos que se encontra perto dele. Num dado momento vê-se abrir uma porta e aparecer um oficial de ar bonachão, beato, pomposo e sobrecarregado de condecorações. Arrasta atrás de si um sabre enorme. Fica ali como uma espécie de aranha, ora nos cantos sombrios, ora no teto. A cada novo frasco quebrado corresponde um salto do oficial. De repente o oficial está atrás do homem vestido de negro. Toma-lhe a concha das mãos. O homem deixa que isso aconteça com um espanto singular. O oficial dá algumas voltas na sala com a concha e depois, repentinamente, tirando a espada da bainha, quebra a concha com um golpe gigantesco. A sala toda treme. As lâmpadas vacilam e sobre cada imagem do tremor vê-se refletir a ponta de um sabre. O oficial retira-se com passos pesados e o homem vestido de negro, cujo aspecto é muito próximo ao de um clérigo, sai depois dele, engatinhando.

No meio da rua vê-se o clérigo passar engatinhando. Ângulos de ruas deslocam-se diante da tela. Repentinamente aparece uma carruagem puxada por quatro cavalos. Nesta carruagem aparece o oficial de agora há pouco, com uma linda mulher de cabelos brancos. Escondido na esquina de uma rua, o clérigo vê a carruagem passar e a segue, correndo rapidamente. A carruagem chega diante de

---

2. Malec, personagem criada por Buster Keaton, cujas aventuras prosseguem em uma série de filmes rodados entre 1920 e 1923.

uma igreja. O oficial e a mulher, descendo, entram na igreja, dirigem-se ao confessionário. Ambos entram no confessionário. Mas, nesse momento, o clérigo salta, atira-se sobre o oficial. O rosto do oficial racha, abre, desabrocha; o clérigo já não tem mais nos braços um oficial, mas um padre. Parece que a mulher de cabelos brancos também percebe o padre, mas numa outra postura e vai se ver, numa sucessão de *doses*, a cabeça do padre melosa, acolhedora, quando ela aparece aos olhos da mulher, e rude, amarga, terrível, quando ela observa o clérigo. A noite cai com uma violência espantosa. O clérigo levanta o padre nos braços e o atira; e ao seu redor, a atmosfera torna-se absoluta. Ele dá por si no cume de uma montanha; em superposição, a seus pés, entrelaçamentos de rios e planícies. O padre se desvencilha do clérigo como se fosse uma bala, como uma rolha que explode e cai vertiginosamente no espaço.

A mulher e o clérigo rezam no confessionário. A cabeça do clérigo balança como uma folha e de repente parece que alguma coisa começa a falar dentro dele. Ele arregaça as mangas docemente, ironicamente, e dá três batidas leves na parede do confessionário. A mulher levanta-se. Então o clérigo dá um soco e abre a porta exaltado. A mulher está diante dele e olha-o. Ele se atira sobre ela e arranca sua blusa, como se quisesse dilacerar seus seios. Mas em lugar deles há uma couraça de conchas. Ele arranca a couraça e a agita no ar, onde ela cintila. Sacode-a freneticamente no ar e a cena muda e mostra um salão de baile. Casais entram; uns misteriosamente e na ponta dos pés; outros extremamente apressados. Os lustres parecem seguir os movimentos dos casais. Todas as mulheres estão vestidas sumariamente, mostram as pernas, empinam o seio e têm os cabelos curtos.

Um casal real entra: o oficial e a mulher de agora há pouco. Acomodam-se sobre um estrado. Os casais estão corajosamente abraçados. Num canto, um homem sozinho no meio de um grande espaço vazio. Ele tem na mão uma concha, cuja visão o absorve estranhamente. Percebe-se nele, pouco a pouco, o clérigo. Mas, derrubando tudo à sua passagem, eis o mesmo clérigo que entra levando na mão a couraça com a qual brincava há pouco de modo tão frenético. Levanta a couraça no ar como se quisesse esbofetear com ela um casal. Mas nesse instante todos os casais imobilizam-se, a mulher de cabelos brancos e o oficial desfazem-se no ar e esta mesma mulher reaparece no outro extremo da sala, na arcada de uma porta que acaba de se abrir.

Esta aparição parece aterrorizar o clérigo. Ele deixa cair a couraça que expele, ao se despedaçar, uma chama gigantesca. Depois, como se estivesse possuído por um sentimento de imprevisto pudor, faz menção de se cobrir com suas roupas. Mas, à medida que segura as bordas do hábito para colocá-las sobre as coxas, parece que essas bordas alongam-se e formam um imenso caminho de noite[3]. O clérigo e a mulher correm loucamente na noite.

3. Algumas páginas da decupagem do roteiro de *A Concha e o Clérigo* foram fornecidas a nós pelo Sr. Alain Virmaux, que conseguiu recuperá-las durante pesquisas ligadas ao cinema surrealista. A decupagem dessa cena, que traz o número 126, está entre elas. Germaine Dulac devia pensar que "um imenso caminho de noite" (*un immense chemine de nuit*) era um erro de

Essa corrida é intercalada de aparições sucessivas da mulher em diversas atitudes: ora com a bochecha inchada, enorme, ora mostrando a língua, que se alonga até o infinito e na qual o clérigo se agarra como se fosse uma corda. Ora ela aparece com o seio terrivelmente inchado.

No final da corrida, vê-se o clérigo aparecer repentinamente num corredor e a mulher atrás dele, nadando numa espécie de céu.

Repentinamente, uma grande porta blindada. A porta abre-se sob um impulso invisível e vê-se o clérigo andando de costas e chamando, diante de si, alguém que não vem. Ele entra em uma grande sala. Nesta sala está uma imensa bola de vidro. Ele se aproxima dela recuando, sempre chamando com o dedo a pessoa invisível.

Percebe-se que a pessoa está perto dele. Suas mãos sobem no ar como se ele envolvesse um corpo de mulher. Depois, quando está seguro de ter aprisionado esta sombra, esta espécie de duplo que não se vê, atira-se sobre ela e a estrangula com expressões de espantoso sadismo. Percebe-se que ele introduz sua cabeça cortada no bocal.

Vamos reencontrá-lo nos corredores, com jeito desembaraçado e girando nas mãos uma grande chave. Avança por um corredor, no fim do qual há uma porta; abre a porta com a chave. Depois dessa porta, um outro corredor. No fim desse corredor está um casal, em que ele reconhece, novamente, a mesma mulher com o oficial carregado de condecorações.

Começa uma perseguição. Mas punhos de todos os lados sacodem uma porta. O clérigo está na cabine de um navio. Levanta-se da cama, sobe à coberta do navio. O oficial está lá, acorrentado. Então o clérigo parece recolher-se e rezar. Mas quando levanta a cabeça, na altura de seus olhos duas bocas se unem e lhe revelam, ao lado do oficial, a presença de uma mulher que agora há pouco não estava ali. O corpo da mulher repousa horizontalmente no ar.

Nesse momento um paroxismo o agita. Parece que os dedos de cada uma de suas mãos procuram um pescoço. Mas, entre os dedos de suas mãos, céus, paisagens fosforescentes – e ele, todo branco, com a aparência de um fantasma, passa com seu navio sob abóbadas de estalactites.

O navio visto de muito longe, num mar de prata.

Em *close* aparece a cabeça do clérigo, deitado e respirando.

impressão da cópia que lhe havia sido entregue e que ela devia corrigi-lo, pois a datilografia da decupagem traz: "uma imensa camisola" (*une immense chemise de nuit*). Mais abaixo, esta indicação anotada pela própria Germaine Dulac ou por seu assistente:

Ação: Tomada feita por baixo; o clérigo arregaça as bordas do hábito (sob uma placa de vidro).

Ora, é justamente esse um dos erros de interpretação pelos quais ela será recriminada no artigo de Yvonne Allendy:

Segundo fato: a Sra. Dulac, por ter trabalhado sozinha no estúdio, sem nenhuma indicação do autor, recusou-se sistematicamente e por diversas vezes a deixá-lo assistir à montagem, trabalho de grande importância e que se tivesse sido feito diante do roteirista teria evitado erros graves como: as bordas do hábito que se transformaram em camisola, a língua que se transformou em corda, a repetição da história da chave nos corredores etc., imagens cujo sentido está desfigurado e quem têm apenas um valor técnico, sem interesse.

Das profundezas de sua boca entreaberta, do espaço entre seus cílios, desprendem-se vapores resplandecentes que se reúnem em um canto da tela, formando um cenário de cidade ou paisagens extremamente luminosas. A cabeça termina por desaparecer completamente e casas, paisagens, cidades, perseguem-se, enlaçando-se e se desenlaçando, formando uma espécie de inesperado céu de lagunas celestes, grutas com estalactites incandescentes e sob essas grutas, entre essas nuvens, em meio a essas lagunas, aparece a silhueta de um navio que passa e torna a passar, negro sob o fundo branco das cidades, branco sob os cenários de visões que, subitamente, se tornam negras.

Mas, de todos os lados, portas e janelas se abrem. A luz penetra no quarto aos borbotões. Que quarto? O quarto da bola de vidro. Serventes, criadas, invadem a sala com vassouras e baldes e se precipitam para as janelas. Por todos os lados esfrega-se com intensidade, frenesi, paixão. Uma espécie de governanta rígida, toda vestida de negro, entra com uma bíblia na mão e vai se instalar numa janela. Quando se consegue distinguir seu rosto, percebe-se que se trata, sempre, da mesma mulher bela. Num caminho, do lado de fora, vê-se um padre que se apressa e, mais adiante, uma mocinha em trajes leves, com uma raquete de tênis. Ela joga com um jovem desconhecido.

O padre penetra na casa. Criados saem de todos os lados e terminam por fazer uma fila imponente. Mas, por causa da limpeza, é necessário deslocar a bola de vidro, que nada mais é senão uma espécie de vaso cheio de água. Ela passa de mão em mão. E, por alguns instantes, tem-se a impressão de ver dentro dela uma cabeça se movendo. A governanta manda chamar os jovens que estão no jardim; o padre está lá. Reconhecemos neles, mais uma vez, a mulher e o clérigo. Parece que vão casá-los. Mas nesse momento vê-se, em todos os cantos da tela, se amontoarem e aparecerem as visões que se passavam no cérebro do clérigo adormecido. A tela é cortada em dois pela aparição de um imenso navio. O navio desaparece, mas, de uma escada que parece subir ao céu, desce o clérigo sem cabeça e carregando um pacote embrulhado em papel. Chegando à sala onde todos estão reunidos, ele retira o papel e tira dali a bola de vidro. A atenção de todos está no auge. Então ele se inclina para o chão e quebra a bola de vidro: dela sai uma cabeça, que não é outra senão a sua.

Essa cabeça faz uma careta horrenda.

Ele a segura nas mãos como um chapéu. A cabeça repousa sobre uma concha. Conforme ele aproxima a concha de seus lábios, a cabeça dissolve-se e se transforma numa espécie de líquido turvo que ele sorve, fechando os olhos.

Tradução de Sílvia Fernandes

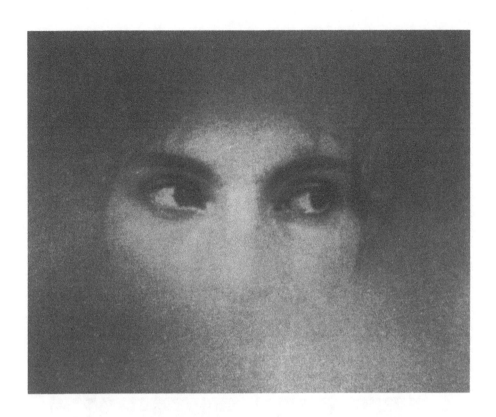

A mulher está diante dele e olha-o.

Os lustres parecem seguir os movimentos dos casais.

O padre penetra na casa.

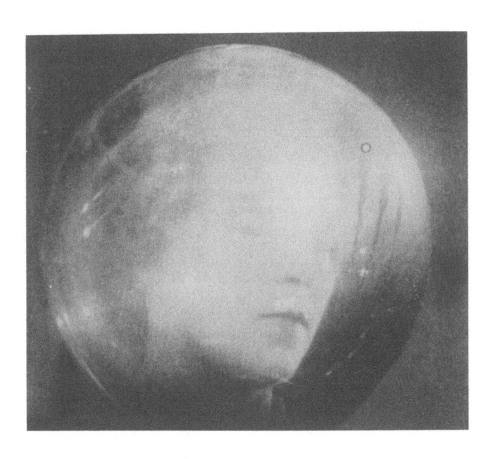

E, por alguns instantes, tem-se a impressão de ver dentro dela uma cabeça se movendo.

Resposta a uma Pesquisa[1]

1. *Que Tipo de Filme Você Gosta?*
2. *Que Tipo de Filme Você Gostaria que Fosse Criado?*

1º Gosto de *cinema*.

Gosto de qualquer tipo de filme.

Mas todos os tipos ainda estão por criar.

Acredito que o cinema pode admitir apenas um certo tipo de filme: só aquele onde todos os meios de ação sensual do cinema tiverem sido utilizados.

O cinema implica uma subversão total de valores, uma desorganização completa da visão, da perspectiva, da lógica. É mais excitante que o fósforo, mais cativante que o amor. Não podemos nos dedicar indefinidamente a destruir seu poder de galvanização pelo uso de assuntos que neutralizam seus efeitos e pertencem ao teatro.

2º Exijo, portanto, filmes fantasmagóricos, filmes poéticos, no sentido denso, filosófico da palavra; filmes psíquicos.

1. Segundo uma cópia datilografada fornecida pela Sra. Toulouse, na primeira página da qual foi anotado, no alto, à esquerda: A. Artaud. O aspecto dessa cópia (impressão, cor violeta da fita, qualidade do papel) aproxima-a das cópias datilografadas entregues para *la Révolution Surréaliste*, conservadas na Biblioteca Literária Jacques Doucet. Portanto, pode-se pensar que essa resposta foi escrita mais ou menos na época em que Antonin Artaud aderiu ao movimento surrealista: portanto, final de 1924, início de 1925. Aliás, talvez tenha sido publicada na época em alguma revista ou jornal não localizados até agora por nossas pesquisas.

O que não exclui nem a psicologia, nem o amor, nem o desnudamento de nenhum dos sentimentos do homem.

Mas filmes onde se opere uma trituração, um remanejamento das coisas do coração e do espírito, a fim de lhes conferir a virtude cinematográfica que se está buscando.

O cinema exige temas excessivos e uma psicologia minuciosa. Exige a rapidez, mas sobretudo a repetição, a insistência, a reiteração. A alma humana em todos os seus aspectos. No cinema, somos todos [ ]² – e cruéis. A superioridade e a lei poderosa dessa arte vêm do fato de seu ritmo, sua velocidade, seu caráter de distanciamento da vida, seu aspecto ilusório, exigirem um crivo cerrado e a essencialização de todos os seus elementos. Por isso ele exige de nós assuntos extraordinários, estados culminantes da alma e uma atmosfera visionária. O cinema é um notável excitante. Age diretamente sobre a massa cinzenta do cérebro. Quando o sabor da arte for aliado, em proporção suficiente, ao ingrediente psíquico que ele contém, ele deixará para trás o teatro, que relegaremos ao baú de recordações. Pois o teatro já é uma traição. Vamos ver aí muito mais os atores que as obras, pois são eles sobretudo que agem sobre nós. No cinema o ator não passa de um signo vivo. Ele é, sozinho, toda a cena, o pensamento do autor e a sequência dos acontecimentos. É por isso que nós não pensamos nessas coisas. Carlitos interpreta Carlitos, Pickford interpreta Pickford, Fairbanks interpreta Fairbanks. Eles são o filme. Não poderíamos imaginar o filme sem eles. Estão em primeiro plano, onde não incomodam ninguém. É por isso que não existem. Nada se interpõe entre nós e a obra. O cinema tem, sobretudo, a virtude de um veneno inofensivo e direto, uma injeção subcutânea de morfina. E por isso que o objeto do filme não pode ser inferior ao poder de ação do filme – deve conter o maravilhoso.

Tradução de Sílvia Fernandes

---

2. Uma lacuna no documento.

FEITIÇARIA E CINEMA[1]

Por toda parte se repete que o cinema está na infância e que assistimos apenas a seus primeiros balbucios. Confesso que não compreendo esta maneira de ver. O cinema atinge um estádio já avançado de desenvolvimento do pensamento humano[2] e beneficia-se desse desenvolvimento. Sem dúvida é um meio de expressão que materialmente não está no ponto exato. Pode-se conceber certos progressos capazes de dar ao aparelho, por exemplo, uma estabilidade e uma mobilidade que ele não possui. Teremos, provavelmente num futuro próximo, o cinema em relevo, até mesmo o cinema a cores. Mas esses são meios acessórios e que não podem acrescentar grande coisa àquilo que é o substrato do próprio cinema e[3] que faz dele uma linguagem com o mesmo valor que a música, a pintura ou a poesia. Sempre distingui no cinema uma virtude própria ao movimen-

---

1. Segundo um manuscrito fornecido pela Sra. Colette Allendy (cinco folhas encimadas por: "Café Terminus / Estação St. Lazare / Paris", utilizadas apenas na página de rosto). Sobre a primeira página está colocada uma tira de papel, trazendo essas linhas manuscritas por Yvonne Allendy: "A Sra. Germaine Dulac dirige atualmente, no Estúdio Gaumont, *A Concha e o Clérigo*, filme bastante curioso, feito de um único sonho que encerra o mistério de um drama, e cujo roteiro é a obra do poeta Antonin Artaud".

Essas poucas linhas, destinadas certamente a servir de apresentação ao texto de Antonin Artaud, mostram que ele tinha, efetivamente, intenção de publicá-lo. Talvez o tenha feito, mas o periódico em que o texto pode ter aparecido até agora não foi localizado por nossas pesquisas. Elas também nos fornecem a data de sua redação: o período em que *A Concha e o Clérigo* foi filmado, quer dizer, final de julho-agosto de 1927.

2. *O pensamento humano* substitui o *espírito humano*, riscado.

3. *E* está escrito como emenda sobre *o*.

to secreto e à matéria das imagens[4]. Há no cinema toda uma parcela de imprevisto e de mistério que não se encontra nas outras artes. É certo que toda imagem, a mais seca, a mais banal, chega transparente à tela. O menor detalhe, o objeto mais insignificante, adquirem um sentido e uma vida que lhes pertencem intrinsecamente[5]. E isso excetuando-se o valor de significação das próprias imagens, os pensamentos que elas traduzem, o símbolo que constituem. Pelo fato de isolar os objetos ele lhes dá uma vida à parte, que tende mais e mais a tornar-se independente e a destacar-se do sentido comum desses objetos. Uma folhagem, uma garrafa, uma mão etc., vivem uma vida quase animal, e que pede apenas para ser utilizada. Há também as deformações do aparelho, o uso imprevisto que faz das coisas que registra. No momento em que a imagem acontece, um detalhe no qual não se havia pensado inflama-se com um vigor singular e vai contra a impressão buscada. Há também este tipo de embriaguez física que a rotação das imagens comunica diretamente ao cérebro. O espírito insurge-se contra toda representação. Essa espécie de poder virtual das imagens vai buscar no fundo do espírito possibilidades até agora não utilizadas. O cinema é essencialmente revelador de toda uma vida oculta, com a qual nos coloca diretamente em contato. Mas essa vida oculta, é preciso saber adivinhá-la. Existe algo muito melhor que um jogo de superposições para fazer adivinhar os segredos que se agitam no fundo de uma consciência. O cinema em estado bruto, tomado tal qual é, no abstrato, libera um pouco dessa atmosfera de transe muito favorável a certas revelações. Fazê-lo servir para contar histórias, uma ação exterior, é privar-se do melhor de seus recursos, ir contra sua finalidade mais profunda. Por isso o cinema me parece feito, sobretudo, para exprimir as coisas do pensamento, o interior da consciência e não somente pelo jogo das imagens, mas por alguma coisa de mais imponderável que nos devolve as coisas em sua matéria direta, sem interposições, sem representações. O cinema acontece numa guinada do pensamento humano, neste momento preciso onde a linguagem gasta perde seu poder de símbolo, onde o espírito está enfastiado do jogo das representações. O pensamento claro não é suficiente para nós. Situa um mundo gasto até o fastio. O que é claro é o imediatamente acessível: mas o imediatamente acessível é aquilo que serve de casca à vida. Começa-se a perceber que essa vida demasiado conhecida, que perdeu todos os seus símbolos, não é toda a vida. E a época atual é bela pelos feiticeiros e pelos santos, mais bela que nunca. Toda uma substância insensível toma corpo, procura alcançar a luz. O cinema nos aproxima dessa substância. Se o cinema não for feito para traduzir os sonhos ou tudo aquilo que na vida desperta assemelha-se ao domínio dos sonhos, o cinema não existe. Nada o diferencia do teatro. Mas o cinema, justamente por ser linguagem direta e rápida, não tem necessidade de uma certa lógica lenta e pesada para viver e prosperar. O cinema vai aproximar-se cada vez mais do fantástico, esse fantástico que, perce-

4. Seguia isto, riscado: *em si.*
5. *Intrinsicamente* substitui *pessoalmente*, riscado.

FEITIÇARIA E CINEMA

bemos sempre mais[6], é na realidade todo o real, ou então não viverá. Ou melhor, o fantástico será o real do cinema, como é o da pintura, da poesia. O certo é que a maior parte das formas de representação tiveram sua época. Já faz muito tempo que toda boa pintura só serve para reproduzir o abstrato. Portanto, isso não é apenas uma questão de escolha. Não existirá de um lado o cinema que represente a vida e de outro aquele que represente o funcionamento do pensamento. Pois, cada vez mais, a vida, aquilo que chamamos de vida, vai se tornar inseparável do espírito. Um certo domínio profundo tende a aflorar à superfície. O cinema, melhor que qualquer outra arte, é capaz de traduzir as representações desse domínio, pois a ordem estúpida e a clareza habitual são suas inimigas.

A Concha e o Clérigo participa dessa busca de uma ordem sutil, de uma vida escondida que eu quis tornar plausível; plausível e tão real quanto a outra.

Para compreender este filme bastará olhar profundamente para si mesmo. Entregar-se a esse tipo de exame plástico, objetivo, atento apenas ao Eu interior, que até agora era domínio exclusivo dos "Iluminados".

Tradução de Sílvia Fernandes

---

6. *Sempre mais* substitui *cada vez mais*, riscado.

DISTINÇÃO ENTRE VANGUARDA DE CONTEÚDO E DE FORMA[1]

O público que se interessa pelo verdadeiro cinema, que está à espera da obra capaz de quebrar a rotina do cinema comercial e de lançar a cinematografia em um novo caminho, não está sem [saber][2] da existência do único filme realizado até agora segundo uma concepção verdadeiramente nova, verdadeiramente profunda:

A Concha e o Clérigo

Não se sabe que interesses de grupos ou pessoas impediram o público, até hoje, de ver esse filme. Os diretores de duas ou três salas que existem em Paris com o nome de Estúdio e que pareciam ter sido criadas com a finalidade exclusiva de lançar obras novas e fortes, realmente originais, depois de tímidas tentativas e de transações mais ou menos equívocas, renunciaram a apresentar o filme, cedendo a ameaças muito obscuras ou, talvez, bastante definidas[3].

1. Segundo uma nota manuscrita comunicada pela Sra. Colette Allendy, com certeza escrita para servir de apresentação a *A Concha e o Clérigo* na época que Yvonne Allendy pensa alugar, ela mesma, uma sala para projetar o filme em agosto de 1927 (cf. nota 1, p. 157).

2. Antonin Artaud deve ter tido primitivamente a intenção de escrever *não ignora*, o que o fez cometer aqui um lapso e escrever: *não está sem ignorar*.

3. Uma variante para o fim desse parágrafo está anotada debaixo do título no espaço deixado entre o título e a primeira frase: *retirando-se sob pretextos falaciosos que designam seu medo e escondem não sei que cabala com qual o cinema nada tem a ver, porém o mais odiosos interesses de paróquias e de pessoas.*

Parágrafo depois do qual se encontra a seguinte frase riscada: *Não poderia acontecer entretanto que o público não o veja e ele o verá a partir de tal data na sala Adyar.*

Mas[4] pela primeira vez a união de todos os interesses, de todas as forças más, deverá ceder e o público poderá ver a partir de..., na sala Adyar, uma obra realmente significativa, cujas inovações não consistirão em múltiplos achados técnicos, em jogos de formas exteriores e superficiais, mas na profunda[5] renovação da matéria plástica das imagens, numa verdadeira liberação, liberação de modo algum casual, mas necessária e precisa, de todas as forças sombrias do pensamento[6].

Tradução de Sílvia Fernandes

4. *Mas* substitui *assim*, riscado.

5. *Na profunda* substitui *em uma*, riscado.

6. Nos papéis de Yvonne Allendy encontravam-se os rascunhos de um artigo, escrito por sua mão. No que parece ser a primeira forma pode-se realçar o seguinte parágrafo:

ESTE FILME O PÚBLICO NÃO VIU AINDA *porque os diretores das duas salas ditas Estúdios de vanguarda que pareciam ter sido fundadas apenas para apresentar obras novas e fortes, verdadeiramente originais, continuam a mostrar filmes que estariam realmente em seu lugar nos palácios de boulevard*, que não deixa de lembrar o segundo parágrafo de *Distinção entre Vanguarda de Conteúdo e de Forma*. Parece pois quase certo tratar-se de um artigo ditado a Yvonne Allendy por Antonin Artaud. Cabe supor que se tratava de notas destinadas à imprensa para lançar *A Concha e o Clérigo* e que a partir de seu manuscrito, Antonin Artaud ditou uma versão um pouco diferente a fim de não publicar inteiramente o mesmo texto em diversos jornais. Eis o que parece ser a última forma desse artigo.

UM ESCÂNDALO

Há seis meses a imprensa discute com paixão um filme verdadeiramente de vanguarda que traz ao cinema uma concepção verdadeiramente nova: A Concha e o Clérigo.

ESTE FILME O PÚBLICO NÃO VIU AINDA e *isto porque as salas ditas Estúdios de vanguarda são na realidade consagradas à estúpida produção comercial que mata o cinema e insulta o público pretendendo colocá-lo em seu nível.*

Estas pequenas salas medrosas e cupidas jamais revelaram nada, nem os Carlitos,
nem Malec
nem Caligari
nem Nosferatu
nem os grandes filmes russos
nem nenhuma das obras que quebram o quadro estreito que encerra voluntariamente *na França a cinematografia.*

Elas continuam "não ousando" dar o primeiro filme-sonho: A Concha e o Clérigo *de Antonin Artaud, realização de Germaine Dulac.*

Este filme "inquietante" será apresentado em sés noites a partir de amanhã... Na sala Adyar, acompanhado de...
endereço: 4 Square Rapp, Paris 7e,
preços dos lugares: 5 e 7 francos

O emprego da expressão *filme-sonho* tenderia a provar que Antonin Artaud não tenha visto ainda o filme quando esta nota foi redigida; do contrário, ele não a teria deixado passar, pois ele censura antes de tudo Germaine Dulac por ter feito de *A Concha e o Clérigo* o relato de um sonho. Em novembro de 1927, ele tomará o cuidado de especificar que seu argumento não era *a reprodução de um sonho* (cf. p. 160). No entanto, numa entrevista concedida à Lydie Lacaze, Germaine Dulac continuará a afirmar o contrário: *Você poderá ver, em janeiro, nas Ursulinas, meu último filme de vanguarda* A Concha e o Clérigo. *Não há história, é simplesmente um sonho* (*La Rumeur*, 12 de janeiro de 1928).

O Cinema e a Abstração[1]

O cinema puro é um erro, assim como é um erro, em qualquer arte, todo esforço para alcançar o princípio desta arte em detrimento de seus meios objetivos de representação. É um princípio essencialmente terreno que as coisas só possam agir sobre o espírito através de um certo estado de matéria, um mínimo de forças substanciais suficientemente concretizadas. Talvez exista uma pintura abstrata, que prescinde de objetos, mas o prazer que se obtém dela tem certa aparência hipotética, com que o espírito, é bem verdade, pode satisfazer-se. O primeiro grau do pensamento cinematográfico parece estar na utilização de objetos e formas existentes aos quais se pode fazer dizer tudo, pois as disposições da natureza são profundas e verdadeiramente infinitas.

A Concha e o Clérigo lida com a natureza criada e exercita-se em fazê-la restituir um pouco do mistério de suas combinações mais secretas. Portanto, não se deve procurar aí uma lógica ou uma ordem que não existem nas coisas, mas, ao contrário, interpretar as imagens que se desenvolvem no sentido da sua significação essencial, íntima, uma significação interior, e que vai de fora para den-

---

1. *O Mundo Ilustrado*, nº 3.645, de 29 de outubro de 1927. Precedido desta apresentação, que pode ter sido escrita por Yvonne Allendy:

Alguns pensam que o cinema vai encontrar seu verdadeiro caminho na expressão das imagens subjetivas. Esta é a ousada proposta do poeta Antonin Artaud, comum roteiro fato de um único sonho, A Concha e o Clérigo, que será brevemente apresentado ao público. A Sra. Germaine Dulac teve o mérito de aceitar dirigi-lo e era preciso todo seu talento para tentar restituir a tais imagens a luz, o movimento e a atmosfera que lhe são próprios. O autor do roteiro expõe aqui sua concepção de uma semelhante busca.

tro. *A Concha e o Clérigo* não conta uma história, mas desenvolve uma sequência de estados de espírito que derivam uns dos outros, como o pensamento deriva do pensamento, sem que esse pensamento reproduza a ordem racional dos fatos. Do choque dos objetos e dos gestos derivam verdadeiras situações psíquicas, em meio às quais o pensamento aprisionado procura uma saída sutil. Nada existe aí a não ser em função das formas, dos volumes, da luz, do ar – mas sobretudo em função do sentido de um sentimento liberado e nu, que escorrega por entre os caminhos pavimentados de imagens e atinge uma espécie de céu onde desabrocha inteiramente.

As personagens aí são apenas cérebros e corações. A mulher ostenta seu desejo animal em forma de desejo, a cintilação fantasmagórica do instinto que a impele a ser uma e, sem cessar, diferente em suas repetidas metamorfoses.

A senhorita Athanasiou soube confundir-se muito bem com um papel todo instinto e onde uma sexualidade muito curiosa adquire um aspecto de fatalidade que ultrapassa a personagem enquanto ser humano e sintetiza o universal. Eu também só tenho elogios para os senhores Alex Allin e Bataille. E, para terminar, quero agradecer muito especialmente à Sra. Germaine Dulac, que soube reconhecer o interesse de um roteiro que busca introduzir-se na própria essência do cinema e não se ocupa em fazer alusões, nem à arte, nem à vida.

Tradução de Sílvia Fernandes

A Concha e o Clérigo (II)[1]

A Concha e o Clérigo, antes de ser um filme, é um esforço ou uma *ideia*.

Escrevendo o roteiro de *A Concha e o Clérigo* julguei que o cinema possuía uma substância própria, verdadeiramente mágica, verdadeiramente cinematográfica, que ninguém ainda havia pensado em separar. Essa substância, distinta de toda espécie de representação ligada às imagens, participa da própria vibração e do nascimento inconsciente, profundo do pensamento.

Ele se liberta subterraneamente das imagens e deriva, não de seu sentido lógico e necessário, mas de sua mistura, sua vibração e seu choque. Pensei que se podia escrever um roteiro que não levasse em conta apenas o conhecimento e a ligação lógica dos fatos, mas que, além disso, fosse procurar no nascimento oculto e nas divagações do sentimento e do pensamento as razões profundas, os impulsos ativos e obscuros de nossos atos chamados lúcidos, *mantendo* seus movimentos no domínio dos nascimentos e aparições. Chegou o momento de dizer até que ponto esse roteiro pode assemelhar-se e aparentar-se à *mecânica do sonho* sem ser, realmente, um sonho, por exemplo. Chegou o momento de dizer até que ponto ele recupera a pura elaboração do pensamento. Assim o espírito, entregue a si mesmo e às imagens, infinitamente sensibilizado, dedicado em não perder nada das inspirações do pensamento sutil, está totalmente pronto a reencontrar suas funções primeiras, antenas voltadas para o invisível, para recomeçar uma ressurreição da morte.

1. *Cahiers de Belgique*, nº 8, outubro de 1928.

É este, pelo menos, o pensamento ambicioso que inspirou esse roteiro, que, de qualquer maneira, supera os limites de uma simples narração ou das questões, habituais no cinema, de música, ritmo ou estética, para colocar a questão da *expressão* em todos os seus domínios e toda sua extensão.

Tradução de Sílvia Fernandes

A Velhice Precoce do Cinema[1]

Quiseram estabelecer uma distinção de conteúdo, uma espécie de partilha de essências entre dois ou três tipos de cinema.

De um lado surge o cinema dramático, onde o acaso, quer dizer, o imprevisto, quer dizer, a poesia, é em princípio suprimido. Não há nenhum detalhe que não provenha de uma escolha absolutamente consciente do espírito, que não seja estabelecido com vistas a um resultado determinado e seguro. A poesia, se é que existe poesia, é de ordem intelectual; apoia-se sobre a ressonância particular dos objetos do sensível somente depois, no momento em que eles entram em contato com o cinema.

De outro lado – e este é o último refúgio dos partidários do cinema a qualquer preço – há o cinema documentário. Aqui uma parte preponderante é deixada à máquina e ao desenvolvimento espontâneo e direto dos aspectos da realidade. A poesia das coisas tomadas em seu aspecto mais inocente, e pelo lado em que se ligam ao exterior, é totalmente empregada.

Quero, ao menos uma vez, falar do cinema em si, estudá-lo em seu funcionamento orgânico e ver como ele se comporta quando entra em contato com o real.

*

* *

1. *Les Cahiers jaunes*, nº especial Cinema 33 (nº 4, 1933).

A objetiva que perscruta o centro dos objetos cria seu mundo e é possível que o cinema se coloque no lugar do olho humano, que pense por ele, que passe o mundo por seu crivo e que, através desse trabalho de exclusão ordenado e mecânico, deixe sobreviver apenas o melhor. O melhor, quer dizer, o que vale a pena ser retido, esses farrapos de aparências que flutuam à superfície da memória e dos quais, parece que automaticamente, a objetiva filtra o resíduo. A objetiva classifica e digere a vida, propõe à sensibilidade, à alma, um alimento inteiramente pronto e nos coloca diante de um mundo acabado e seco. Aliás, não é certo que ela realmente só deixe passar o significativo e o melhor daquilo que vale a pena ser registrado. Pois é preciso notar que sua visão de mundo é fragmentária, que por mais válida que seja a melodia que ela consegue criar entre os objetos, essa melodia tem, se podemos dizê-lo, dois gumes.

Por um lado obedece ao arbitrário, às leis internas da máquina de olho fixo – por outro, é o resultado de uma vontade humana particular, vontade precisa e que também tem seu lado arbitrário.

O que se pode dizer, nessas condições, é que à medida que o cinema é deixado sozinho diante dos objetos, impõe-lhes uma ordem, uma ordem que o olho reconhece como válida, e que responde a certos hábitos exteriores da memória e do espírito. E a questão que se coloca aqui é de saber se esta ordem continuaria a ser válida nos casos em que o cinema quisesse dar um impulso mais profundo à experiência e nos propusesse não apenas certos ritmos da vida habitual que o olho e o ouvido reconhecessem, mas os conflitos obscuros e amortecidos daquilo que se dissimula sob as coisas, ou as imagens esmagadas, pisoteadas, distendidas ou densas daquilo que fervilha nas últimas camadas do espírito.

O cinema, apesar de não ter necessidade de uma linguagem, de uma convenção qualquer para nos fazer juntar os objetos, não consegue substituir a vida; são pedaços de objetos, recortes de aspectos, *puzzles* inacabados de coisas que ele une para sempre entre si. Isto é muito importante, sob qualquer ponto de vista, pois é preciso saber que o cinema nos mostra um mundo incompleto, e visto de um só ângulo – e é uma felicidade que este mundo esteja fixado para sempre em seu inacabamento, pois se por milagre os objetos fotografados, dispostos sobre a tela, pudessem mover-se, nem ousamos pensar na imagem de nada, na quebra das aparências que eles conseguiriam provocar. Quero dizer que a imagem de um filme é definitiva e sem retorno e, se ela permite uma seleção e uma escolha antes da exibição das imagens, proíbe as imagens em ação de mudarem ou se superarem. É incontestável. E ninguém pode querer que um gesto humano seja perfeito, que não tenha possibilidade de melhorar sua ação, seu movimento, sua comunicação. O mundo cinematográfico é um mundo morto, ilusório, despedaçado; além de não abarcar as coisas, não penetrar no centro da vida, de reter apenas a epiderme das formas e aquilo que um ângulo visual muito restrito pode reunir delas, proíbe todo reexame e toda repetição, o que é uma das condições mais importantes da ação mágica, do dilaceramento da sensibilidade. Não se refaz a vida. As ondas vivas, inscritas para sempre em um certo número de vibrações fixas, são ondas mortas. O mundo do cinema é um mundo fechado, sem relação com a existência.

Sua poesia não está além, mas aquém das imagens. Quando atinge o espírito, sua força desagregadora se despedaçou. Certamente existiu a poesia em torno da objetiva, mas antes da filmagem pela objetiva, antes da inscrição sobre a película.

Além disso, a partir do cinema falado, as elucidações da palavra detêm a poesia inconsciente e espontânea das imagens; a ilustração e a conclusão do sentido de uma imagem pela palavra mostram os limites do cinema. A suposta magia mecânica de um ronronar visual constante não resistiu ao choque da palavra, que fez com que essa magia mecânica aparecesse para nós como a consequência de uma surpresa puramente fisiológica dos sentidos. Cansamo-nos rapidamente das perigosas belezas do cinema. Ter os nervos massageados, de modo mais ou menos feliz, pelas cavalgadas abruptas e inesperadas de imagens, cujo desenrolar e cuja aparição mecânica escapam às leis e à própria estrutura do pensamento, poderia agradar a alguns estetas do obscuro e do inexprimível, que procuram sistematicamente essas emoções, sem jamais estarem certos de que elas pudessem aparecer. Esse acaso e esse inexprimível faziam parte do encantamento delicado e sombrio que o cinema exercia sobre o espírito. Tudo isso unido a algumas outras qualidades mais específicas que todos nós íamos procurar nele.

Sabíamos que as virtudes, as mais características e as mais marcantes do cinema, eram sempre, ou quase, efeito do acaso, quer dizer, de um tipo de mistério cuja fatalidade não conseguíamos explicar.

Nessa fatalidade havia uma espécie de emoção orgânica, onde o crepitar objetivo e seguro da máquina misturava-se e se opunha à divertida aparição dos objetos da realidade; mas, passando a vida a seu ritmo próprio, creio que o humor do cinema nasce em parte dessa segurança relacionada ao ritmo de fundo, sobre o qual se bordam (nos filmes cômicos) todas as fantasias de um movimento mais ou menos irregular e veemente. Apesar disso, com exceção desse tipo de racionalização da vida, cujas ondas e cujas ramagens, quaisquer que sejam elas, são esvaziadas de sua plenitude, de sua densidade, de sua extensão, de sua frequência interior pelo arbitrário da máquina, o cinema continua sendo uma forma fragmentária e, como já disse, estratificada e congelada, de tomar posse do real. Todas as fantasias relacionadas ao emprego da câmera lenta ou da aceleração aplicam-se apenas a um mundo fechado de vibrações, que não tem a faculdade de se enriquecer ou se alimentar de si próprio; o mundo imbecil das imagens, agarrado como visco às miríades de retinas, não completará jamais a imagem que se pode fazer dele.

Portanto, a poesia que não pode desvencilhar-se de tudo isso não passa de poesia eventual, poesia do que poderia ser; e não é do cinema que devemos esperar a restituição dos mitos do homem e da vida atual.

Tradução de Sílvia Fernandes

Os Sofrimentos do *Dubbing*[1]

O cinema falado viu nascer profissões estranhas, empregos estranhos e atividades estranhas. O que se chama de *dubbing* em linguagem de cinema, e que corresponde à palavra francesa dublagem, contém a ideia implícita de algo mais perfeito e mais sábio que a simples dublagem – o *dubbing*, portanto, é uma dessas atividades e [um][2] desses procedimentos híbridos que o bom gosto repele, que não satisfazem nem ao olho nem ao ouvido[3] e que, no entanto, a América impõe em seus filmes e a maioria do público francês recebe.

Cronologicamente o *dubbing* sucede à sincronização simples. O cinema falado, que acredita ter descoberto a sincronização absoluta do som e da imagem e, com muita frequência, no momento de apresentá-lo juntos, vê um separar-se do outro e constata que não se ajustam mais, apela com muito mais frequência do que se acredita para a dublagem comum; aplica, em seguida, sons sobre as imagens, e pede aos atores para repetirem sem ver a imagem, diante do microfone simplesmente, cenas que exigiriam uma absoluta simultaneidade. Usou-se e abusou-se da dublagem simples, da sincronização comum.

---

1. Segundo um manuscrito pertencente à Sra. Anie Faure, que nos foi enviado pelo Sr. René Thomas. Antonin Artaud utilizará o verso das cinco folhas que constituem esse manuscrito para as páginas 6, 5, 4 e 3 de *A Anarquia*. Portanto, podemos datar esse texto de 1933, aproximadamente.

2. Palavra faltante no manuscrito.

3. *nem ao olho nem ao ouvido* substitui *nem ao espírito nem aos sentidos*, riscado.

Nos filmes falados em todas as línguas, e línguas onde o acento tônico impõe aos atores que as falam uma surpreendente ginástica dos músculos faciais, tentou-se aplicar a *dicção*, a uniforme dicção francesa, essa dicção monocórdia onde nada se destaca; e isso dava mais ou menos a impressão de uma enorme tempestade que fosse reduzida, para o ouvido, ao ruído de um simples "tu tu".

Era a época em que produtoras francesas de vida curta, antigos saltimbancos que se improvisam comerciantes de filmes, e que circulam ainda hoje com seu camelô cinematográfico nas feiras e mercados de gado, compravam por atacado o filme, mudo ou não, e mandavam-no dublar por [qualquer][4] vedete dos teatros de periferia – que jamais saiu da periferia.

Onde na tela a vedete alemã ou americana se surpreendia, fechando a boca, ouvia-se no amplificador uma imprecação; onde a vedete, contraindo os lábios, emitia como que um silvo, ouvia-se um baixo cavernoso, um murmúrio ou qualquer coisa assim. Se por acaso um filme dublado nessas condições passava em uma sala voltada para os Boulevards ou arredores, a sala urrava, e era justo. Quebraram o pau muitas vezes nas salas de projeção no início do cinema falado.

Mas, à custa de fazer tolices, o cinema acabou por se sentir esperto. Fazer bons filmes franceses na França – com algumas raras exceções recentes – ninguém jamais sonhou. E depois, não se encontrou a maneira. Quer dizer, a tradição. A América possuía a tradição e a técnica. Apesar disso, não iríamos recusar a produção falada americana, sob o pretexto de ser em uma língua que a França não compreendia[5]. Por outro lado, não se podia mais mostrar ao público essas dublagens baratas, que se contentam em passar um texto de uma língua para outra. Foi então que a América teve uma ideia engenhosa, uma ideia nova: inventou o *dubbing*. O *dubbing*, quer dizer, a dublagem, mas por equivalência de dicção. Era simples! e nós todos havíamos pensado nisso. Mas era preciso fazê-lo e a América o fez.

Daí em diante começavam a ter importância, nos estúdios de filmagem sonora, os músculos faciais dos atores. A uma certa abertura de boca, na língua original em que o filme foi rodado, devia corresponder uma abertura de boca idêntica, um igual estremecimento da face, na língua do sincronizador. E foi aqui que a comédia começou. A Comédia, mas não a da tela, a da Vida. A comédia da corrida dos atores de todas as classes, que querem todos sincronizar, já que [ ][6], e a comédia da impotência, dos sofrimentos e dos ridículos dos *dubbing*.

Há sobretudo a comédia-tragédia da Metro Goldwyn, da Universal, ou da Fox, que empregam atores e atrizes franceses por salários de fome de 125 a 150 dólares por semana e que os despedem depois de três meses. Quem são esses atores? Fracassados? Não. Azarados? Talvez! Aventureiros? Alguns. Atrizes reconhecidas, mas que o tempo ou as peças não favorecem, cujo temperamento agi-

---

4. Palavra faltante no texto.

5. Este início era seguido da frase riscada: *Pensar em dublar pura e simplesmente o ator americano na tela por um ator francês* [...]

6. Faltam algumas palavras no manuscrito.

tado não se acomoda mais ao nosso teatro para espectador provinciano ou para sádico aposentado e sem imaginação, vão para a América, de segunda classe, com coleções de vestidos que as luzes de nenhum projetor se arriscará a iluminar. Elas colocarão suas vozes francesas na densa boca de Marlene Dietrich, na boca polpuda e dura de Joan Crawford, ou na boca cavalar de Greta Garbo. Para uma mulher habituada a representar com seu corpo, para uma atriz que pensa e sente com todo seu físico do mesmo modo que com sua cabeça ou sua voz, para quem o físico, o encanto ou o famoso *sex appeal* são quase tudo, o sacrifício é duro. Menos duro que algo ainda mais terrível e, em minha opinião, completamente diabólico, que o *dubbing* reserva aos verdadeiros atores e que os diretores das produtoras de cinema americanas e especialmente o Sr. Alan Beer, da Metro Goldwyn Mayer de Paris, que fui entrevistar sobre esse assunto, não tiveram o cuidado de reconhecer ou confessar. Mas este ponto de vista é o da personalidade e, ousaria dizer, o ponto de vista da alma, que a civilização tão evoluída das "Américas" acha mais conveniente negar. Ou melhor, nega-o quando isso desfavorece seus negócios, mas quando se trata da personalidade mais ou menos fabricada de uma vedete carregada pelas multidões, então sacrificará qualquer consideração sobre o altar dessa personalidade. Acha bom e plenamente justificável que essa personalidade, novo Moloch, absorva tudo[7].

Tradução de Sílvia Fernandes

---

7. Esta última frase substitui outra, riscada: *Então essa personalidade, novo Moloch, absorve tudo.*

Na Pintura

UCCELLO O PELO[1]

para Génica[2]

Uccello, meu amigo, minha quimera, tu viveste com este mito de pelos. A sombra desta grande mão lunar, onde imprimes as quimeras de teu cérebro, não chegará nunca até a vegetação de tua orelha, que vira e formiga à esquerda com os ventos de teu coração. A esquerda os pelos, Uccello, à esquerda os sonhos, à esquerda as unhas, à esquerda o coração. E à esquerda que todas as sombras se abrem, naves, assim como orifícios humanos. A cabeça deitada sobre esta mesa onde a humanidade inteira soçobra, que outra coisa estás vendo senão a sombra imensa de um pelo. De um pelo como duas florestas, como três unhas, como um capinzal de cílios, como de um ancinho nas relvas do céu. Estrangulado o mundo, e suspenso, e eternamente vacilante sobre as planuras desta mesa plana onde tu inclinas tua cabeça pesada. E junto de ti quando interrogas as faces, o que vês, além de uma circulação de ramos, uma treliça de veias, o traço minúsculo de uma ruga, a ramagem de um mar de cabelos. Tudo está girando, tudo é vibrátil, e o que vale o olho despojado de seus cílios? Lava, lava os cílios, Uccello, lava as linhas, lava o traço tremulante dos pelos e das rugas sobre estes rostos pendurados de mortos que te olham como ovos, e em tua palma monstruosa e cheia de lua como uma

---

1. Publicado originalmente em *la Révolution Surréaliste*, no mesmo número em que aparece "Carta à Vidente" (nº 8, 1º de dezembro de 1926). Algumas variantes.

2. Devido à ruptura com Génica Athanasiou a dedicatória foi suprimida na edição Denoël.

iluminação de fel, eis ainda o traço augusto de teus pelos[3] que emergem com suas linhas finas como os sonhos em teu cérebro de afogado. De um pelo a outro, quantos segredos e quantas superfícies. Mas dois pelos um ao lado do outro, Uccello. A linha ideal dos pelos intraduzivelmente fina e duas vezes repetida. Há rugas que dão a volta nos rostos e se prolongam até o pescoço, mas sob os cabelos também há rugas, Uccello. Por isso podes dar[4] toda a volta deste ovo que pende entre as pedras e os astros, e que sozinho possui a animação dupla dos olhos.

Quando tu pintaste teus dois amigos e a ti mesmo em um tela bem adaptada, deixaste sobre a tela como que a sombra de um estranho algodão, em que discirno teus pesares e tua pena, Paolo Uccello, mal iluminado. As rugas, Paolo Uccello, são laços, mas os cabelos são línguas. Em um de teus quadros, Paolo Uccello, eu vi a luz de uma língua na sombra fosforescente dos dentes. É pela língua que alcanças a expressão viva nas telas inanimadas. E é por aí que eu vi, Uccello todo enfaixado em tua barba, que tu me havias de antemão compreendido e definido. Bendito sejas, tu que tiveste a preocupação rochosa e terrena da profundeza. Tu viveste nesta ideia como num veneno animado. E nos círculos desta ideia giras eternamente e eu te persigo às cegas tendo como fio a luz desta língua que me chama do fundo de uma boca miraculada. A preocupação terrena e rochosa da profundeza, eu que careço de terra em todos os graus. Presumiste verdadeiramente minha descida neste baixo mundo com a boca aberta e o espírito perpetuamente espantado? Presumiste estes gritos em todos os sentidos do mundo e da língua, como de um fio perdidamente desemaranhado. A longa paciência das rugas é o que te salvou de uma morte prematura. Pois, eu sei, tu nasceste com o espírito tão oco quanto eu mesmo, mas este espírito, tu pudeste fixá-lo em menos coisas ainda que o traço e o nascimento de um cílio. Com a distância de um pelo, tu te balanças sobre um abismo terrível e do qual estás, no entanto, para sempre separado.

Mas abençoo também, Uccello, pequeno garoto, pequeno pássaro, pequena luz dilacerada, eu abençoo teu silêncio tão bem plantado. A exceção destas linhas que fazes brotar da cabeça[5] como uma folhagem de mensagens, não resta de ti senão o silêncio e o segredo de tua túnica fechada. Dois ou três signos no ar, qual é o homem que pretende viver mais que estes três signos, e ao qual, ao longo das horas que o cobrem, se pensaria pedir mais que o silêncio que os precede ou que os segue. Eu sinto todas as pedras do mundo e o fósforo do espaço, que minha passagem arrasta, abrir seu caminho através de mim. Eles formam as palavras de uma sílaba negra nas pastagens de meu cérebro. Tu, Uccello, tu estás aprendendo a não ser mais que uma linha e o pavimento elevado de um segredo.

Tradução de J. Guinsburg

3. ... *os traços augustos de teus pelos...*

4. *Assim podes dar...* (*Ainsi tu peux faire...*) Cabe perguntar-se se a lição da edição Denoël: *aussi*, (*por isso*), não se deve a uma falha de impressão.

5. ... *que fazes brotar da tua cabeça...*

A Bigorna das Forças[1]

Este fluxo, esta náusea[2], estas correias, é n'*isto* que começa o Fogo. O fogo das línguas. O fogo tecido em espirais de línguas, no espelhamento da terra que se abre como um ventre em parto, de entranhas de mel e açúcar. De toda a sua ferida obscena ele boceja este ventre mole, mas o fogo boceja sobretudo em línguas torcidas e ardentes que carregam em sua ponta suspiros como de sede. Este fogo torcido como nuvens na água límpida, tendo ao lado a luz que traça uma régua e cílios. E a terra com todas as partes entreabertas e mostrando áridos segredos. Segredos como superfícies. A terra e seus nervos e suas pré-históricas solidões, a terra de geologias primitivas, onde se descobrem os sopés do mundo numa sombra negra como carvão. – A terra é mãe sob o gelo de fogo. Vejam o fogo nos Três Raios, com o coroamento de sua crina onde pululam olhos. O centro ardente e convulso deste fogo é como a ponta esquartejada do trovão no cimo do firmamento. O centro branco das convulsões[3]. Um absoluto de fulgor na balbúrdia da força. A ponta medonha da força que se quebra na algazarra toda azul.

Os Três Raios fazem um leque cujos ramos caem a pique e convergem para o mesmo centro. Este centro é um disco leitoso recoberto de uma espiral de eclipses.

1. Publicado originalmente em *la Révolution Surréaliste* (nº 7, 5 de junho de 1926). Algumas variantes.
2. *Este rio, esta náusea,...*
3. O *centro branco do firmamento.*

A sombra do eclipse faz um muro sobre os ziguezagues da alta alvenaria celeste.

Mas acima do céu está o Duplo-Cavalo. A evocação do Cavalo banha-se na luz da força, sobre um fundo de parede puído e premido até o limite. O limite de seu duplo peitoral. E nele o primeiro dos dois é muito mais estranho que o outro. É ele quem reúne o fulgor do qual o segundo não é senão a sombra pesada.

Mais baixo ainda que a sombra da parede, a cabeça e o peitoral do cavalo fazem uma sombra, como se toda a água do mundo elevasse o orifício de um poço.

O leque aberto domina uma pirâmide de cimos, um imenso concerto de cumes. Uma ideia de deserto plana sobre estes cumes, acima dos quais um astro descabelado flutua, horrivelmente, inexplicavelmente suspenso. Suspenso como o bem no homem, ou o mal no comércio do homem com o homem, ou a morte na vida. Força giratória dos astros.

Mas atrás desta visão de absoluto, deste sistema de plantas, de estrelas, de terrenos talhados até o osso, atrás desta ardente floculação de germes, desta geometria de pesquisas, deste sistema giratório de cumes, atrás desta relha plantada no espírito e deste espírito que desprende suas fibras, descobre seus sedimentos, atrás desta mão de homem, enfim, que imprime seu polegar duro e desenha suas apalpadelas, atrás desta mescla de manipulações e cérebro, e destes poços em todos os sentidos da alma, e destas cavernas da realidade,

ergue-se a Cidade de muralhas bardadas, a Cidade imensamente alta, e que não tem de modo algum em demasia o céu para lhe dar um teto onde plantas crescem em sentido inverso e com uma velocidade de astros lançados.

Esta cidade de cavernas e muros que projeta sobre o abismo absoluto arcos cheios e porões como pontes.

Quanto se desejaria, no vão destes arcos, na arcada destas pontes, inserir a cava de um ombro desmesuradamente grande, de um ombro onde se espalha o sangue. E colocar o corpo em repouso, e a cabeça onde formigam os sonhos, sobre o rebordo destas cornijas gigantes onde se dispõe o firmamento.

Pois um céu de Bíblia está em cima de onde correm nuvens brancas. Mas as doces ameaças destas nuvens. Mas as tormentas. E este Sinai cujas faíscas elas deixam varar. Mas a sombra trazida da terra, e a iluminação ensurdecida e gredosa. Mas esta sombra em forma de cabra, enfim, e este bode! E o Sabá das Constelações.

Um grito para reunir tudo isto e uma língua para me pendurar aí.

Todos estes refluxos começam em mim.

Mostrem-me a inserção da terra, a dobradiça de meu espírito, o começo terrível de minhas unhas. Um bloco, um imenso bloco falso me separa de minha mentira. E este bloco é da cor que se quiser.

O mundo baba nele como o mar rochoso, e eu com os refluxos do amor.

A BIGORNA DAS FORÇAS

Cachorros, quando vão parar de rolar seus seixos sobre minha alma. Eu. Eu. Virem a página das caliças. Eu também espero a areia celeste e a praia que não tem mais limites. É preciso que este fogo comece em mim. Este fogo e estas línguas, e as cavernas de minha gestação. Que os blocos de gelo voltem a encalhar sob meus dentes. Eu tenho o crânio espesso, mas a alma lisa, um coração de matéria encalhada. Tenho ausência de meteoros[4], ausência de sopros inflamados. Eu procuro em minha garganta nomes, e como que o cílio vibrátil das coisas. O odor do nada, um bafo de absurdo, o estrume da morte inteira... O humorismo ligeiro e rarefeito[5]. Eu também não espero senão o vento. Que ele se chame amor ou miséria, não poderá me encalhar a não ser numa praia de ossadas.

Tradução de J. Guinsburg

4. *Tenho uma ausência de meteoros...*
5. *O humor ligeiro e rarefeito.*

O Autômato Pessoal[1]

para Jean de Bosschère

Ele diz que me vê com uma grande preocupação de sexo. Mas de um sexo estirado e soprado como um objeto. Um objeto de metal e lava fervente, cheia de radicelas, de ramos que o ar prende.

A espantosa tranquilidade do sexo que tantas ferragens preenchem. Todos estes ferros que reúnem o ar em todos os sentidos.

---

1. Originalmente publicado no *Cahiers d'Art* (ano 2, nº 3, 1927) onde aparecia ilustrado pelo quadro de Jean de Bosschère, O *Autômato*, que Artaud comentava, o texto foi profundamente remanejado para a publicação em *l'Art et la Mort*.

O texto primitivo foi publicado novamente na *Hommage à Antonin Artaud* pela revista *France-Asie* (nº 30, setembro 1948). A homenagem abria-se com páginas extraídas do *Journal d'un rebelle solitaire*, de Jean de Bosschère (que entrementes subtraíra um *s* de seu nome). Esta nova publicação foi precedida de um nariz-de-cera onde se podia ler: *Pouco tempo após a morte de Antonin Artaud em Ivry, em 4 de março de 1948, Les Nouvelles Littéraires lembravam a amizade que, desde o primeiro encontro, se estabeleceu entre Artaud e Boschère. Eles haviam se visto muito pouco ainda, quando Artaud pediu a Boschère, que é às vezes pintor, que fizesse o seu retrato. Ora, este retrato, Boschère o havia pintado na véspera e de memória. O que Artaud pensava sobre esta pintura foi publicado nos* Cahiers d'An *sob o título*: O Autômato Pessoal, *em um número que se tornou extremamente raro. Mais tarde, amputado por um editor prudente, o artigo foi incluído em* l'Art et la Mort.

Esta alegação parece destituída de todo fundamento. As passagens do texto inicial que vieram a ser suprimidas, não o foram certamente por Robert Denöel, mas antes porque Antonin Artaud, inserindo o texto em *l'Art et la Mort*, quis, como se verá, lhe tirar todo o caráter de personalização.

E em cima uma ardente crescença, uma ervagem nodosa e delgada que toma raiz neste acre terriço. E ela cresce com uma gravidade de formiga, uma ramagem de formigueiro que escava cada vez mais à frente no solo. Ela cresce e escava esta folhagem tão atrozmente negra, e à medida que escava, dir-se-ia que o solo se distancia, que o centro ideal de tudo se concentra em torno de um ponto mais e mais delgado.

Mas todo este tremor em um corpo exposto com todos os seus órgãos, as pernas, os braços movendo-se com seu ajustamento de autômato, e ao redor das rotundidades da garupa que cinge o sexo bem fixado, rumo a estes órgãos[2] cuja sexualidade aumenta, sobre os quais a sexualidade eterna cresce, se dirige uma revoada de flechas lançadas de fora do quadro. Como nas ramagens de meu espírito, há esta barreira de um corpo e de um sexo que está ali, como uma página arrancada, como um farrapo desenraizado de carne[3], como a abertura de um relâmpago e do raio sobre as paredes lisas do firmamento.

Mas alhures há esta mulher vista de costas que representa muito bem a silhueta convencional da feiticeira.

Mas seu *peso* está fora das convenções e das fórmulas. Ela se estende como uma espécie de pássaro selvagem nas trevas que ela reúne em torno de si, e das quais ela faz uma espécie de espesso manto.

A ondulação do manto é um signo tão forte que sua simples palpitação basta para significar a feiticeira e a noite em que ela se estende. Esta noite acha-se em relevo e em profundidade, e sobre a perspectiva mesma[4], que parte do olho, se espalha um maravilhoso jogo de cartas que fica como em suspensão sobre uma água. A luz das profundezas engancha o canto das cartas. E paus em profusão anormal flutuam como asas de insetos negros.

Os *bas-fonds* não são bastante fixos a ponto de interditarem[5] toda ideia de queda. São como o primeiro patamar de uma queda ideal cujo quadro mesmo dissimula o fundo.

Há uma vertigem cujo rodopio tem dificuldade de se desprender das trevas, uma descida voraz que se absorve em uma espécie de noite.

E como que para dar todo sentido a esta vertigem, a esta fome girante, eis que uma boca se estende, e se entreabre, que parece[6] ter por mira alcançar os quatro horizontes. Uma boca como um carimbo de vida para apostilar as trevas e a queda, dar uma saída radiante à vertigem que drena tudo para baixo.

2. ...*com todos os seus órgãos.*
    As pernas, os braços movendo-se com seu ajustamento de autônomo.
    Rumo a estes órgãos...
3. ...*de carnes,...*
4. ...*a silhueta convencional da feiticeira.*
    E sobre a perspectiva mesma...
5. ...*que não interditem...*
6. ...*eis uma boca que se estende e que se entreabre, e parece...*

O AUTÔMATO PESSOAL

O avanço da noite formigante com seu cortejo de esgotos. Eis em que lugar essa pintura se coloca, no ponto de efusão dos esgotos[7].

Um vento murmurante agita todas essas larvas perdidas e que a noite reúne em imagens espelhantes. Sente-se aí um moer[8] de eclusas, uma espécie de horrível choque vulcânico em que se dissociou a luz do dia. E desta colisão, e deste dilaceramento de dois princípios, nascem todas as imagens em potência, em[9] uma irrupção mais viva que uma lâmina do fundo.

Há[10] tantas coisas nesta tela?

Há a força de um sonho fixado, tão duro quanto uma carapaça de inseto e cheio de patas dardejadas em todos os sentidos do céu.

E em relevo, sobre esta convulsão dos *bas-fonds*, sobre esta aliança da luz enérgica com todos os metais da noite, como a própria imagem deste erotismo das trevas, ergue-se a volumosa e obscena silhueta do Autômato Pessoal[11].

Um grande montão e um grande peido.

Está suspenso em fios dos quais somente os laços estão prontos, e é a pulsação da atmosfera que anima o resto do corpo. Ele reúne em torno dele a noite como uma ervagem, como uma plantação de ramos negros.

Aqui a oposição é secreta, ela é como a sequência de um escalpelo. Ela está suspensa pelo fio da navalha[12], no domínio inverso das almas.

Mas viremos a página.

Um andar mais alto está a cabeça. E uma verde explosão de grisu, como de um fósforo colossal, acutila e dilacera o ar naquele lugar onde a cabeça não está.

Eu me encontro aí exatamente como eu me vejo nos espelhos do mundo, e com uma semelhança de casa ou de mesa, já que toda semelhança está alhures.

Se se[13] pudesse passar atrás da parede, que dilaceramento se veria, que massacre de veias. Um amontoamento de cadáveres esvaziados[14].

E o todo, alto como um prato de camarões.

Eis a que lineamento pôde chegar tanto espírito.

Mau som de sino, aliás, pois com que olho, enfim, eu considero o sexo, do qual meu apetite não está morto.

---

7. A segunda frase do parágrafo foi acrescentada quando da publicação em *l'Art et la Mort*.

8. No *Cahiers d'Art*, *moer* aparece como *broyement*, grafia que nos parece mais conforme a pronúncia de Antonin Artaud. É bem possível que *broiement* se deva a uma correção automática do tipógrafo. Aqui o complemento nominal estava aliás no singular: *moer de eclusa*.

9. ...*deste dilaceramento dos dois princípios, nascem todas as imagens em...*

10. *Il y a-t-il...* (erro de ortografia)

11. Disposição tipográfica diferente:
    ...enérgica com todos os metais da noite,
    como a própria imagem deste erotismo das trevas,
    ergue-se a volumosa e obscena silhueta do Autômato Pessoal.

12. ...*pelo fio de uma navalha,...*

13. *toda semelhança está alhures.*
    Mas se se...

14. ...*de cadáveres vazios.*

Após tantas deduções e malogros, após todos estes cadáveres esfolados, após as advertências dos trevos negros, após os estandartes das feiticeiras, após este grito de uma boca na queda sem fundo, após me haver chocado com muralhas, após este turbilhão de astros, este emaranhado[15] de raízes e cabelos, não estou bastante enfastiado para que toda esta experiência me desmame.

A muralha a pique da experiência não me desvia de meu deleite essencial.

No fundo do grito das revoluções e das tempestades, do fundo desta trituração de meu cérebro, neste abismo de desejos e de questões, apesar de tantos problemas, tantos temores, eu conservo no canto mais precioso de minha cabeça esta preocupação do sexo que me petrifica e me arranca o sangue.

Que eu tenha o sangue em ferro e escorregadio, o sangue repleto de pântanos, que eu seja cuspido de pestes, de renúncias, contaminado, assediado de desagregações e de horrores, contanto que persista a doce armadura de um sexo de ferro. Eu o construo em ferro, eu o preencho de mel, e é sempre o mesmo sexo no meio da acre escavação. É o sexo em que convergem as torrentes, em que se afundam as sedes.

Cheias de furor, e sem serenidade nem perdão, minhas torrentes se fazem cada vez mais volumosas e se afundam, e eu acrescento mais ameaças, e durezas de astros e de firmamentos.

Esta pintura como um mundo ao vivo, um mundo nu, cheio de filamentos e correias, onde a força irritante de um fogo lacera o firmamento interior, o dilaceramento da inteligência, onde a expansão das forças originais[16], onde os estados que não se pode nomear aparecem em sua expressão mais pura, menos suspeita de ligas reais.

É a vida sulfurada da consciência que remonta ao dia com seus morrões e suas estrelas, seus covis, seu firmamento,

com a vivacidade de um puro desejo,

com seu apelo a uma morte constante avizinhando a membrana da ressurreição.

O corpo da mulher[17] está ali, em sua exposição obscena; em sua ossatura de mata. Mata imutável e fechada. Mata de um desejo irritado e que sua exasperação

---

15. *...após este turbilhão de árvore, este emaranhado...*

16. A primeira frase do parágrafo inicial foi suprimida e a segunda modificada a fim de despersonalizá-la:

Jean de Bosschère está entre os primeiros a ter escavado sob este verníz, esta casca fechada, compacta, da cor da linguagem para fazer brotar dali a idea, a sensação, a imagem na sua musculatura carnal, no seu sangue ao vivo, em sua essência invisível. A pintura de Jean de Bosschère é um mundo ao vivo, um mundo nu, cheio de filamentos e correias, onde a força irritante de um ferro lacera o filamento interno, o dilaceramento da inteligência, onde a expressão das forças originais...

17. Nesta passagem foram introduzidas profundas modificações:

...seus covis, seu firmamento.

Com a vivacidade de um puro desejo, com seu apelo, uma morte constante avizinhando a membrana da ressurreição. Jean de Bosschère me fez. Quero dizer que ele me mostrou o quanto ele mesmo congela em sua cirúrgica e seca nudez. As nádegas primeiro, e para trás todo o grande e maciço traseiro que está aí como a parte de trás de um animal, onde a cabeça não tem mais que a importância de um fio. A cabeça está ali como uma ideia de cabeça, como a expressão de um elemento negligenciável e esquecido.

E à direita e embaixo, nos fundos, nas reservas, como a ponta extrema do sinal da cruz.

Descreveria eu[18] o resto da tela?

Parece que a simples aparição deste corpo o situa[19]. Neste plano seco, à flor da superfície, há toda a profundeza de uma perspectiva ideal e que não existe no pensamento. Reencontra-se aí, como um lineamento, o zebrado de um relâmpago talhado na terra, e cartas valsam ao redor dali.

No alto, embaixo, a Pitonisa, a Feiticeira, como uma espécie de anjo[20], de doce dragão, com sua figura contornada. Todos os caracóis do espírito comem sua face abstrata e se reviram como uma corda trançada.

Em cima, embaixo. Em cima com sua figura de múmia oca. Embaixo com sua massa, seu talhe maciço e bem traçado. Ela está ali como uma muralha de noite compacta[21], atraindo, mostrando a chama das cartas sulfuradas.

Uma multidão de copas, uma multidão de paus, como outros tantos signos, como outros tantos apelos.

Tenho eu um manto, tenho eu uma veste?

Uma noite de masmorra, uma obscuridade cheia de tinta mostra suas muralhas mal cimentadas.

Tradução de J. Guinsburg

e eu éramos parecidos e próximos, e esta prova no momento em que estou me é mais preciosa que todo o resto. Ele estabeleceu a unidade tremula, central, da minha vida e da minha inteligência. Mas nesta unidade ainda cie soube dispor níveis. Reservou o lugar do instinto, o compartimento da sexualidade. O corpo da mulher...

18. E o futuro que se encontra nos *Cahiers d'Art.*

19. *...a situa.*

20. *...como o lineamento indicado, a zebrura de um relâmpago talhado na terra, c cartas valsam em torno de mim. No alto,...*

21. *Ela é como uma muralha de noite, compacta,...*

Texto Surrealista[1]

O mundo físico ainda está aí. É o parapeito do eu que olha, sobre o qual um peixe de ocre vermelho restou, um peixe feito de ar seco, de uma coagulação de água refluída.

Mas alguma coisa se produziu de repente.

Nasceu uma arborescência cortante, com reflexos de frontes, limadas, e algo como um umbigo perfeito, mas vago, e que tinha a cor de um sangue embebido de água, e na frente era uma granada que espargia também um sangue mesclado com água, que espargia um sangue cujas linhas pendiam; e nestas linhas, círculos de seios traçados no sangue do cérebro.

---

1. *La Révolution Surréaliste* (n⁰ 2, 15 de janeiro de 1925). Fazia parte dos *Textes surréalistes*, isto é, obtido pela escritura automática, publicados naquele número.

A cópia datilografada deste texto, corrigida e assinada por Antonin Artm aud encontra-se na Biblioteca Literária Jacques Doucet.

No verso da página de capa deste número, encontramos entre as *obras a consultar*:
Antonin Artaud
L'OPIUM PENDU
ou la fécalité de l'esprit social
Depositário: Livraria Gallimard
Como no mesmo lugar, no número 3, este anúncio é substituído por:
Antonin Artaud
L'OMBILIC DES LIMBES
N. R. F.
há motivos para pensar que *l'Opium pendu* ou *la fécalité de l'esprit social* era o título originalmente previsto para *l'Ombilic des Limbes*. (O *Umbigo dos Limbos*)

Mas o ar era como um vazio aspirante no qual este busto de mulher vinha no tremor geral, no sacudimento deste mundo vidrado, que girava em estilhaços de frontes, e sacudia sua vegetação de colunas, seus nichos de ovos, seus nós em espirais, suas montanhas mentais, seus frontões espantados. E nos frontões, colunas dos sóis por acaso se agarraram, sóis erguidos sobre jatos de ar como ovos, e minha fronte afastava estas colunas, e o ar flocoso, e os espelhos de sóis, e as espirais nascentes, para a linha preciosa dos seios, e o oco do umbigo, e o ventre que não existia.

Mas todas as colunas perdem seus ovos, e na ruptura da linha das colunas nascem ovos em ovários, ovos em sexos revirados.

A montanha está morta, o ar está eternamente morto. Nesta ruptura decisiva de um mundo, todos os ruídos são presos no gelo, o movimento é preso no gelo; e o esforço de minha fronte se gelou.

Mas sob o gelo um ruído aterrador atravessado de casulos de fogo cerca o silêncio do ventre nu e privado de gelo, e ele sobe dos sóis revirados e que se olham, das luas negras, dos fogos terrestres, das trombas de leites.

A fria agitação das colunas partilha em dois meu espírito, e eu toco o meu sexo que é meu, o sexo do baixo de minha alma, que sobe em triângulo inflamado*.

* Este texto foi escrito sob inspiração dos quadros de André Masson[2].

Tradução de J. Guinsburg

2. A frase chamada pelo asterisco não se encontra na cópia datilografada, deve ter sido acrescentada nas provas. Os quadros de André Masson, aos quais se faz alusão, pertencem à série do quadro: *Homme*, descrito em *l'Ombilic des Limbes*. (O *Umbigo dos Limbos*)

Na Poesia

O Umbigo dos Limbos

Lá onde outros propõem suas obras, eu não pretendo fazer outra coisa senão mostrar meu espírito.

A vida é de queimar as questões.

Eu não concebo nenhuma obra separada da vida.

Eu não gosto da criação separada. Eu não concebo tampouco o espírito como separado de si próprio. Cada uma de minhas obras, cada um dos planos de mim mesmo, cada uma das florações glaciais de minha alma interior baba sobre mim.

Eu me reencontro tanto em uma carta escrita para explicar a contração íntima de meu ser e a castração insensata de minha vida, quanto em um ensaio que é exterior a mim mesmo, e que se me aparece como uma gravidez indiferente de meu espírito.

Eu sofro porque o Espírito não está na vida e porque a vida não seja o Espírito, eu sofro por causa do Espírito-órgão, do Espírito-tradução, ou do Espírito-intimidação-das-coisas para fazê-las entrar no Espírito.

Este livro, eu o ponho em suspensão na vida, eu quero que ele seja mordido pelas coisas exteriores e, em primeiro lugar, por todos os sobressaltos em cisalhas, todas as cintilações *de meu eu por vir.*

Todas estas páginas se espalham como pedras de gelo no espírito. Que me desculpem minha liberdade absoluta. Eu me recuso a fazer diferenças entre qualquer dos minutos de mim mesmo. Eu não reconheço plano em meu espírito.

É preciso acabar com o Espírito assim como com a literatura. Eu digo que o Espírito e a vida comunicam em todos os graus. Eu gostaria de fazer um Livro que perturbasse os homens, que fosse como uma porta aberta e que os levasse lá onde jamais consentiriam em ir, uma porta simplesmente aberta para a realidade.

E isto não é mais prefácio a um livro do que os poemas, por exemplo, que o balizam ou a enumeração de todas as raivas do mal-estar.

Isto não é mais que uma pedra de gelo, também mal engolida.

Tradução de J. Guinsburg

O Pesa-Nervos

O difícil é encontrar de fato o seu lugar e restabelecer a comunicação consigo mesmo. O todo está em certa floculação das coisas, no agrupamento de toda essa pedraria mental em torno de um ponto que falta justamente encontrar.

E eu, eis o que eu penso do pensamento:

A INSPIRAÇÃO CERTAMENTE EXISTE.

E há um ponto fosforescente onde toda a realidade se reencontra, porém mudada, metamorfoseada – e pelo quê? – um ponto de mágica utilização das coisas. E eu creio nos aerólitos mentais, em cosmogonias individuais.

*

* *

Toda a escritura é uma porcaria.

As pessoas que saem do vago para tentar precisar seja o que for do que se passa em seu pensamento são porcos.

Todo o mundo literário é porco, e especialmente o deste tempo.

Todos aqueles que têm pontos de referência no espírito, quero dizer, de um certo lado da cabeça, em bem localizados embasamentos de seus cérebros, todos aqueles que são mestres de sua língua, todos aqueles para quem as palavras têm um sentido, todos aqueles para quem existem altitudes na alma, e correntes no pensamento, aqueles que são espírito da época, e que nomearam essas correntes de pensamento, eu penso em suas tarefas precisas, e nesse rangido de autômato que espalha aos quatro ventos seu espírito,

– são porcos.

Aqueles para quem certas palavras têm um sentido, e certas maneiras de ser, aqueles que mantêm tão bem os modos afetados, aqueles para quem os sentimentos têm classes e que discutem sobre um grau qualquer de suas hilariantes classificações, aqueles que creem ainda em "termos", aqueles que remoem ideologias que ganham espaço na época, aqueles cujas mulheres falam tão bem e também estas mulheres que falam tão bem e que falam das correntes da época, aqueles que creem ainda numa orientação do espírito, aqueles que seguem caminhos, que agitam nomes, que fazem bradar as páginas dos livros,

– são os piores porcos.

Você é bem gratuito, moço!

Não, eu penso em críticos barbudos.

E eu já lhes disse: nada de obras, nada de língua, nada de palavra, nada de espírito, nada.

Nada, exceto um belo Pesa-nervos.

Uma espécie de estação incompreensível e bem no meio de tudo no espírito.

E não esperem que eu lhes nomeie esse tudo, que eu lhes diga em quantas partes ele se divide, que eu lhes diga seu peso, que eu ande, que eu me ponha a discutir sobre esse tudo, e que, discutindo, eu me perca e me ponha assim, sem perceber, a PENSAR – e que ele se ilumine, que ele viva, que ele se enfeite de uma multidão de palavras, todas bem cobertas de sentido, todas diversas, e capazes de expor muito bem todas as atitudes, todas as nuanças de um pensamento muito sensível e penetrante.

Ah, esses estados que nunca são nomeados, essas situações eminentes da alma, ah, esses intervalos de espírito, ah, esses minúsculos malogros que são o pão de cada dia de minhas horas, ah, esse povo formigante de dados – são sempre as mesmas palavras que me servem e na verdade eu não pareço mexer muito em meu pensamento, mas eu mexo nele muito mais do que vocês na realidade, barbas de asnos, porcos pertinentes, mestres do falso verbo, arranjadores de retratos, folhetinistas, rasteiros, ervateiros, entomologistas, praga de minha língua.

Eu lhes disse que não tenho mais a minha língua, mas isto não é razão para que vocês persistam, para que vocês se obstinem na língua.

Vamos, eu serei compreendido dentro de dez anos pelas pessoas que farão o que vocês fazem hoje. Então meus gêiseres serão conhecidos, meus gelos serão vistos, o modo de desnaturar meus venenos estará aprendido, meus jogos d'alma estarão descobertos.

Então meus cabelos estarão sepultos na cal, todas minhas veias mentais, então se perceberá meu bestiário e minha mística terá se tornado um chapéu. Então ver-se-á fumegar as junturas das pedras, e arborescentes buquês de olhos mentais se cristalizarão em glossários, então ver-se-ão cair aerólitos de pedra, então ver--se-ão cordas, então se compreenderá a geometria sem espaços, e se aprenderá o que é a configuração do espírito, e se compreenderá como eu perdi o espírito.

O PESA-NERVOS

Então se compreenderá por que meu espírito não está aí, então ver-se-ão todas as línguas estancar, todos os espíritos secar, todas as línguas encorrear, as figuras humanas[1] se achatarão, se desinflarão, como que aspiradas por ventosas secantes, e essa lubrificante membrana continuará a flutuar no ar, esta membrana lubrificante e cáustica, esta membrana de duas espessuras, de múltiplos graus, de um infinito de lagartos, esta melancólica e vítrea membrana, mas tão sensível, tão pertinente também, tão capaz de se multiplicar, de se desdobrar, de se voltar com seu espelhamento de lagartos, de sentidos, de estupefacientes, de irrigações penetrantes e virosas,

então tudo isto será considerado certo,

e eu não terei mais necessidade de falar.

Tradução de J. Guinsburg

---

1. ...*todas as línguas encorrear, as horas humanas...* (*horas* talvez seria uma falha de impressão da edição original).

Quem, no Seio...

Quem, no seio[1] de certas angústias, no fundo de alguns sonhos, não conheceu a morte como uma sensação destroçante e maravilhosa com a qual nada pode confundir-se no reino do espírito? É preciso ter conhecido esse aspirante montar da angústia cujas ondas se lançam sobre nós e nos inflam como se movidas por um insuportável fole. A angústia que se aproxima e se distancia cada vez mais densa, cada vez mais pesada e mais ingurgitada. É o próprio corpo que chegou ao limite de sua distensão e de suas forças e que precisa, apesar de tudo, ir mais longe. É uma espécie de ventosa aplicada sobre a alma, cuja acridez corre como um vitríolo até as fronteiras últimas do sensível. E a alma não possui sequer o recurso de quebrar-se. Pois essa distensão, ela mesma, é falsa. A morte não se satisfaz a um preço tão barato. Esta distensão na ordem física é como a imagem invertida de um estreitamento que deve ocupar o espírito *em toda a extensão do corpo vivo.*

Este sopro que se ergue é o derradeiro, verdadeiramente o derradeiro. É tempo de fazer as contas. O minuto tão receado, tão temido, tão sonhado, está aí. E é verdade que a gente vai morrer. Espia-se e mede-se o sopro. E o tempo imenso rebenta, todo ele, até o limite, numa resolução em que não pode deixar de dissolver-se sem vestígios.

Estoura, osso miserável de cão. A gente sabe muito bem que teu pensamento não está concluído, terminado, e que em qualquer sentido que te voltares ainda não *começaste* a pensar.

---

1. "Quem, no Seio..." é o único dos textos componentes de *l'Art et la Mort* que não apareceu anteriormente em revista.

Pouco importa. – O medo que se abate sobre ti te esquarteja à medida mesmo do impossível, pois bem sabes que deves passar deste outro lado para o qual nada em ti está pronto, nem mesmo este corpo, e sobretudo este corpo, que deixarás sem esquecer nem a matéria, nem a espessura, nem a impossível asfixia.

E será de fato como num mau sonho onde tu estás fora da situação de teu corpo, tendo-o arrastado até lá apesar de tudo e ele te fazendo sofrer e te iluminando com suas ensurdecedoras impressões, onde a extensão é sempre menor ou maior que tu, onde nada no sentimento que trazes de uma antiga orientação terrestre pode mais ser satisfeito.

E é bem isso, e é para sempre isso. O sentimento desta desolação e deste mal-estar inominável, qual grito, digno do ladrar de um cão num sonho, te arrepia a pele, te revira a garganta, no extravio de um afogamento insensato. Não, isto não é verdade. Não é verdade.

Mas o pior é que é verdade. E ao mesmo tempo que este sentimento de veracidade desesperadora onde te parece que vais morrer de novo, que vais morrer pela segunda vez (Tu o dizes a ti mesmo, tu o pronúncias, que tu vais morrer. Tu vais morrer: *Eu vou morrer pela segunda vez*), eis que não se sabe qual umidade de uma água de ferro ou de pedra ou de vento te refrescou incrivelmente e te alivia o pensamento, e tu mesmo corres, tu te fazes ao correr para a tua morte, para o teu novo estado de morte. Esta água que corre é a morte, e a partir do momento em que tu te contemplas com paz, que registras tuas novas sensações, é que a grande identificação começa. Tu estavas morto e eis que de novo tu te encontras vivo – SÓ QUE DESTA VEZ TU ESTÁS SÓ.

Acabo de descrever uma sensação de angústia e de sonho, a angústia escorregando no sonho, mais ou menos como eu imagino que a agonia deve escorregar e acabar finalmente na morte.

Em todo caso, tais sonhos não podem mentir. Eles não mentem. E estas sensações de morte postas lado a lado, esta sufocação, este desespero, este silêncio, será que os vemos na suspensão ampliada de um sonho, com o sentimento de que uma das faces da nova realidade está perpetuamente atrás de nós?

Mas no fundo da morte ou do sonho, eis que a angústia recomeça. Esta angústia, como um elástico que se estica e salta subitamente à garganta, não é nem desconhecida, nem nova. A morte para a qual a gente escorregou sem se dar conta, o corpo virando feito bola, esta cabeça – foi preciso que ela passasse, ela que carregava a consciência e a vida e por consequência a sufocação suprema, e por consequência a dilaceração superior – que ela passasse, também cia, pela menor abertura possível. Mas ela angustia até o limite dos poros, e esta cabeça que, à força de se sacudir e se virar de pavor, tem como que a ideia, como que o sentimento de que ela se inchou e que seu terror tomou forma, que ela borbulhou sob a pele.

E como, depois de tudo, a morte não é coisa nova, mas ao contrário, demasiado conhecida, pois, ao fim dessa destilação de vísceras, não se percebe a imagem de um pânico já experimentado? A força mesma do desespero restitui, parece, certas situações da infância onde a morte aparecia tão clara e como uma derrota em jato contínuo. A infância conhece bruscos despertares do espírito, intensos prolongamentos do pensamento que uma idade mais avançada torna a perder. Em certos temores pânicos da infância, certos terrores grandiosos e ilógicos onde o sentimento de uma ameaça extra-humana é incubado, é incontestável que a morte aparece como a dilaceração de uma membrana próxima, como o soerguimento de um véu que é o mundo, ainda informe e mal assegurado.

Quem não tem a lembrança de engrandecimentos inauditos, da ordem de uma realidade toda mental, e que então não o espantavam quase, que eram dados, entregues verdadeiramente à floresta de seus sentidos de criança? Prolongamentos impregnados de um conhecimento perfeito, impregnando tudo, cristalizado, eterno.

Mas que estranhos pensamentos ela sublinha, de que meteoro esboroado ela reconstitui os átomos humanos.

A criança vê teorias reconhecíveis de antepassados, nos quais ela nota a origem de todas as semelhanças conhecidas de homem para homem. O mundo das aparências ganha e transborda no insensível, no desconhecido. Mas o escurecimento da vida chega e doravante estados similares não se encontram mais a não ser graças a uma lucidez absolutamente anormal devida, por exemplo, aos entorpecentes.

Daí a imensa utilidade dos tóxicos para liberar, para sobrelevar o espírito. Mentiras ou não do ponto de vista de um real de que se viu o pouco caso que se podia fazer dele, não sendo o real senão uma das faces mais transitórias e menos reconhecíveis da infinita realidade, igualando-se o real à matéria e apodrecendo com ela, os tóxicos reconquistam, do ponto de vista do espírito, sua dignidade superior que os converte nos auxiliares mais próximos e mais úteis da morte*.

---

* Afirmo – e me apego à ideia[2] de que a morte não está fora do domínio do espírito, que ela está dentro de certos limites conhecíveis e acessíveis através de uma certa sensibilidade[3].

Tudo o que na ordem das coisas escritas abandona o domínio da percepção ordenada e clara, tudo o que visa a criar um desmoronamento das aparências, a introduzir uma dúvida sobre a posição das imagens do espírito umas em relação às outras, tudo o que provoca a confusão sem destruir a força do pensamento jorrante, tudo o que derruba as relações das coisas, dando ao pensamento subvertido um aspecto maior ainda de verdade e de violência, tudo isto oferece uma saída para a morte, nos põe em relação com estados mais afinados do espírito no seio dos quais a morte se exprime.

Daí por que todos aqueles que sonham sem lamentar seus sonhos, sem trazer, desses mergulhos em uma inconsciência fecunda, um sentimento atroz de nostalgia, são uns porcos. O sonho é verdadeiro. Todos os sonhos são verdadeiros. Eu tenho o sentimento de asperezas, de paisagens como que esculpidas, de pedaços de terra ondulantes recobertos de uma espécie de areia fresca, cujo sentido quer dizer:

"pesar, decepção, abandono, ruptura, quando nos reveremos?"

Nada se assemelha ao amor como o apelo de certas paisagens vistas em sonhos, como o cerco de certas colinas, de uma espécie de argila material cuja forma é como que moldada sobre o pensamento.

Quando nos reveremos? Quando o gosto terroso de teus[4] lábios virá de novo roçar a ansiedade de meu espírito?[5] A terra é como um turbilhão de lábios mortais. A vida escava dian

Esta morte amarrada em que a alma se sacode com vistas a reconquistar um estado enfim completo e permeável,

onde tudo não seja choque, acuidade de uma confusão delirante e que raciocina sem fim sobre ela mesma, emaranhando-se nos fios de uma mistura ao mesmo tempo insuportável e melodiosa,

onde tudo não seja indisposição,

onde o menor lugar não seja reservado incessantemente à maior fome de um espaço absoluto e desta vez definitivo,

onde, sob esta pressão de paroxismos, rebenta súbito o sentimento de um plano novo,

onde, do fundo de uma mistura sem nome, esta alma que se sacode e se assusta sente a possibilidade, como nos sonhos, de despertar em um mundo mais claro, depois de ter perfurado ela não sabe mais qual barreira – e ela se vê em uma luminosidade em que finalmente seus membros se detêm, lá onde as paredes do mundo parecem quebráveis ao infinito.

Ela poderia renascer, esta alma; entretanto ela não renasce; pois, embora alijada, ela sente que sonha ainda, que não se acostumou ainda a esse estado de sonho ao qual não consegue identificar-se.

Nesse instante de seu devaneio mortal o homem vivo que chega diante da muralha de uma identificação impossível retira sua alma com brutalidade.

te de nós o abismo de todas as carícias que faltaram. Que temos nós a fazer junto de nós com este anjo que não soube se mostrar? Todas as nossas sensações serão para sempre intelectuais, e nossos sonhos chegarão a pegar fogo numa alma cuja emoção nos ajudará a morrer. O que é esta morte, onde estamos para sempre a sós, onde o amor não nos mostra o caminho?

2. O Sr. Jean-Marie Conty nos havia comunicado um texto manuscrito de Antonin Artaud intitulado:

L'Éperon malicieux, le Double-Cheval
(outra *Bigorna das Forças*)

Ora, é este texto que nós reencontramos aqui, em nota. O primeiro parágrafo do original foi suprimido:

Eu tenho, talvez, da morte uma ideia excessivamente falsa.
Eu afirmo, e me apego a esta ideia...

A primeira página do manuscrito, Antonin Artaud havia anotado o seguinte, sem dúvida algo que não apresenta relação com o próprio texto:

Roteiro Arto Griel.
Peça sobrenatural.

Como "A Bigorna das Forças" apareceu em 15 de junho de 1926 em *la Révolution Surréaliste*, cabe supor, devido ao subtítulo, que *L'Éperon malicieux, le Double-Cheval* lhe é posterior, e em consequência é possível datar aproximadamente *Quem, no seio... de 1927*.

L'Éperon malicieux, le Double-Cheval foi publicado em sua forma original no *Botteghe Oscure* (Caderno VIII, 1952).

3. *...através de uma certa sensibilidade mental.* (Reza o manuscrito.)

4. No manuscrito *teus* substitui *certos*, riscado.

5. No manuscrito *a ansiedade de meu espírito* substitui *os sobressaltos de nossos espíritos*, riscado..

Ei-lo repelido para o plano nu dos sentidos, em uma luz sem profundidade.

Fora da musicalidade infinita das ondas nervosas, exposto à fome sem limites da atmosfera, ao frio absoluto.

. . . .

Tradução de J. Guinsburg

Carta à Vidente[1]

para André Breton[2]

Madame,

Vós habitais um quarto pobre, misturado à vida. E em vão que se desejaria ouvir o céu murmurar em vossos vidros. Nada, nem vosso aspecto, nem o porte vos separam de nós, mas não sei qual puerilidade mais profunda que a experiência nos impele a golpear sem fim e a afastar vosso rosto, e até os laços de vossa vida.

Com a alma dilacerada e suja, sabeis que não sinto diante de vós senão uma sombra, mas não tenho medo deste terrível saber. Sei que estais em todos os nós de mim mesmo e muito mais próxima de mim do que minha mãe. E eu estou nu diante de vós. Nu, impudico e nu, direito e tal como uma aparição de mim mesmo, mas sem nenhuma vergonha, pois para vosso olho, que corre vertiginosamente em minhas fibras, o mal é verdadeiramente destituído de pecado.

Jamais eu me vi tão determinado, tão íntegro, tão resoluto mesmo para além do escrúpulo, para além de toda malignidade que me vem dos outros ou de mim, e também tão perspicaz. Vós juntais a ponta de fogo, a ponta de estrela ao fio trêmulo de minha hesitação. Nem julgado, nem *me* julgando, inteiro sem nada

1.Publicado originalmente em *La Révolution Surréaliste* (nº 8, 1º de dezembro de 1926).

2. Como Antonin Artaud foi excluído do grupo surrealista em novembro de 1926, a dedicatória havia sido suprimida na edição Denoël.

fazer, integral sem para isso me esforçar; salvo a vida, era a felicidade. E enfim, não mais com medo que minha língua, minha grande língua demasiado grossa, minha língua minúscula se equivoque, eu mal tinha necessidade de remexer meu pensamento.

Entretanto, penetrei em vossa casa sem temor, sem a sombra da mais ordinária curiosidade. E, no entanto, vós éreis a senhora e o oráculo, vós poderíeis ter me aparecido como a alma mesma e o Deus de meu espantoso destino. Poder ver e me dizer! Que nada de sujo ou de secreto seja negro, que o enterrado se descubra, que o recalcado se exponha enfim a este belo olho parado[3] de um juiz absolutamente puro. Daquele que discerne e dispõe mas que ignora mesmo que vos possa abater.

A luz perfeita e suave em que a gente não sofre mais da alma, no entanto, infestada de mal. A luz sem crueldade nem paixão em que não se revela mais do que uma só atmosfera, a atmosfera de uma piedosa e serena, de uma preciosa fatalidade. Sim, vindo à vossa casa, Madame, eu não tinha mais medo de minha morte. Morte ou vida, eu não via mais que um grande espaço plácido onde se dissolviam as trevas de meu destino. Eu estava verdadeiramente salvo, liberto de toda miséria, pois mesmo minha miséria por vir me era doce, se *por impossível* que fosse eu tinha miséria a temer em meu futuro.

Meu destino já não era mais esta estrada coberta e que já não pode quase ocultar mais que o mal. Eu tinha vivido em eterna apreensão face a ele e, *à distância*, eu o sentia muito próximo, e depois sempre acaçapado em mim. Nenhum redemoinho violento revolvia de antemão minhas fibras, eu já tinha sido demasiado atingido e transtornado pela desgraça. Minhas fibras não registravam mais que um imenso bloco uniforme e suave. E pouco me importava que se abrissem diante de mim as mais terríveis portas, o terrível já se achava atrás de mim. E, mesmo mal, meu futuro próximo não me tocava a não ser como uma harmoniosa discórdia, uma série de cimos revirados e reentrados embotados[4] em mim. Vós não podíeis me anunciar, Madame, senão o aplanamento de minha vida.

Mas o que, acima de tudo, me tranquilizava, não era esta certeza profunda, presa à minha carne, mas antes o sentimento da uniformidade de todas as coisas. Um magnífico absoluto. Eu havia aprendido sem dúvida a me aproximar da morte, e é por isso que todas as coisas, até as mais cruéis, não me apareciam mais de outro modo salvo sob o seu aspecto de equilíbrio, em uma perfeita indiferença de sentido.

---

3. A edição Denoël escreve, *este belo olho exposto* (*étalé*); ora em *la Révolution Surréaliste* consta *este belo olho parado* (*étalé*), forma que nos parece preferível seguir, pois a impressão de *la Révolution Surréaliste* é, em geral, mais cuidadosa e mais segura do que a dos livros editados na época pela Denoël. Por esta razão, também seguimos *la Révolution Surréaliste* quando ela indicava itálico.

4. Aqui também seguimos a lição de *la Révolution Surréaliste*. É provável, com efeito, que tenha sido na impressão que uma vírgula foi acrescentada: *cimos revirados e reentrados, embotados em mim*. Ora, parece realmente que seja preciso entender que os cimos reentraram nele, embotados, sentido mais perceptível sem a vírgula.

Mas havia ainda outra coisa. É que este sentido, indiferente quanto a seus efeitos imediatos sobre minha pessoa, estava apesar de tudo colorido por alguma coisa de bom. Eu vinha a vós com um otimismo integral. Um otimismo que não era um declive do espírito, mas que provinha deste conhecimento profundo do equilíbrio em que toda a minha vida se banhava. Minha vida vindoura equilibrada por meu passado terrível, e que se introduzia sem embaraço na morte. Eu *sabia* de antemão que minha morte era como o remate de uma vida enfim plana, e mais doce que minhas melhores lembranças. E a realidade crescia a olhos vistos, amplificava-se até este soberano conhecimento onde o valor da vida presente se desmonta sob os golpes da eternidade. Não era mais possível que a eternidade não me vingasse desse sacrifício encarniçado de mim mesmo, e do qual eu não participava. E meu futuro imediato, meu futuro a partir desse minuto em que eu penetrava pela primeira vez em vosso círculo, este futuro pertencia também à morte. E vós, vosso aspecto me foi desde o primeiro instante favorável.

A emoção de saber era dominada pelo sentimento de mansuetude infinita da existência*. Nada de ruim podia vir para mim deste olho azul e fixo pelo qual inspecionais meu destino.

Toda a vida se me tornava esta bem-aventurada paisagem onde os sonhos que giram se apresentam a nós com a face de nosso eu. A ideia do conhecimento absoluto se confundia com a ideia da similitude absoluta da vida e de minha consciência. E eu tirava desta dupla similitude o sentimento de um nascimento muito próximo, onde vós éreis a mãe indulgente e boa, embora divergente de meu

---

* Nada posso fazer. Eu tinha este sentimento diante d'Ela. A vida era boa porque esta vidente estava ali. A presença desta mulher era para mim como um ópio, mais puro, mais ligeiro, embora menos *sólido* do que o outro. Porém muito mais profundo, mais vasto e abrindo outros arcos nas células de meu espírito. Esse estado ativo de trocas espirituais, essa conflagração de mundos imediatos e minúsculos, essa iminência de vidas infinitas cuja perspectiva esta mulher me abria, me indicavam enfim uma saída para a vida, e uma razão de ser no mundo. Pois não se pode aceitar a Vida salvo sob a condição de ser *grande*, de sentir-se na origem dos fenômenos, pelo menos de um certo número deles. Sem poder de expansão, sem uma certa dominação sobre as coisas, a vida é indefensável. Uma só coisa é exaltante no mundo: o contato com as potências do espírito. Entretanto, diante desta vidente, um fenômeno bastante paradoxal se produz. Eu não sinto mais necessidade de ser possante, nem vasto, a sedução que ela exerce sobre mim é mais violenta que meu orgulho, uma certa curiosidade me basta momentaneamente. Estou pronto, diante dela, a abdicar de tudo: orgulho, vontade, inteligência. Inteligência sobretudo. Esta inteligência que é todo o meu orgulho. Eu não falo, por certo, de uma certa agilidade lógica do espírito, do poder de pensar depressa e criar rápidos esquemas sobre as margens da memória. Falo de uma penetração subterrânea no mundo e nas coisas, penetração[5] amiúde a longo prazo, que não tem necessidade de materializar-se para satisfazer-se e que indica pontos de vista profundos do espírito. É com base nesta penetração claudicante e muitas vezes sem matéria (e que *eu mesmo* não possuo) que sempre pedi que me dessem crédito, ainda que devessem me dar crédito cem anos e se contentar o resto do tempo com o silêncio. Eu sei em quais limbos reencontrar esta mulher. Eu escavo um problema que me aproxima do ouro, de toda matéria sutil, um problema abstrato como a dor que não tem forma e que treme e se volatiliza ao contato dos ossos.

5. O membro da frase *subterrânea no mundo e nas coisas*, *penetração* fora esquecido na edição Denoël. E muito provavelmente que a repetição da palavra *penetração* tenha causado este esquecimento do tipógrafo.

destino. Nada me parecia mais misterioso, nesta vidência anormal, onde os gestos de minha existência passada e futura se penteavam para vós com seus sentidos prenhes de advertências e relações. Eu sentia que meu espírito havia entrado em comunicação com o vosso quanto à *figura* dessas advertências.

Mas vós, enfim, Madame, o que é pois esta vermina de fogo que se insinua de repente em vós, e por artifício de que inimaginável atmosfera? Pois enfim vós *vedes* e, no entanto, o mesmo espaço estendido nos rodeia.

O horrível, Madame, está na imobilidade destas paredes, destas coisas, na familiaridade dos móveis que vos rodeiam, dos acessórios de vossa adivinhação, na indiferença tranquila da vida na qual vós participais como eu.

E vossas vestes, Madame, essas vestes que tocam *uma pessoa que vê*. Vossa carne, todas as vossas funções, enfim. Não posso me acomodar a esta ideia de que estejais submetida às condições do Espaço, do Tempo, que as necessidades corporais vos pesem. Deveis ser demasiada ligeira para o espaço.

E, de outra parte, vós me pareceis tão bonita, e de uma graça tão humana, tão de todos os dias. Bonita como não importa qual destas mulheres de que espero o pão e o espasmo, e que me alcem a um umbral corporal.

Aos olhos de meu espírito, não tendes limites nem bordas, sois absolutamente, profundamente incompreensível. Pois como vos arranjais com a vida, vós que tendes o dom da vista muito aguda? E esta longa estrada toda unida por onde vossa alma como um pêndulo passeia, e onde eu leria tão bem o futuro de minha morte.

Sim, ainda existem homens que conhecem a distância de um sentimento a outro, que sabem criar andares e paradas a seus desejos, que sabem se afastar de seus desejos e de sua alma, para logo voltar aí falsamente como vencedores. E há pensadores que cercam penosamente seus pensamentos, que introduzem falsas aparências em seus sonhos, estes sábios que desenterram leis com sinistras piruetas.

Mas vós, infamada, desprezada, planante, vós pondes fogo à vida. E eis que a roda do Tempo de um só golpe se inflama à força de fazer chiar os céus.

Vós me recolheis pequenino, varrido, rejeitado e tão desesperado quanto vós mesma, e vós me elevais, vós me retirais deste lugar, deste espaço falso onde vós não vos dignais mais sequer a fazer o gesto de viver, visto que alcançastes a membrana de vosso repouso. E este olho, esta mirada sobre mim, este único olhar desolado que é toda minha existência, vós o magnificais e o fazeis voltar-se sobre si mesmo, e eis que uma germinação luminosa feita de delícias sem sombras me reaviva como um vinho misterioso.

Tradução de J. Guinsburg

Heloísa e Abelardo[1]

A vida diante dele se fazia pequena. Partes inteiras de seu cérebro apodreciam. O fenômeno era conhecido, mas enfim não era simples. Abelardo não apresentava o seu estado como uma descoberta, mas enfim escrevia:

Caro amigo,

Eu sou gigante. Nada posso fazer, se sou um cume onde as mais altas mastreações adquirem seios à guisa de velas, enquanto as mulheres sentem seus sexos tornarem-se duros como seixos[2]. Eu não posso me impedir, de minha parte, de sentir todos estes ovos rolarem e balançarem sob os vestidos, ao acaso da hora e do espírito. A vida vai e vem e cresce aos poucos através da pavimentação dos seios. De um minuto a outro a face do mundo é mudada. Ao redor dos dedos se enrolam as almas com suas trincas de mica, e entre as micas Abelardo passa, pois acima de tudo está a erosão do espírito[3].

Todas as bocas de macho morto riem ao acaso de seus dentes, na arcadura de sua dentição virgem e coberto de fome e laminado de imundície como a armação do espírito de Abelardo[4].

1. Publicado originalmente em *la Nouvelle Revue Française* (nº 147, 1º de dezembro de 1925) em seguimento à *Position de la chair* e *Manifeste en langage clair*. Na capa da revista só consta *Heloísa e Abelardo*. Há algumas variantes em relação a esta primeira publicação.

2. ...*seus sexos tornarem-se duros como rochas.*

3. Seguimos aqui a lição de *la Novelle Revue Française*, a edição Denoël, falha, consta ... *acima de tudo a erosão do espírito.*

4. ...*como a armadura do espírito de Abelardo.*

Mas aqui Abelardo se cala. Somente o esôfago agora funciona nele. Não, por certo, o apetite do canal vertical, com sua pressão de fome, mas a bela árvore de prata ereta com suas ramificações de vênulas feitas pelo ar, com em-torno de folhagens de pássaros. Em suma, a vida estritamente vegetal e comprimida onde as pernas vão com seu passo mecânico, e os pensamentos como altos veleiros recolhidos. A passagem dos corpos.

O espírito mumificado se desencadeia. A vida fortemente atada levanta a cabeça. Será este por fim o grande degelo? O pássaro rebentará a embocadura das línguas, os seios irão se ramificar e a pequena boca retomar seu lugar? A árvore de grãos furará o granito ossificado das mãos? Sim, em minha mão há uma rosa, eis que minha língua gira sem nada. Oh, oh, oh!, como é ligeiro meu pensamento. Tenho o espírito delgado como uma mão.

Mas é que Heloísa também tem pernas. O mais bonito é que ela tenha pernas. Ela tem também esta coisa em forma de sextante de marinha, ao redor da qual toda magia gira e pasta, esta coisa como um gládio deitado.

Mas acima de tudo, Heloísa tem um coração. Um belo coração ereto e todo em ramos, esticado, congelado, granulado, trançado por mim, gozo profuso, catalepsia de minha alegria!

Ela tem mãos que cingem os livros com suas cartilagens de mel. Ela tem seios em carne crua, tão pequena, cuja pressão deixa louco; ela tem seios em dédalos de fio. Ela tem um pensamento que me pertence todo, um pensamento insinuante e retorcido que se desenrola como um casulo. Ela tem uma alma.

Em seu pensamento, eu sou a agulha que corre e é sua alma que aceita a agulha e a admite, e eu estou melhor, quanto a mim, em minha agulha, do que todos os outros em suas camas, pois em minha cama eu enrolo o pensamento e a agulha nas sinuosidades de seu casulo adormecido.

Pois é sempre a ela que eu retorno através do fio desse amor sem limites, desse amor universalmente espalhado. E ele produz em minhas mãos crateras, ele produz aí dédalos de seios, ele produz aí amores explosivos que minha vida ganha sobre meu sono.

Mas por quais transes, por quais sobressaltos, por quais deslizamentos sucessivos chega ele a essa ideia da fruição de seu espírito. O fato é que ele frui neste momento de seu espírito, Abelardo. Ele frui dele plenamente. Ele não pensa mais em si mesmo nem à direita nem à esquerda. Ele está ali. Tudo o que se passa nele é dele. E nele, neste momento, se passam coisas. Coisas que o dispensam de buscar-se. Aí é que está o ponto importante. Ele não precisa mais estabilizar seu átomos. Eles se reúnem por si mesmos, eles se estratificam em um ponto. Todo o seu espírito se reduz a uma série de subidas e descidas, mas de uma descida sempre até o meio. Há coisas.

Seus pensamentos são belas folhas, planas superfícies, sucessões de nós, aglomerações de contatos entre os quais sua inteligência desliza sem esforço: ela vai.

Pois é isso a inteligência: contornar-se. A questão não é mais a de ser fino ou delgado e de realcançar-se de longe, de abraçar, de rejeitar, de desjuntar.

Ele desliza entre seus estados.

Ele vive. E as coisas nele giram como grãos no joeiro.

A questão do amor se torna simples.

Que importa que ele seja mais ou menos, uma vez que pode agitar-se, deslizar, evoluir, reencontrar-se e sobrenadar.

Ele reencontrou o jogo do amor.

Mas quantos livros entre seu pensamento e o sonho!

Quantas perdas. E durante este tempo, que fazia ele de seu coração? É espantoso que lhe reste ainda coração. Ele está de fato ali. Ele está ali como uma medalha viva, como um arbusto ossificado de metal.

Ei-lo efetivamente, o nó principal.

Heloísa, por sua vez, tem um vestido, ela é bela de face e de fundo.

Então, ele sente a exaltação das raízes, a exaltação maciça, terrestre, e seu pé sobre o bloco da terra sente a massa do firmamento.

E ele grita, Abelardo, como que transformado em morto, e sentindo seu esqueleto estalar e vitrificar-se, Abelardo, na ponta vibrante e no cimo de seu esforço:

"É aqui que Deus é vendido, pertence a mim agora a planície dos sexos, os seixos de carne. Nada de perdão, eu não peço perdão. Vosso Deus não é mais que um chumbo frio, estrume dos membros, lupanar dos olhos, virgem do ventre, leiteria do céu!"[5]

Então a leiteria celeste se exalta. A náusea lhe vem.

Sua carne dentro dele vira limão cheio de escamas, ele sente os pelos duros, o ventre bloqueado, ele sente o pênis que se torna líquido[6]. A noite se ergue semeada de agulhas e eis que com um golpe de tesoura ELES lhe extirpam a virilidade.

E lá embaixo, Heloísa tira o vestido e fica toda nua. Seu crânio é branco leitoso, seus seios flácidos, suas pernas bexigosas, seus dentes fazem um ruído de papel. Ela é estúpida. E esta é de fato a esposa de Abelardo, o castrado.

Tradução de J. Guinsburg

5. ...*lupanar dos olhos, leiteria do céu.*
6. ...*ele sente sua vida que se toma liquida.*

O Claro Abelardo[1]

A armação murmurante do céu traça sobre a vidraça de seu espírito sempre os mesmos signos amorosos, as mesmas cordiais correspondências que poderiam talvez salvá-lo de ser homem se ele consentisse em salvar-se do amor.

É preciso que ele ceda. Ele não se aguentará mais. Ele cede. Esta ebulição melódica o aperta. Seu sexo bate: um vento atormentante murmura, cujo rumor[2] é mais alto que o céu. O rio rola cadáveres de mulheres. São elas Ofélia, Beatriz, Laura? Não, tinta, não, vento, não, caniços, ribanceiras, margens, espuma, flocos. Não há mais eclusa. De seu desejo Abelardo fez para si uma eclusa. No confluente do atroz e melódico impulso. É Heloísa rolada, arrastada, até ele[3] – E QUE O QUER REALMENTE.

Eis sobre o céu a mão de Erasmo que semeia uma mostardeira de loucura. Ah! a curiosa germinação. O movimento da Ursa fixa o tempo no céu, fixa o céu no Tempo, deste lado invertido do mundo onde o céu propõe sua face. Imenso renivelamento.

É porque o céu tem uma face que Abelardo tem um coração onde tantos astros soberanamente germinam e impelem sua cauda. Ao fim da metafísica está este amor todo pavimentado de carne, todo ardente de pedras, nascido no céu após tantas e tantas voltas de uma mostardeira de alegria.

---

1. Publicado originalmente em *les Feuilles libres* (nº 47, dezembro de 1927 – janeiro de 1928). Algumas variantes.

2. *...murmura, todo rumor...*

3. *...arrastada nele,...*

Mas Abelardo caça o céu como moscas azuis. Estranha rota. Por onde desaparecer? Deus! depressa, um buraco de agulha. O mais fino buraco de agulha pelo qual Abelardo não poderá mais vir nos procurar.

O tempo é estranhamente agradável. Pois só pode ser agradável. A partir de hoje, Abelardo não é mais casto. A estreita cadeia dos livros rompeu-se. Ele renuncia ao coito casto e *permitido* de Deus.

Que coisa doce é o coito! Mesmo humano, mesmo aproveitando o corpo da mulher, que voluptuosidade seráfica e próxima! O céu ao alcance da terra, menos belo que a terra. Um paraíso incrustado em suas unhas.

Mas o chamado das iluminações siderais, mesmo elevado ao ponto mais alto da torre, não vale o espaço de uma coxa de mulher[4]. Não é Abelardo o padre para quem o amor é tão claro?

Como o coito é claro, como o pecado é claro. Tão claro. Tal qual germes, como estas flores são doces ao sexo pasmado, como as cabeças do prazer são vorazes, como[5] ao extremo fim do gozo o prazer espalha suas papoulas. Suas papoulas de sons, suas papoulas de dia e de música[6], rápido como uma arrancada magnética de pássaros. O prazer faz uma cortante e mística música sobre o fio cortante de um sonho esfiado. Oh! este sonho no qual o amor consente em reabrir seus olhos! Sim, Heloísa, é em ti que eu ando com toda a minha filosofia, em ti eu abandono os ornamentos, e eu te dou em seu lugar os homens cujo espírito treme e cintila em ti. – Como o Espírito se admira, pois a Mulher por fim admira Abelardo. Deixa jorrar esta espuma contra profundas e radiosas paredes. As árvores. A vegetação de Átila.

Ele a tem. Ele a possui. Ela o sufoca. E cada página abre seu arco e avança. Este livro, onde se vira a página dos cérebros.

Abelardo cortou-se as mãos. A este atroz beijo de papel, que sinfonia pode, doravante, igualar-se? Heloísa come fogo. Abre uma porta[7]. Sobe uma escada. Uma campainha soa. Os seios esmagados e doces se erguem. Sua pele é muito mais clara nos seios. O corpo é branco, mas embaciado, pois nenhum ventre de mulher é puro. Os pelos têm a cor do bolor. O ventre cheira bem, mas como é pobre. E tantas gerações sonham com este aí. Está aí. Abelardo enquanto homem o segura. Ventre ilustre. É e não é este. Come palha, fogo. O beijo abre suas cavernas onde vem morrer o mar. E eis este espasmo em que o céu concorre, para o qual uma coligação espiritual se lança, E ELE VEM DE MIM. Ah!, como eu não me sinto mais do que vísceras, sem ter por cima de mim a ponte do espírito. Sem tantos sentidos mágicos, tantos segredos sobrepostos. Ela e eu. Nós estamos de fato aqui. Eu a tenho. Eu a abraço. Uma última pressão me retém, me congela. Eu sinto entre minhas coxas a Igreja me deter, se queixar, ela me paralisará?[8] Vou me

---

4. ...*o espaço privado igualmente de mulher.*
5. ...*como as cabeças do prazer são ardentes, como...*
6. ...*suas papoulas de alegria e de música,...*
7. *Abre a porta deles.*
8. ...*me paralisará nela.*

retirar? Não, não, afasto a última muralha. São Francisco de Assis, que me guardava o sexo, se afasta. Santa Brígida me abre os dentes. Santo Agostinho me desata a cintura. Santa Catarina de Siena adormece Deus. Acabou-se, acabou-se realmente, não sou mais virgem. A muralha celeste virou-se. A loucura universal me conquista. Escalo meu gozo no pico mais alto do éter.

Mas eis que Santa Heloísa o ouve[9]. Mais tarde, infinitamente mais tarde, ela o ouve e lhe fala. Uma espécie de noite lhe enche os dentes. Entra mugindo nas cavernas de seu crânio. Ela entreabre a tampa de sua sepultura com sua mão de ossinhos de formiga. Crer-se-ia ouvir uma cabra num sonho. Ela treme, mas ele treme também mais que ela. Pobre homem! Pobre Antonin Artaud! Pois é realmente ele este impotente que escala os astros, que tenta confrontar sua fraqueza com os pontos cardeais dos elementos, que, de cada uma das faces sutis ou solidificadas da natureza, se esforça por compor um pensamento que se mantenha, uma imagem que fique em pé. Se ele pudesse criar tantos elementos, fornecer ao menos uma metafísica de desastres, o começo seria o desmoronamento!

Heloísa lamenta não ter tido em lugar de seu ventre uma muralha como aquela sobre a qual se apoiava quando Abelardo a acossava com um dardo obsceno. Para Artaud, a privação é o começo desta morte que ele deseja. Mas que bela imagem de um castrado!

Tradução de J. Guinsburg

9. *Mas eis que Santa Heloísa o chama.*

A VIDRAÇA DO AMOR[1]

Eu a queria resplendente de flores, com pequenos vulcões enganchados nas axilas, e especialmente esta lava em amêndoa amarga e que estava no centro de seu corpo erguido[2].

1. Publicado originalmente em *Revue européenne* (nº 29, 1º de julho de 1925).
O manuscrito deste texto se encontra na Biblioteca Literária Jacques Doucet.
Este manuscrito se apresenta assim da seguinte forma:
1º Uma folha dupla de papel branco quadriculação retangular, de formato 21 x 27 cm., do qual são utilizadas as páginas 1 e 3; as páginas não são numeradas;
2º Uma folha simples do mesmo papel; no alto desta página Antonin Artaud inscreveu o título:
     Le Sexe en verre
     ou la Vitre d'Amour (O *Sexo de vidro ou a Vidraça do Amor*)
título que era inicialmente: *le Sexe frit ou la Vitre d'Amour* (O *Sexo Frito, ou...*); acima do título, o número 3;
o rosto desta folha já havia sido utilizado por Antonin Artaud; encontra-se aí o fragmento: *Une fois pour toutes...*
3º Uma folha simples de papel em letras brancas, mesmo formato, papel muito fino, página numerada em baixo a direita 4;
rosto já utilizado: aparece aí o fragmento: *Il y a des montagnes...*
4º Uma folha dupla de papel em quadriculação retangular; A página com número 5 no alto, à esquerda de *la Vitre d'Amour*, está escrito na quarta página desta folha, página virada, as três outras trazem o fragmento: *Na luz da Evidência* (cf. p. 245).
5º Uma folha dupla do mesmo papel em que somente a primeira página, com número 6, no alto, no meio, está escrita: ao pé da página, esta data: *22 janvier 25.*
Salvo especificação, as variantes que nós indicamos abaixo são as que levantamos do manuscrito.
2. *...de seu ser erguido.*

Havia também uma arcada de sobrancelhas[3] sob a qual todo o céu passava, um verdadeiro céu de violação, de rapto, de lava, de tempestade, de furor, em suma, um céu absolutamente teologal. Um céu como um arco erigido, como a trombeta dos abismos, como a cicuta bebida em sonho, um céu contido em todos os frascos da morte, o céu de Heloísa acima de Abelardo, um céu de apaixonado suicida, um céu que possuía todas as fúrias do amor.

Era um céu de pecado protestante, um pecado retido no confessionário, destes pecados que carregam a consciência dos padres, um verdadeiro pecado teologal.

E eu a amava.

Ela era criada em uma taverna de Hoffmann, mas uma miserável crapulosa criadinha, uma criadinha crapulosa e mal lavada[4]. Ela passava os pratos, limpava os lugares, fazia as camas, varria os quartos, sacudia os dosséis dos leitos e se despia diante de sua lucarna, como todas as criadas de todos os contos de Hoffmann.

Eu dormia naquela época em uma cama lastimável cujo colchão se erguia todas as noites, se enrugava diante desse avanço de ratos que os refluxos dos maus sonhos vomitam, e que se aplanava ao sol nascente. Meus lençóis cheiravam a fumo e a necrotério, e este odor nauseante e delicioso que nossos corpos assumem quando nos pomos a cheirá-los[5]. Em suma, eram verdadeiros lençóis de estudante apaixonado.

Eu labutava numa tese espessa, emasculante, sobre os abortos do espírito humano nesses limiares esgotados[6] da alma que o espírito do homem não atinge.

Mas a ideia da criadinha me atormentava muito mais que todos os fantasmas do nominalismo excessivo das coisas.

Eu a via através do céu, através das vidraças partidas de meu quarto, através de suas próprias sobrancelhas, através dos olhos de todas minhas antigas amantes, e através dos cabelos amarelos de minha mãe.

Ora, estávamos na noite de São Silvestre. O trovão troava, os relâmpagos marchavam, a chuva abria seu caminho, os casulos dos sonhos baliam, as rãs de todas as lagoas coaxavam, em suma, a noite fazia o seu trabalho.

Cumpria-me agora encontrar um meio de me pôr em contato com a realidade... Não era bastante estar em contato com a ressonância obscura das coisas, ouvir por exemplo os vulcões falarem, e revestir o objeto de meus amores de todos os encantos de um adultério antecipado, por exemplo, ou de todos os horrores, imundícies, escatologias, crimes, intrujices que se prendem à ideia do amor; cumpria-me encontrar simplesmente o meio de atingi-la diretamente, isto é, e antes de tudo de *falar-lhe*.

---

3. Em *A Revue européenne*, como no manuscrito, lê-se aqui: *Havia também uma arcatura de sobrancelhas...*

4. *Mas miserável criadinha, criadinha crapulosa e mal lavada.*

5. *...quando nos decidimos cheirá-los.*

6. *...do Espírito humano, sobre esses limiares esgotados...*

De repente a janela se abriu. Eu vi em um canto de meu quarto um imenso jogo de damas sobre o qual caíam os reflexos de uma multidão de lâmpadas invisíveis. Cabeças sem corpos faziam rondas, chocavam-se, caíam como quilhas. Havia um imenso cavalo de pau, uma rainha em morfina, uma torre de amor, um século vindouro. As mãos de Hoffmann empurravam os peões, e cada peão dizia: NÃO A PROCURE LÁ. E no céu viam-se anjos com asas de pés niquelados. Parei, pois, de olhar pela janela[7] e de esperar ver minha criadinha querida.

Então senti uns pés que acabam de esmagar os cristais dos planetas, justo no quarto de cima. Suspiros ardentes varavam o assoalho, e ouvi a trituração de uma coisa suave.

Neste momento todos os pratos da terra começaram a rodar e os fregueses de todos os restaurantes do mundo saíram em perseguição[8] da criadinha de Hoffmann; e viu-se a criada que corria como uma danada, depois Pierre Mac Orlan, o remendão de botinas absurdas[9], passou, empurrando um carrinho de mão pelo caminho. Atrás dele vinha Hoffmann com um guarda-chuva, depois Achim de Arnim, depois Lewis que andava transversalmente. Enfim a terra se abriu, e Gérard de Nerval apareceu.

Era maior do que tudo. Havia também um homenzinho que era eu.

– Mas note bem que você não está sonhando, me dizia Gérard de Nerval, aliás aqui está o cônego Lewis que entende do assunto: Lewis, você se atreveria a sustentar o contrário?

– Não, por todos os sexos barbudos.

São estúpidos, pensei, não vaie a pena serem considerados grandes autores.

– Pois bem, me dizia Gérard de Nerval, tudo isto[10], veja você, tem uma ligação. Você a põe na salada, você a come com azeite, você a descansa sem hesitar, a criadinha é minha mulher.

Ele não sabe sequer o peso das palavras, pensei[11].

– Perdão, o preço, o preço das palavras, me soprou meu cérebro que também as conhecia.

– Cale-se, meu cérebro, eu lhe disse, você ainda não está suficientemente vitrificado.

Hoffmann me disse:

– VAMOS AO FATO.

E eu:

– Eu não sei como entrar em contato com ela, não me atrevo.

---

7. O manuscrito traz: *Parei de olhar a janela...* como mais acima está dito: *Eu a via através do céu, através das vidraças...*, cabe perguntar se a preposição *pela* não foi acrescentada na gráfica sem que Antonin Artaud se tenha dado conta do fato, quando da revisão das primeiras provas.

8. *...se puseram a perseguir...*

9. *...o remendão das botinas absurdas,...*

10. *...considerados grandes autores. Pois bem, me dizia Gérard, tudo isto...*

11. *...das palavras, dizia a mim mesmo.*

– Mas você não precisa nem mesmo se atrever, retorquiu Lewis. Você a obterá TRANSVERSALMENTE.

– Transversalmente, mas ao quê?, repliquei eu. Pois no momento é ela que me atravessa.

Mas, já que te dizem que o amor é oblíquo, que a vida é oblíqua, que o pensamento é oblíquo, e que tudo é oblíquo. VOCÊ A TERÁ QUANDO NÃO PENSAR NISSO.

Escuta aí em cima. Não ouves o conluio destas pontes de indolência, o encontro deste amontoado de inefável plasticidade?

Eu sentia minha testa estourar.

No fim compreendi que se tratava de seus seios, e compreendi que todos esses suspiros se exalavam do próprio seio de minha criadinha. Compreendi também que ela estava deitada sobre o assoalho de cima para estar mais perto de mim.

Houve na rua cantos de uma estupidez terrível[12]:

> *Chez ma belle qu'il fait bon*
> *Avaler du mouron (bis)*
> *Car nous sommes oiseaux*
> *Car nous sommes oiselles*
> *Chez ma belle qu'il fait bon*
> *Colombelle à son balcon*
> *Toute l'eau de ses aisselles*
> *Ne vaut pas la mirabelle*
> *De ses amoureux frissons*.*

Porcos estúpidos, urrava eu me levantando, vocês sujam o próprio espírito do amor.

A rua estava vazia. Havia apenas a lua que continuava seus murmúrios d'agua.

Qual é o melhor berloque, qual é a joia mais bela, qual é a amêndoa mais sumarenta?

A esta visão eu sorri.

Este não é o diabo, como você vê muito bem, me disse ela.

Oh não, não era o diabo, minha pequena criadinha estava em meus braços.

– Há tanto tempo, há tanto tempo, me disse ela, eu te desejava[13].

E esta foi a ponte da grande noite. A lua subiu no céu. Hoffmann se enterrou em sua cave, todos os restauradores recuperaram seus lugares, houve apenas o amor: Heloísa de manto, Abelardo de tiara, Cleópatra de áspide, todas as línguas da sombra, todas as estrelas da loucura.

Foi o amor como um mar, como o pecado, como a vida, como a morte.

---

12. *...cantos de uma estupidez desavergonhada.*

* Em casa de minha bela como é bom/ alpiste comermos (*bis*)/ Pois passarinhos nós somos/ Pois passarinhos nós somos/ Junto de minha bela como é bom/ Pombinha em seu balcão/ Toda água de suas axilas/ Não vale a mirabela/ De seus apaixonados arrepios.

13. *...me disse ela. Como eu te desejava.*

O amor sob as arcadas, o amor na bacia, o amor em um leito, o amor como a hera, o amor como um macaréu.

O amor tão grande quanto os contos, o amor como a pintura, o amor como tudo o que existe.

E tudo isto em uma mulher tão pequena, em um coração tão mumificado, em um pensamento tão restrito, mas o meu *pensava* por dois.

Do fundo de uma embriaguez insondável, um pintor tomado de vertigem de repente se desesperava. Mas a noite[14] era mais bela que tudo. Todos os estudantes retornaram a seus quartos, o pintor recobriu seus ciprestes. Uma luz de fim do mundo encheu pouco a pouco[15] meu pensamento.

Logo, não houve mais que uma imensa montanha de gelo sobre a qual uma cabeleira loira pendia[16].

Tradução de J. Guinsburg

14. ...*um pintor sem vertigem chorava, mas a noite...*
15. ...*de fim de mundo enchia pouco a pouco...*
O final deste parágrafo foi notavelmente transformado; é possível ler sob o texto inicial: ...*chorava, chorava sobre a vacuidade de sua alma frente a sua incapacidade de amar, mas aqui nada havia além da noite, e uma luz de fim de mundo que trepava na imensidão.*
16. ...*sobre o qual sua cabeleira pendia.*

EXCURSÃO PSÍQUICA[1]

O ponto de partida da magia reside na encantação. A palavra magia desperta confusamente, no entendimento da maioria, a ideia de práticas ocultas capazes de despertar as forças sombrias da natureza e de avassalar até os fantasmas da morte. E isto é em parte verdade.

Não é o desejo sozinho que desperta na inteligência do homem a nebulosa dos fantasmas e que lhe inspira a ideia de reencontrar, por meio do verbo, ao menos a evocação deste poder maravilhoso que pareceria reservado a alguns. Ele nos deu, em todo caso, estas joias da literatura do mundo que são *As Mil e Uma Noites*, os *Contos* de Perrault, os *Contos* de Hoffmann e entre outros O *Vaso de Ouro*, as *Histórias* de Poe.

Não se tratava apenas do fato de [revelar[2]] as relações das coisas criadas, de lidar com o tempo e a distância, e os antagonismos dos elementos. Trata-se antes deste conjunto de práticas quase históricas, as atribuições muito precisas de tais personagens maravilhosas, esta galeria de fantasmas humanos, que se chamam mágicos, feiticeiros, dervixes, faquires, este vestiário heteróclito, esta flora misteriosa, e para começo de tudo isso: o Sabá.

1. Segundo uma cópia datilografada enviada pela Sra. Toulouse. Este texto pôde ter sido escrito na época em que Antonin Artaud lia as obras de Maeterlinck afim de prefaciar *Douze Chansons* (cf. p. 151), isto é, por volta de 1922-1923.

2. Esta cópia foi também foi corrigida pela Sra. Toulouse. Há uma falta aqui entretanto. Ela foi conjecturalmente preenchida a fim de facilitar a leitura.

Ora, se a grande maioria dos homens gostaria de se dar ao trabalho de fazer descontos em seus comentários a este respeito, quantos outros haveria que chegariam a desembaraçar sua ideia verdadeiramente geral, verdadeiramente humana, de toda esta mixórdia, ou a formular claramente a ideia que fazem desta fantasmagoria. Para a maioria, todo herói mágico da humanidade está contido em *Os Segredos do Grande Alberto*, este festim das cozinheiras histéricas, e os outros, que se dão ao trabalho de refletir e que dizem a si mesmos que: se houvesse mágicos, o que é que poderiam eles realmente fabricar? Chegam a confundi-los com honestos químicos, até mesmo vulgares prestidigitadores. Nós não sabemos se algum dia existiram na sucessão dos dias mágicos tais como brotam a cada passo na terra bendita das *Mil e Uma Noites*.

Hoje em dia, com exceção de algumas crianças, ninguém mais crê nos mágicos. Uma coisa, todavia, é notável: é que todos esses contos maravilhosos tratam apenas raramente dos fantasmas dos mortos e de uma maneira tão fraca que ela não nos pode ser de nenhuma utilidade.

É, no entanto, na investigação da morte que reencontraríamos o segredo da ação divina e da configuração espiritual do mundo, pense o que pensar disso Maeterlinck em seu triste e cruel *Grande Segredo*. É com efeito pouco provável que inteligências depuradas pelo grande despojamento de suas cascas corporais, reentrando no grande todo espiritual, voltando a este grande todo original e mais sutil, não sejam capazes de penetrar o arcano da origem das coisas e de seus destinos.

Ora, este meio[3] de nos levar a passear pela morte nós o possuímos desde já, devido à hipnose que liberta em nós o subconsciente de rosto de vidro e o man-

---

3. A Sra. Toulouse nos havia transmitido uma segunda cópia datilografada deste texto que apresentava um fim diferente:

Ora este meio de nos pormos a passar pela morte, nós o possuímos desde logo devido à hipnose que entrega em nós o subconsciente de rosto de vidro e o manda comprazer-se em liberdade nas fronteiras do além. É inimaginável, bastante, que a natureza que juntou tão miraculosamente em nós o imponderável ao conhecível até reduzi-lo a ser função dele, não lhe tenha deixado do outro lado uma ponte com o Inconhecível, o Superior.

Como o sopro do além que está em cada um de nós e que um dia despertará ao sopro do Espírito puro, se reconheceria se não fosse de uma essência idêntica.

Mas quando há uns cinquenta anos a Ciência julgou ter encontrado o meio de comover o Emanuel Imanente, de fazer conversar seus imponderáveis, de trazer à face da consciência os signos do além por meio de espelhos, bolas, passes, e todo o aparelho dos hipnotizadores, o que fez ela do ritual antigo das práticas mágicas do dito de outro modo, da Encantação!

Só que, enquanto nós fatigamos os Espíritos com nossas pueris baboseiras, com nossas preocupações malsãs e nos deixamos escravizar por eles, eles tinham encontrado os meios de comandá-los. Os egípcios conheciam as palavras e os passes capazes de reter uma alma nos limites da Vida. E aí que se revela o solene poder da Encantação, a Gula do homem que pudera (crer que) a turbulência dos fantasmas se apraz em exercer-se sobre as forças da Natureza, sobre os Elementais que aventuram seus corpos de espectros nos escritos da Idade Média crédula.

Mas a Grande Virtude da Magia reside na subjulgação da morte. E quase certo que a morte tornando nossa alma mais sensível às perspectivas espirituais do além, começa por uma série de entorpecimentos sucessivos ela a separa do corpo e eu imagino que deve haver na morte esta inquietude do homem que dorme e se pergunta com angústia se se trata verdadeiramente de um sonho. Questão enlouquecedora.

da divertir-se em liberdade sobre as orlas do outro mundo. Não é certo que a morte, tornando nossa alma mais sensível às percepções espirituais do além, comece por uma sinistra momice do sono, e que, por uma série de entorpecimentos sucessivos, a destaque do corpo. E eu imagino que deve haver na morte esta inquietação do homem que dorme e se pergunta com angústia se é verdadeiramente um sonho. Enlouquecedora questão!

É bastante evidente que importaria muito pouco ao homem poder derrubar a ordem dos elementos se ele não tivesse influência sobre o vertiginoso desencadeamento dos fantasmas da morte. Os egípcios conheciam as palavras 3 as forças que retinham a alma na margem da Vida. A incrível fascinação da magia sobre o homem lhe vem deste maravilhoso poder. A encantação pôde servir, por consequência, para captar as forças brutas da natureza, mas a grande virtude da Magia reside na subjugação da Morte.

Tradução de J. Guinsburg

Rimbaud & os Modernos

Fatos novos de pensamentos, abalo, animação de relações – relações não de sentimentos, do interior de um sentimento ao interior de um outro sentimento, mas do exterior de um sentimento, do lugar, do grau, da *importância* de um sentimento com a *importância* de um outro sentimento, do valor exterior, figurativo de um pensamento com relação a um outro pensamento – e de suas reações com relação a elas, de sua admissão nele, de suas dobras, de seus declives – eis a contribuição de Rimbaud.

Rimbaud nos ensinou uma nova maneira de ser, de nos manter no meio das coisas.

Pilhado pelos modernos unicamente em suas dobras, em seus declives, no jogo das relações inventadas por ele e não na natureza das coisas agitadas – que ele próprio, aliás, não agita senão de fora (sentindo exteriormente este exterior), e se ele escava é para retirar ainda outros exteriores; o suco interior dos fenômenos lhe permanecerá sempre desconhecido – e os modernos nem sequer retiveram estes fenômenos, mas sim maneiras de agitá-los. Não é, Raval, Fierens e os outros seguidores. Um outro espírito está na origem de certos tiques do estilo contemporâneo, em breve tão fora de moda quanto todas as afetações do decadentismo, é o Mallarmé de *Divagations* (*Divagações*).

O primeiro, por seu cuidado em dar a cada palavra sua total capacidade de sentido, classificou suas palavras como valores existentes fora do pensamento que os condiciona, e operou estas estranhas inversões de sintaxe onde cada sílaba parece objetivar-se e tornar-se preponderante. Mas Mallarmé era difícil em face de seu pensamento, lá onde Paul Fierens não é difícil a não ser para os que o leem, e com um tema do ser insignificante. Eu me apresso em dizer que Paul Fierens compõe pequenos poemas perfeitos, e que me parecem felizes elucidações do pensamento contemporâneo. Eu só detesto suas resenhas críticas[1].

Tradução de J. Guinsburg

1. No sumário das revistas que publicavam os poemas Antonin Artaud, encontram-se também poemas de Marcel Raval e de Paul Fierens. Em 1923, Paul Fierens fazia regularmente resenhas críticas em *les Nouvelles littéraires*. É alias neste hebdomário que ele assinará em dezembro de 1925 uma resenha crítica de *O Umbigo dos Limbos* que Antonin Artaud julgava de uma imbecilidade atroz.

Um Pintor Mental

No gênero feto, Paul Klee (alemão) organiza algumas visões interessantes.

Eu gosto muito de alguns de seus pesadelos, suas sínteses mentais concebidas como arquiteturas (ou suas arquiteturas de caráter mental), e algumas sínteses cósmicas onde toda a objetividade secreta das coisas se torna sensível, mais do que as sínteses de Georges Grosz. Considerada ao mesmo tempo, a diferença profunda de inspiração de um e de outro aparece. Georges Grosz criva o mundo e o reduz à sua visão; em Paul Klee as coisas do mundo se organizam – e ele tem a aparência de escrever sob inspiração delas. Organização de visões, de formas, e também fixação, estabilização de pensamentos, induções e deduções de imagens, com a conclusão que daí decorre, e também organização de imagens, busca do sentido subjacente de certas imagens, clarificações de visões do espírito, assim me aparece esta arte. A secura, a nitidez de Grosz, explodem diante destas visões organizadas, que mantêm seu aspecto de visões, seu caráter de coisa mental.

Tradução de J. Guinsburg

A Arte Suprema

Escrevemos raramente no plano do automatismo[1] que preside à realização de nossos pensamentos.

A arte suprema é dar, por intermédio de uma retórica bem aplicada, à expressão de nosso pensamento, a rijeza e a verdade de suas estratificações iniciais, assim como na linguagem falada. E a arte é de conduzir esta retórica ao ponto de cristalização necessário para não fazer mais do que uma só coisa com certas maneiras de ser, reais, do sentimento e do pensamento. – Em uma palavra, o único escritor duradouro é aquele que souber fazer com que esta retórica se comporte como se ela já fosse pensamento, e não o gesto do pensamento. E Jean Paulhan, que em *Le Pont traversé*[2] fixou certas maneiras de nosso pensamento se comportar com relação aos sonhos, revelou tais estratificações do pensamento

---

1. Este texto abre o segundo número de *Bilboquet*, impresso no mesmo papel e de mesmo formato. É um opúsculo de dezesseis páginas que se apresenta "em folhas" e não traz nem número nem data, nem endereço, nem nome de quem o imprimiu. A correspondência com Génica Athanasiou nos informa sobre a data aproximada da publicação. Por duas vezes, 12 de outubro e 8 de dezembro de 1923, Antonin Artaud anuncia-lhe o envio:... *um pequeno livro de pensamento de um escritor que conheces e do qual quero fazer a ti surpresa. E: Eu te enviarei proximamente o livro de que te falei. Ele é muito curioso e muito atual. Tu conheces aliás o autor* (cf. *Lettres à Génica Athanasiou*, pp. 109 e 126). Este segundo número compreende os dois textos que precedem.

2. *Le Pont tranversé*, de Jean Paulhan, havia aparecido em 1921 nas edições Camille Bloch.

humano com infinitamente mais tato, felicidade e certeza do que Maeterlinck revelou tais contingências da alma – por uma maior submissão ao assunto, e pela exata elucidação deste assunto.

Tradução de J. Guinsburg

Na Luz da Evidência

Na luz da evidência[1] e da realidade do cérebro,
no ponto em que o mundo se torna sonoro e resistente em nós,
com os olhos de quem sente em si as coisas se refazerem, de quem se apega
e se fixa no começo de uma nova realidade.

Estes estados em que a realidade mais simples, mais ordinária, não chega até
mim, onde a instante pressão da realidade costumeira não penetra até mim, onde
eu não atinjo mesmo o nível necessário de minha vida.

E que esta pressão e este sentimento em ti abram caminho e se apresentem
com sua evidência e sua densidade normal no mundo e que convém àquilo que
tu és em um sistema e com uma quantidade que te representa, com a *quantidade*
que te representa.

Não, a bem dizer, o volume das coisas, mas seu sentimento e sua repercussão
em mim: a repercussão ao cabo da qual está o pensamento.

Deixar-se levar pelas coisas em lugar de se fixar sobre certos lados especiosos,
de pesquisar sem fim definições que não nos mostram senão os pequenos lados

mas para isto ter em si a corrente das coisas, estar ao nível de sua corrente,
estar enfim ao nível da vida, em lugar de permitir que nossas deploráveis circunstâncias mentais nos deixem perpetuamente no entremeio, estar ao nível dos
objetos e das coisas, ter em si sua forma global e sua definição ao mesmo tempo

---

1. A página nº 5 de *A Vidraça do Amor* ocupa uma só página de uma folha dupla. As notas
que começam por *Na Luz da Evidência...* estão escritas em tinta preta sobre as três outras páginas desta folha (cf. nota 1, p. 231).

e que as localizações de tua substância pensante entrem em movimento ao mesmo tempo que seu sentimento e sua visão em ti.

*

* *

De uma vez por todas[2]
1º eu tenho o ar terrivelmente preocupado de demonstrar que eu não penso e que me dou conta disto, que tenho o cérebro fraco, mas eu penso que todos os homens têm primeiro o cérebro fraco – e em seguida que mais vale ser fraco, que mais vale estar em um estado de abdicação perpétua em face do espírito da gente. É um melhor estado para o homem, é um estado mais normal, mais adaptado a nosso sinistro estado de homens, a esta sinistra pretensão dos homens de querer.
Eu tenho uma imaginação estupefata.

*

* *

Há montanhas[3] de problemas que nos encerram por todas as partes: Infeliz de quem pensou escapar aos problemas, infeliz de quem acreditou poder dispensar-se de pensar.
Que século traz, pode mostrar em seu ativo, este esforço desesperado de conquista que se situa nos cumes glaciais do Espírito.

Tradução de J. Guinsburg

2. O curto fragmento *De uma vez por todas...* está escrito a tinta vermelha na página de frente de uma folha cujo verso traz a página nº 3 de *A Vidraça do Amor*.
3. No fim, escrito a lápis, na página de frente de uma folha cujo verso é ocupado pela página nº 4 de *A Vidraça do Amor*, encontra-se o fragmento *Há montanhas...*.

Sobre o Suicídio[1]

Antes de me suicidar exijo que me assegurem a respeito do ser, eu gostaria de estar seguro a respeito da morte. A vida me parece apenas como um consentimento à legibilidade aparente das coisas e à sua ligação no espírito. Eu não me sinto mais como a encruzilhada irredutível das coisas, a morte que cura, cura ao nos separar da natureza; mas se eu não sou mais que um divertimento de dores onde as coisas não passam?

Se eu me mato, não será para me destruir, mas para me reconstituir, o suicídio não será para mim senão um meio de me reconquistar violentamente, de irromper brutalmente em meu ser, de antecipar o avanço incerto de Deus. Pelo suicídio, eu reintroduzo meu desígnio na natureza, eu dou pela primeira vez às coisas a forma de minha vontade. Eu me livro deste condicionamento de meus órgãos tão mal ajustados com meu eu e a vida não é mais para mim um acaso absurdo onde eu penso aquilo que me dão a pensar. Eu escolho então meu pensamento e a direção de minhas forças, de minhas tendências, de minha realidade. Eu me coloco entre o belo e o feio, o bom e o malvado. Eu me torno suspenso, sem inclinação, neutro, exposto ao equilíbrio das boas e das más solicitações.

Pois a própria vida não é uma solução, a vida não tem nenhuma espécie de existência escolhida, consentida, determinada. Ela não é mais que uma série de apetites e de forças adversas, de pequenas contradições que levam a resultados ou abortam conforme as circunstâncias de um acaso odioso. O mal está deposi-

---

1. *Le Disque vert* (3º ano, nº 1, 4ª série, janeiro de 1925). Este número se intitula *Sur le suicide*. A resposta de Antonin Artaud à enquete lançada por esta revista traz o mesmo título.

tado desigualmente em cada homem, como o gênio, como a loucura. O bem, assim como o mal, é o produto das circunstâncias e de um levedo mais ou menos atuante.

É certamente algo abjeto ser criado e viver e sentir-se nos mínimos recônditos, até nas ramificações mais *impensadas* de nosso ser irredutivelmente determinado. Nós não somos mais do que árvores, no fim de contas, e está provavelmente inscrito em uma extremidade qualquer da árvore de minha raça que eu me matarei um determinado dia.

A ideia mesma da liberdade do suicídio cai como uma árvore cortada. Eu não creio nem no tempo, nem no lugar, nem nas circunstâncias de meu suicídio. Se eu não invento sequer o pensamento do suicídio, sentirei a sua extirpação?

Pode ser que neste instante se dissolva o meu ser, mas se ele permanecer inteiro, como reagirão meus órgãos arruinados, com que impossíveis órgãos registrarei eu o dilaceramento?

Eu sinto a morte sobre mim como uma torrente, como o salto instantâneo de um raio cuja capacidade eu não imagino. Eu sinto a morte carregada de delícias, de dédalos turbilhonantes. Onde está, aí dentro, o pensamento de meu ser?

Mas eis Deus de repente como um punho, como um feixe de luz cortante. Eu me separei voluntariamente da vida, eu quis remontar meu destino!

Ele dispôs de mim até o absurdo, este Deus; ele me manteve vivo em um vazio de negações, de negações encarniçadas de mim mesmo, ele destruiu em mim até os menores brotos da vida pensante, da vida sentida. Ele me reduziu a ser como um autômato que anda, mas um autômato que sentiria a ruptura de sua inconsciência.

E eis que eu quis dar prova de minha vida, eu quis me reunir com a realidade ressoante das coisas, eu quis romper minha fatalidade.

E este Deus, o que diz ele?

Eu não sentia a vida, a circulação de toda ideia moral era para mim como um rio seco. A vida não era para mim um objeto, uma forma; ela se tornara para mim uma série de raciocínios. Mas de raciocínios que giravam no vazio, de raciocínios que não giravam, que eram em mim como "esquemas" possíveis que minha vontade não conseguia fixar.

Mesmo para chegar ao estado de suicídio, devo esperar o retorno de meu eu, preciso do livre jogo de todas as articulações de meu ser. Deus me colocou no desespero como em uma constelação de impasses cuja radiação chega a mim. Eu não posso nem morrer, nem viver, nem desejar morrer ou viver. E todos os homens são como eu.

Tradução de J. Guinsburg

DECLARAÇÃO DE 27 DE JANEIRO DE 1925[1]

Tendo em vista uma falsa interpretação de nossa tentativa, estupidamente espalhada entre o público,

Cumpre-nos declarar o que segue a toda a gaguejante crítica literária, dramática, filosófica, exegética e mesmo teológica contemporânea:

1º Nós nada temos a ver com a literatura;

1. Este manifesto, publicado em forma de cartaz, encontra-se entre os papéis de Antonin Artaud preservados por Génica Athanasiou. Foi publicado em *Documents surréalistes*, por Maurice Nadeau (Editions du Seuil, 1948). Em *Conversation avec André Masson* é nitidamente afirmado que esta declaração foi escrita por Antonin Artaud. André Breton a cita entre os textos coletivos publicados sob estímulo de Antonin Artaud. Ora, esta declaração só é coletiva porque ela foi assinada por vinte e sete nomes, mas aqui todos os testemunhos concordam, ela foi integralmente redigida por Antonin Artaud.

Ela foi o gesto pelo qual ele assinalou que assumia a direção do *Bureau de Recherches*. A data de 27 de janeiro de 1925 é significativa. Com efeito, não foi somente depois de 30 de janeiro, como deixaria supor o aviso incerto no fim do número 2 de *la Révolution Surréaliste*, que esta função foi confiada a Antonin Artaud, mas desde o dia 26. É o *cahier de permanence do Bureau de Recherches* que nos informa. Na data de sábado, 24 de janeiro, lê-se aí o seguinte:

Sexta-feira à noite (23 de janeiro) teve lugar uma reunião geral em Certa. Estavam presentes os Srs. Aragon, Breton, Boiffard, Gérard, Desnos, Lübeck, Éluard, Ernst, Leiris, Tual, Masson, Péret, Queneau, Ch. Baron, J. Baron, Artaud, Naville.

Havendo a necessidade imediata de remediar o funcionamento da Central, que demonstrou plenamente sua incapacidade de atender ao objetivo proposto, nós examinamos por quais meios apropriados se poderia lhe proporcionar eficácia. Após deliberação, a direção do Bureau de Recherches *foi confiada a Antonin Artaud, com todos os poderes. A partir de segunda-feira, 26 de janeiro, um novo funcionamento da Central estará, pois, em vigor.*

Mas somos bem capazes, se necessário, de nos servir dela como todo o mundo.

2º O *surrealismo* não é um meio de expressão novo ou mais fácil, nem mesmo uma metafísica da poesia;

E um meio de libertação total do espírito

e de tudo o que se lhe assemelha.

3º Nós estamos realmente decididos a fazer uma Revolução.

4º Nós ajuntamos a palavra *surrealismo* à palavra *revolução* unicamente para mostrar o caráter desinteressado, desprendido, e mesmo inteiramente desesperado, desta revolução.

5º Nós não pretendemos mudar nada nos costumes dos homens, mas pensamos realmente demonstrar-lhes a fragilidade de seus pensamentos, e sobre quais alicerces movediços, sobre quais porões, eles fixaram suas casas estremecentes.

6º Nós lançamos à Sociedade esta advertência solene:

Que ela preste atenção a seus desvios, a cada um dos falsos passos de seu espírito, nós não a deixaremos escapar.

7º A cada uma das viradas de seu pensamento, a Sociedade tornará a nos encontrar.

5º Nós somos especialistas da Revolta.

Não há um meio de ação que nós não sejamos capazes, se necessário, de empregar.

9º Nós dizemos mais especialmente ao mundo ocidental:

o *surrealismo* existe

– Mas o que é então este novo *ismo* que se prende a nós?

– O *surrealismo* não é uma forma poética.

É um grito do espírito que se volta para si mesmo e está de fato decidido a triturar seus entraves,

e se necessário por meio de martelos materiais!

> *Do birô de pesquisas surrealistas*
> *15, rue de Grenelle*
> *Louis Aragon, Antonin Artaud, Jacques Baron, Joë Bousquet, J.-A. Boiffard, André Breton, Jean Carrive, René Crevel, Robert Desnos, Paul Éluard, Max Ernst, T. Fraenkel, Francis Gérard, Michel Leiris, Georges Limbour, Mathias Lübeck, Georges Malkine, André Masson, Max Morise, Pierre Navale, Marcel Noll, Benjamin Péret, Raymond Queneau, Philippe Soupault, Dédé Sunbeam, Roland Tual.*

> *Tradução de J. Guinsburg*

Está na Mesa[1]

Deixai as cavernas do ser. Vinde. O espírito sopra fora do espírito. É tempo de abandonardes vossas habitações. Cedei ao Todo-Pensamento. O Maravilhoso está na raiz do espírito.

Nós somos de dentro do espírito[2], do interior da cabeça. Ideias, lógica, ordem, Verdade (com V grande), Razão, nós damos tudo ao nada da morte. Cuidado com vossas lógicas, Senhores, cuidado com vossas lógicas, não sabeis até onde nosso ódio à lógica nos pode levar.

Não é senão por um desvio[3] da vida, por um decreto imposto ao espírito, que se pode fixar a vida em sua fisionomia dita real, mas a realidade não se encontra

---

1. A direção do número 3 de *la Révolution Surréaliste* (15 de abril de 1925) foi confiada a Antonin Artaud. O título geral do número é:

1925: FIM DA ERA CRISTÃ

Está na Mesa abre o número. Este texto não está indicado no sumário, e no interior da revista não aparece assinado, mas não há dúvida que é de Antonin Artaud.

A versão primitiva deste texto, conservada por Génica Athanasiou, se intitulava *Appel au monde*. Na época da publicação, certas passagens foram suprimidas.

2. *Cedei ao Todo-Pensamento. Tudo o que se aplica ao real imediato é inutilizável pela cabeça. O mundo está num entrecruzamento de loucura. Não há limites para a maravilhosa liberdade da cabeça. O espírito vive numa eterna transubstanciação de si mesmo, tudo o que não é maravilhoso não existe verdadeiramente no mundo. No mundo do espírito, o único. O Maravilhoso está na raiz do espírito.*

Sede um pouco menos na vida, perdei o pé em vosso ser, há meios ilógicos de recuperar a paz lógica do espírito.

Nós somos de dentro do espírito...

3. *... nos pode levar. Há lebres a levantar, há questões, será necessário de fato um dia que vos eleveis até as questões.*

aí. Daí porque, a nós, que visamos a uma certa eternidade, surreal, a nós que de há muito não nos consideramos mais no presente, e que somos para nós mesmos como nossas sombras reais, não se deve vir nos chatear em espírito.

Quem nos julga, não nasceu no espírito, neste espírito que nós queremos viver e que existe[4] para nós fora daquilo que chamais o espírito. Não se deve atrair de mais nossa atenção para as cadeias que nos prendem à petrificante imbecilidade do espírito. Nós pusemos a mão sobre um animal novo. Os céus respondem à nossa atitude de absurdo insensato. Estes hábitos que tendes de voltar as costas às questões não impedirão, no dito dia, os céus de se abrirem, e uma nova língua de se instalar em meio a vossos tratados imbecis, queremos dizer, dos tratados imbecis de vosso pensamento.

Há signos no Pensamento. Nossa atitude de absurdo e de morte é a da melhor receptividade. Através das fendas de uma realidade doravante inviável, fala um mundo voluntariamente sibilino.

Tradução de J. Guinsburg

---

4. Seguimos aqui a lição da cópia preservada por Génica Athanasiou e não a de *la Revolution Surréaliste*:... *neste espírito que nós queremos dizer e que é*... provavelmente, *dizer*, que corresponde muito menos do que *viver*, quer ao sentido deste *apelo* quer ao do movimento surrealista, é o resultado de um erro de impressão.

Na Vida

Van Gogh.
O Suicidado da Sociedade

INTRODUÇÃO

Pode-se falar[1] da boa saúde mental de Van Gogh que, em toda a sua vida, apenas queimou uma mão e, fora disso, não fez mais que cortar uma vez a orelha esquerda,

num mundo em que se come todo dia vagina assada ao molho verde ou sexo de recém-nascido flagelado e enraivecido,

tal como foi colhido à saída do sexo materno.

E isto não é uma imagem, mas um fato abundante e cotidianamente repetido e cultivado por toda a terra.

E é assim, por mais delirante que possa parecer essa afirmação, que a vida presente se mantém em sua velha atmosfera de estupro, de anarquia, de desordem, de delírio, de desregramento, de loucura crônica, de inércia burguesa, de anomalia psíquica (pois não é o homem, mas o mundo que se tornou um anormal), de proposital desonestidade e de insigne tartufice, de imundo desprezo por tudo aquilo que tem raça,

de reivindicação de uma ordem inteiramente baseada no cumprimento de uma injustiça primitiva,

de crime organizado, enfim.

---

1. Ditado a partir de textos escritos entre 28 de fevereiro e 2 de março de 1947. A cópia feita a partir do ditado foi datilografada, e será designada por (C). Um exemplar foi imediatamente enviado ao editor, que estabeleceu a primeira edição (K).

Isso vai mal porque a consciência doente tem um interesse capital, nesse momento, em não sair de sua doença.

É assim que uma sociedade tarada inventou a psiquiatria, para se defender das investigações de certas lucidezes superiores cujas faculdades de adivinhação a incomodavam.

Gérard de Nerval não era louco, mas foi acusado de o ser para que lançassem o descrédito sobre certas revelações capitais que ele se preparava para fazer,

e além de ser acusado, foi ainda golpeado na cabeça, fisicamente golpeado na cabeça, certa noite, para que perdesse a memória dos fatos monstruosos que ia revelar e que, sob a ação desse golpe, passaram nele para o plano sobrenatural, porque toda a sociedade, ocultamente aliada contra sua consciência, foi naquele momento bastante forte para fazê-lo esquecer sua realidade.

Não, Van Gogh não era louco, mas suas pinturas eram fogos gregueses, bombas atômicas cujo ângulo de visão, ao lado de todas as outras pinturas que grassavam nesta época, teria sido capaz de perturbar gravemente o conformismo larvar da burguesia Segundo Império e dos esbirros de Thiers, Gambetta, Félix Faure, bem como os de Napoleão III.

Pois não é um certo conformismo de costumes que a pintura de Van Gogh ataca, mas o rias próprias instituições. E mesmo a natureza exterior, com seus climas, suas marés e suas tempestades de equinócio, não pode mais, depois da passagem de Van Gogh pela terra, manter a mesma gravitação.

Com mais forte razão, no plano social, as instituições se desagregam e a medicina faz o papel de um cadáver imprestável e rançoso, que declarava Van Gogh louco.

Diante da lucidez de Van Gogh que trabalha, a psiquiatria não passa de um reduto de gorilas, eles próprios obcecados e perseguidos e que não têm, para aliviar os mais apavorantes estados de angústia e de sufocação humanas[2], senão uma ridícula terminologia,

digno produto de seus cérebros tarados.

Não existe um psiquiatra, na verdade, que não seja um notório erotômano.

E não creio que a regra da erotomania inveterada dos psiquiatras possa sofrer alguma exceção.

Eu conhecia um que se rebelou, há alguns anos, diante da ideia de me ver acusar assim em bloco todo o grupo de altos crápulas e de fanfarrões patenteados a que ele pertencia.

---

2. Esta passagem é uma daquelas que foram acrescentadas durante o ditado. O texto da edição *K* é falho em duas passagens:
... para aliviar os mais apavorantes estados...
e o singular para o adjetivo *humana*. É bastante provável que esses dois erros provenham de uma passagem malfeita, de (*C*) para (*K*).

Eu, senhor Artaud, me disse ele, não sou um erotômano e o desafio a me mostrar um único elemento no qual o senhor se baseia para fundar sua acusação.

Basta que eu mostre o senhor mesmo, Doutor L.[3], como elemento, o senhor carrega na cara o estigma disso, seu canalha ignóbil.

É o focinho de quem mete sua presa sexual debaixo da língua e a revira em seguida como uma amêndoa, para fazer figa de um certo modo.

Isto se chama fazer seu pé de meia e aumentar seu lucro.

Se no coito o senhor não conseguiu gargarejar com a glote daquele jeito que o senhor sabe e gorgolejar ao mesmo tempo com a faringe, o esôfago, a uretra e o ânus,

o senhor não pode se declarar satisfeito.

E no seu sobressalto orgânico interno há um certo vinco que o senhor adquiriu, que é o testemunho encarnado de um estupro imundo,

e que o senhor cultiva ano após ano, cada vez mais, porque socialmente falando não está sob a alçada da lei,

mas está sob a alçada de uma outra lei, em que está toda a consciência lesada que sofre, porque, comportando-se desta maneira, o senhor a impede de respirar.

O senhor declara delirante a consciência que trabalha, enquanto, por outro lado, a estrangula com sua sexualidade ignóbil.

E é justamente este o plano em que o pobre Van Gogh era casto,

casto como nem mesmo um serafim ou uma virgem podem ser, porque são justamente eles

que fomentaram

e alimentaram na origem a grande máquina do pecado.

Talvez, aliás, Doutor L., o senhor seja da raça dos serafins iníquos, mas, por favor, deixe os homens sossegados,

3. O Doutor Jacques Latrémolière, que era interno do hospital psiquiátrico de Rodez durante a permanência de A. Artaud, acreditou reconhecer-se sob essa inicial. Em seu artigo: *Falei de Deus com Antonin Artaud* (em *La Tour de Feu*, nº 69, abril de 1961), depois de ter grifado essa passagem, efetivamente declara: *Eu sou o doutor L e esta censura constitui a última mensagem pessoal que recebi de Antonin Artaud vivo: as precedentes, aquelas de Rodez, eram muito diferentes* [...]. Reeditando seu artigo dez anos mais tarde (*La Tour de Feu*, nº 112, dezembro de 1971), acrescenta ao exergo que chama de *Van Gogh-Introdução* (Iª edição *K*) esta surpreendente nota: *Meu amigo Gaston Ferdière insinua que é bastante estranho que tenham sido suprimidas, na edição posterior, as páginas iniciais do "Van Gogh" de onde tirei este exergo, talvez para me privarem de insultos dos quais eu conheço a origem c pelos quais não guardo nenhum rancor.* Ora, as duas afirmações do Doutor Latrémolière são inexatas. Não houve segunda edição *K* de *Van Gogh, o Suicidado da Sociedade* e, portanto, nem supressão da Introdução, além de não ter sido ele que Antonin Artaud quis designar por Doutor L. Nós lhe perguntamos em quem pensava quando nos ditou essa passagem e ele nos deu o nome do médico que havia tomado como modelo: não era o doutor Latrémolière. Aliás, se Antonin Artaud tivesse pensado neste último, certamente teria dado seu nome, como fez, nesse mesmo texto, com o doutor Ferdière e, além disso, como sempre escreveu incorretamente La Trémolière em duas palavras, teria certamente empregado a inicial T ou as duas iniciais, L. T.

o corpo de Van Gogh, salvo de todo pecado, foi salvo também da loucura que, aliás, só o pecado traz[4].

E não creio no pecado católico,
mas creio no crime erótico de que
justamente todos os gênios da terra,
os alienados autênticos dos asilos se preservaram,
ou então é porque não foram (autenticamente) alienados.
E o que é um alienado autêntico?

É um homem que preferiu ficar louco, no sentido em que socialmente isto é entendido, do que trair uma certa ideia superior de honra humana.

É assim que a sociedade fez estrangular em seus asilos todos aqueles de que quis se livrar ou se defender, por terem se recusado a ser seus cúmplices em certas imensas sujeiras.

Porque um alienado é também um homem que a sociedade não quis ouvir e a quem ela quis impedir de dizer verdades insuportáveis.

Mas nesse caso o internamento não é sua única arma e o concurso concertado dos homens tem outros meios para atingir as vontades que quer alquebrar.

Além dos pequenos feitiços dos bruxos do campo, existem os grandes enfeitiçamentos globais de que toda a consciência alertada participa periodicamente.

É assim que por ocasião de uma guerra, de uma revolução, de uma agitação social ainda embrionária, a consciência unânime é interrogada e se interroga e ela também faz seu julgamento.

Também pode lhe acontecer de ser provocada e sair de si mesma a propósito de certos casos individuais retumbantes.

É assim que houve feitiços unânimes a respeito de Baudelaire, de Edgar Poe, de Gérard de Nerval, de Nietzsche, de Kierkegaard, de Hölderlin, de Coleridge,
e houve um a respeito de Van Gogh[5].

Isso pode acontecer durante o dia, mas acontece, de preferência, em geral durante a noite.

É assim que estranhas forças são levantadas e conduzidas à abóbada astral, nessa espécie de cúpula sombria que constitui, acima de toda respiração humana, a venenosa agressividade do espírito maligno da maioria das pessoas.

---

4. Na lição da edição K consta: ...*salvo também de loucura que, aliás, somente o pecado traz*. Ora, a lição de (C) e de (A), idêntica àquela do texto inicial (cf. p. 156, 10º §) é: ...*salvo também da loucura*... Parece evidente que a supressão do artigo é resultado de um erro de impressão que Antonin Artaud não percebeu quando da correção das provas, e parecia necessário corrigi-lo.

5. A lição da edição *K*:
houve um a respeito de Van Gogh
é, muito provavelmente, errada e reproduz aquela de (*K*), enquanto na de (*C*), idêntica à do texto inicial, consta:
e houve um a respeito de Van Gogh.
A conjunção inicial, que tem aqui valor de reforço, deve ter sido esquecida por ocasião do transporte de (*C*) para (*K*). Como em todos os casos duvidosos, pareceu-nos preferível seguir a lição do manuscrito.

VAN GOGH, O SUICIDADO DA SOCIEDADE

É assim que algumas raras boas vontades lúcidas que tiveram que se debater aqui na terra se veem, em certas horas do dia ou da noite, no fundo de certos estados de pesadelo autênticos e despertos, cercados pela formidável sucção, pela formidável opressão tentacular de uma espécie de magia cívica que logo surgirá a descoberto nos costumes.

Em face dessa sujeira unânime, que de um lado tem o sexo e de outro, por sinal, a missa[6] ou certos ritos psíquicos como base ou ponto de apoio, não há delírio algum em passear à noite com um chapéu com doze velas atadas, para pintar ao vivo uma paisagem[7],

pois como o pobre Van Gogh haveria de fazer para se iluminar?, como outro dia notava com tanta justeza nosso amigo, o ator Roger Blin.

Quanto à mão queimada, trata-se de heroísmo puro e simples,

quanto à orelha cortada, trata-se de lógica direta,

e repito,

um mundo que dia e noite, e cada vez mais, come o incomível,

para levar sua vontade má aos seus fins,

só tem, nesse ponto,

que calar a boca.

Tradução de Sílvia Fernandes e Maria Lúcia Pereira

POST-SCRIPTUM[8]

Van Gogh não morreu por um estado de delírio próprio,

mas por ter sido corporalmente o campo de um problema em torno do qual, desde as origens, se debate o espírito iníquo desta humanidade.

O do predomínio da carne sobre o espírito, ou do corpo sobre a carne, ou do espírito sobre ambos.

E qual é, nesse delírio, o lugar do eu humano?

Van Gogh procurou o seu durante toda a vida com uma energia e uma determinação estranhas,

e não se suicidou num acesso de loucura, no transe de não alcançá-lo,

mas ao contrário, tinha acabado de alcançá-lo e de descobrir o que ele era e quem ele era, quando a consciência geral da sociedade, para puni-lo por ter se desprendido dela,

o suicidou.

6. Erro de impressão na edição K, que traz *a massa*, enquanto (C) e (K) dão *a missa*, lição confirmada, aliás, pelo que segue: *ou certos ritos psíquicos.*

7. Antonin Artaud refuta aqui um dos argumentos sustentados pelo doutor Beer em seu artigo: "Sua Loucura"?

8. Como já indicamos, esse *Post-Scriptum* foi ditado alguns dias depois do envio do manuscrito ao editor, por volta de 10 de março de 1947 aproximadamente.

E isto aconteceu[9] com Van Gogh como sempre acontece, habitualmente, por ocasião de uma bacanal, de uma missa, de uma absolvição, ou de qualquer outro rito de consagração, de possessão, de sucubação ou de incubação.

Ela se introduziu, portanto, em seu corpo,

esta sociedade

absolvida,

consagrada,

santificada

e possessa,

apagou nele[10] a consciência sobrenatural que acabava de adquirir, e, como uma inundação de corvos negros nas fibras de sua árvore interna,

submergiu-o num último torvelinho,

e, tomando seu lugar,

matou-o.

Pois a lógica anatômica do homem moderno é jamais ter podido viver, nem pensar viver[11], a não ser como possesso.

Tradução de Sílvia Fernandes e Maria Lúcia Pereira

O SUICIDADO DA SOCIEDADE

A pintura linear pura[12] me deixava louco há muito tempo, quando encontrei Van Gogh que pintava não linhas ou formas, mas coisas da natureza inerte como que em plenas convulsões.

9. A lição da edição *K*: *E isto acontecia* é errada. Reproduz um transporte mal feito de (C) para (*K*). Restabelecemos a lição de (*C*): *E isto aconteceu...*

10. *Ela introduziu-se, portanto, em seu corpo, apagou nele...* (C) e (*K*). As cinco linhas intercaladas no início da frase foram acrescentadas por Antonin Artaud quando ele corrigiu as primeiras provas. O papel anexado às provas, no qual ele colocou esse acréscimo, foi conservado. O próprio acréscimo apresenta uma correção. Sua forma inicial era:

esta sociedade
absolvida
consagrada,
delirante
e possessa.

11. Também aqui a forma da edição *K* reproduz um transporte errado de (*C*) para (*K*): *nem pensado viver,...* Nós restabelecemos a lição de (*C*): *nem pensar viver,...*

12. O primeiro esboço dessa pane central, que serviu para Antonin Artaud nos ditar este texto, foi escrito entre 8 e 15 de fevereiro de 1947, o que já é um tempo bastante curto. Foi tudo isso que fez com que Pierre Loeb dissesse que a obra havia sido escrita em duas tardes. A comparação deste primeiro esboço com o texto definitivo revela o considerável trabalho anterior feito a partir dele.

Uma parte do manuscrito foi oferecida por A. A. a Pierre Loeb, que em seguida deu-a a uma amiga, que a cedeu, pouco depois, a um colecionador. Depois disso o documento passou de mão em mão e ignoramos quem é seu atual proprietário. Felizmente ele nos foi enviado por Pierre Loeb em 1948, antes que ele se separasse dele, e nós pudemos então obter uma cópia do mesmo.

E inertes[13].

Como que sob a terrível invectiva desta força de inércia da qual todos falam com meias palavras, e que jamais se tornou tão obscura como quando a terra toda e a vida presente se combinaram para elucidá-la[14].

Ora, é às bordoadas, realmente às bordoadas que Van Gogh atinge sem cessar todas as formas da natureza e os objetos.

Cardadas pelo prego de Van Gogh,

as paisagens mostram sua carne hostil,

o mau humor de suas pregas estripadas[15],

que não se sabe qual força estranha, por outro lado, está metamorfoseando.

Uma exposição de quadros de Van Gogh é sempre uma data na história,

não na história das coisas pintadas, mas simplesmente na história histórica.

Pois não há fome, epidemia, explosão de vulcão, tremor de terra, guerra, que mude o rumo das mônadas do ar, que torça o pescoço à cara torta de *fama fatum*, o destino neurótico das coisas,

como uma pintura de Van Gogh – que sai para a luz do dia,

recompondo imediatamente a visão,

a audição, o tato,

o aroma,

nas paredes de uma exposição –

enfim lançada como nova na atualidade corrente, reintroduzida em circulação.

Na última exposição de Van Gogh, no Palais de l'Orangerie, não estão todas as grandes telas do infeliz pintor. Mas, entre aquelas que estão ali, há desfiladeiros giratórios constelados de tufos de plantas de carmim, caminhos ocos encimados por um teixo, sóis violáceos girando sobre feixes de trigo de ouro puro, Pai Tranquilo[16] e retratos de Van Gogh por Van Gogh,

para fazer lembrar de que sórdida simplicidade de objetos, de pessoas, de materiais, de elementos,

---

13. Aqui restabelecemos o plural do manuscrito: *E inertes*. O singular que consta da lição da edição K, reproduz um mau transporte em (Q, do qual A. A. não deve ter se apercebido, corrigindo o exemplar (*K*).

14. ...*que a terra toda e a vida presente recomeçaram a falar.* (*C*)

15. O *mau humor de suas pregas agitadas* (*C*) e (*K*). Lição que é igual à do manuscrito. Ao corrigir as primeiras provas A. A. transformou agitadas em estripadas (*éventes* em *éventrés*).

16. Quando nós acompanhamos A. A. a Orangerie, uma falsa recordação fez com que chamássemos "O Pai Tanguy" (nº 71 do catálogo, tela 0,92 x 0,73, Período de Paris, Museu Auguste Rodin, Paris) de O *Pai Tranquilo*. Quando ele nos ditou essa passagem, nós assinalamos nosso erro. Ele nos respondeu que ela não era desprovida de sentido e que a denominação *Pai Tranquilo* convinha, de qualquer modo, ao personagem tal como foi pintado por Van Gogh e que queria mantê-la.

Van Gogh extraiu essas espécies de cantos de órgão, esses fogos de artifício, essas epifanias atmosféricas, essa "Grande Obra", enfim, de uma sempiterna e intempestiva transmutação.

Esses corvos pintados dois dias antes de sua morte não lhe abriram, mais que suas outras telas, a porta de uma certa glória póstuma, mas abrem à pintura pintada, ou melhor, à natureza não pintada, a porta oculta de um além possível, de uma realidade permanente possível através da porta aberta por Van Gogh de um enigmático e sinistro além.

Não é comum ver um homem, com o tiro que o matou no ventre, cobrir uma tela de corvos negros, tendo abaixo uma espécie de planície lívida talvez, vazia, de qualquer forma, onde a cor de borra de vinho da terra se confronta violentamente com o amarelo sujo do trigo.

Mas nenhum outro pintor[17], a não ser Van Gogh, saberia encontrar, para pintar seus corvos, esse negro de trufas, esse negro de "rico festim" e, ao mesmo tempo, como que excremencial das asas[18] dos corvos surpreendidos pelo clarão descendente do crepúsculo.

E, embaixo, de que se queixa a terra sob as asas dos corvos *faustos*, faustos apenas para Van Gogh, sem dúvida e, por outro lado, faustoso augúrio de um mal que já não o atingirá?

Pois ninguém, até então, havia como ele transformado a terra[19] nessa roupa suja retorcida de vinho e empapada de sangue.

O céu do quadro é muito baixo, esmagado,

violáceo como as margens de um raio.

A tenebrosa franja insólita do vazio se elevando após o relâmpago.

Van Gogh soltou seus corvos como os micróbios negros de seu baço de suicida, a poucos centímetros do alto *e como se viessem por baixo da tela*,

seguindo a negra cicatriz da linha onde o adejar de sua rica plumagem faz pesar, sobre o turbilhão da tempestade terrestre, as ameaças de uma sufocação vinda do alto.

E apesar disso todo o quadro é rico.

Rico, suntuoso e calmo, o quadro.

---

17. *Nenhum outro pintor...* (C) e (K). Como a impressão das primeiras provas trazendo as correções de A. A. foram conservadas, é fácil deduzir que as outras modificações em seu texto foram feitas por ocasião das segundas provas, tais como estão aqui. Como a maioria das correções foi feita por ocasião das segundas provas, por necessidade de simplificação mencionaremos apenas quando elas estiverem presentes desde as primeiras provas.

A tela descrita aqui é, evidentemente, a obra talvez mais célebre de Van Gogh: *Campos de Trigo com Corvos* (nº 172 do catálogo, tela 0,505 x 1,05, Auvers, julho 1890, coleção V. W. Van Gogh, Laren).

18. *...de trufas, este negro como que excremencial das asas...* (C) e (K)

19. *Ninguém até aí havia transformado a terra...* (C) e (K)

Digno acompanhamento para a morte daquele que, em vida, fez girar tantos sóis ébrios sobre tantos montões de feno rebeldes e que, desesperado, um tiro no ventre, não soube deixar de inundar de sangue e de vinho uma paisagem, molhar a terra com uma última emulsão, ao mesmo tempo alegre e tenebrosa, com gosto de vinho azedo e vinagre talhado.

É por isso que o tom da última tela pintada por Van Gogh, ele que, por outro lado, nunca ultrapassou a pintura, consegue evocar o timbre abrupto e bárbaro do drama elizabetano mais patético, passional e apaixonado.

É isto que me toca mais em Van Gogh, o maior pintor de todos os pintores, e que, sem ir além do que se fala, e que é a pintura, sem sair do tubo, do pincel, do enquadramento do *tema* e da tela para recorrer à anedota[20], à narrativa, ao drama, à ação de imagens, à beleza intrínseca do assunto ou do objeto, conseguiu apaixonar a natureza e os objetos de tal forma que qualquer conto fabuloso de Edgar Poe, Herman Melville, Nathaniel Hawthorne, Gérard de Nerval, Achim d'Arnim ou Hoffmann não supera, no plano psicológico e dramático, suas telas de quatro cêntimos,

quase todas as suas telas, aliás, e como que de propósito, de medíocre dimensão.

Uma lamparina acesa sobre uma cadeira, uma poltrona de palha verde trançada,

um livro sobre a poltrona,

e eis o drama revelado.

Quem vai entrar?

Será Gauguin ou algum outro fantasma?

A lamparina acesa sobre a poltrona de palha indica, ao que parece, a linha de demarcação luminosa que separa as duas individualidades antagônicas de Van Gogh e Gauguin.

O motivo estético de sua divergência não ofereceria, talvez, se o contássemos, grande interesse, mas devia indicar, entre as duas naturezas, de Van Gogh e Gauguin, uma cisão humana profunda.

Creio que Gauguin achava que o artista deve buscar o símbolo, o mito, ampliar as coisas da vida até o mito,

enquanto Van Gogh achava que é preciso saber deduzir o mito das coisas mais terra a terra da vida[21].

No que, penso eu, ele tinha absoluta razão.

20. ...*e que é a pintura, sem recorrer jamais à anedota,...* (C) e (K)
21. ...*as coisas mais comuns da vida.* (C)

Pois a realidade é terrivelmente superior a qualquer história, a qualquer fábula, a qualquer divindade, a qualquer surrealidade.

Basta ter o gênio de saber interpretá-la.

O que nenhum pintor antes do pobre Van Gogh havia feito[22],

o que nenhum pintor voltará a fazer depois dele,

pois acredito que desta vez,

hoje mesmo,

agora,

neste mês de fevereiro de 1947,

é a própria realidade,

o mito da própria realidade, a própria realidade mítica que está se incorporando[23].

Assim, ninguém depois de Van Gogh soube pôr em movimento o grande címbalo, o acorde sobre-humano, *perpetuamente* sobre-humano, seguindo a ordem rechaçada na qual ressoam os objetos da vida real,

desde que se saiba ter ouvido suficientemente aberto para escutar a elevação de seu macaréu.

É assim que a luz da lamparina ressoa, que a luz da lamparina acesa sobre a poltrona de palha verde ressoa como a respiração de um corpo amante diante do corpo de um doente adormecido.

Soa como uma estranha crítica, um julgamento profundo e surpreendente cuja sentença parece que Van Gogh nos deixará presumir mais tarde, bem mais tarde, no dia em que a luz violeta da poltrona de palha tiver acabado de submergir o quadro.

E não se pode deixar de notar[24] esta incisão de luz lilás que come as barras da grande poltrona turva, da velha poltrona encarquilhada de palha verde, ainda que não se possa, de imediato, notá-la.

Pois o foco de luz está como que colocado além e sua origem é estranhamente obscura, como um segredo do qual apenas Van Gogh tivesse guardado a chave[25].

E se Van Gogh não tivesse morrido aos 37 anos? Não recorro à Grande Carpideira[26] para que me diga de que supremas obras-primas a pintura teria sido enriquecida,

22. O *que nenhum pintor antes de Van Gogh havia fato,...* (C) e (K)

23. *...que está se completando* (C)

24. *Pois não se pode deixar de notar...* (C) e (K)

25. *A origem é obscura, quero dizer que ela faz parte de um segredo do qual apenas Van Gogh soube guardara chave.* (C)

A Poltrona de Gauguin, a que se refere esse longo trecho, fez parte da exposição da Orangerie (nº 122 do catálogo, tela 0,375 x 0,325, Aries, novembro de 1888, coleção V. W. Van Gogh, Laren).

26. A lição do manuscrito dá: *Se Van Gogh não tivesse morrido aos 37 anos eu não recorreria à grande carpideira...* O fato de A. A. ter ditado o presente – *eu não recorro*, mais afirmativo, indica que ele quis empregar essa não-recorrência como certeza. Portanto, a proposição

pois não posso, depois dos *Corvos*, acreditar que Van Gogh viesse a pintar mais algum quadro.

Penso que ele morreu aos 37 anos porque tinha, infelizmente, chegado ao fim de sua fúnebre e revoltante história de possuído por um espírito maléfico.

Pois não foi por ele, pelo mal de sua própria loucura, que Van Gogh abandonou a vida.

Foi sob a pressão do espírito maléfico que, dois dias antes de sua morte, passou a chamar-se doutor Gachet, psiquiatra improvisado, e que foi a causa direta[27], eficaz e suficiente de sua morte.

Lendo as cartas de Van Gogh a seu irmão, adquiri a convicção firme e sincera de que o doutor Gachet, "psiquiatra", detestava, na realidade, Van Gogh, pintor, e que o detestava como pintor, mas acima de tudo como gênio.

É quase impossível ser médico e honesto, mas é crapulosamente impossível ser psiquiatra sem ao mesmo tempo estar marcado pela mais indiscutível loucura: a de não poder lutar contra esse velho reflexo atávico da turba, e que faz de todo homem de ciência aprisionado na turba uma espécie de inimigo nato e inato de todo gênio.

A medicina nasceu do mal, se é que não nasceu da doença ou, pelo contrário, não provocou e criou inteiramente a doença para dar a si uma razão de ser; mas a psiquiatria nasceu da turba vulgar dos seres que quiseram preservar o mal como fonte da doença e que assim extirparam de seu próprio nada uma espécie de Guarda Suíça para arrancar na base o impulso de rebelião reivindicatória que está na origem do gênio[28].

Há em todo demente um gênio incompreendido, cuja ideia que luzia na cabeça provocou medo, e que só no delírio pode encontrar uma saída para os estrangulamentos que a vida lhe prepara.

O doutor Gachet não dizia a Van Gogh que estava ali para consertar sua pintura (como me disse o doutor Gaston Ferdière, médico chefe do manicômio de Rodez, que estava ali para consertar minha poesia), mas o mandava pintar ao vivo, enterrar-se numa paisagem para fugir ao mal de pensar.

No entanto, a partir do momento em que Van Gogh virava a cabeça, o doutor Gachet lhe fechava o interruptor do pensamento.

Como se não estivesse fazendo por mal, mas com um daqueles franzires de nariz depreciativos de um alguém anódino, onde todo o inconsciente bur-

---

introduzida por *se* não é condicional, mas sim uma interrogação absoluta. Parece provável, portanto, que ele tenha ditado um ponto de interrogação e não uma vírgula ao final desta proposição, pontuação que não foi transportada corretamente em (C) porque mal compreendida pela copista.

27. ...*que, há dois dias de sua morte, passou a chamar-se, humanamente falando, o doutor Gachet, psiquiatra, e que foi a causa direta...* (C)

28. ...*da doença e que assim fomentou sua guarda suíça para lutar contra este impulso de liberação reivindicatória que está na origem do gênio.* (C)

guês da terra inscreveu a velha força mágica de um pensamento cem vezes recalcado.

Ao proceder assim, não era apenas o malefício do problema que o doutor Gachet lhe proibia,

mas a semeadura sulfurosa,

o terror do prego girando na garganta da única passagem,

com que Van Gogh,

tetanizado,

Van Gogh, desestabilizado sobre o redemoinho da respiração,

pintava.

Pois Van Gogh era[29] uma terrível sensibilidade.

Para se convencer disso, basta olhar seu rosto, sempre como que ofegante e também, sob certos ângulos, enfeitiçante, de açougueiro.

Como o de um antigo açougueiro tranquilizado e agora aposentado dos negócios, este rosto[30] mal iluminado me persegue.

Van Gogh representou a si mesmo numa grande quantidade de telas e, por mais bem iluminadas que fossem, sempre tive a penosa impressão de que as haviam obrigado a mentir sobre a luz, que se havia roubado a Van Gogh uma luz indispensável para que ele cavasse e traçasse em si seu caminho.

E este caminho, não era o doutor Gachet, sem dúvida, o mais capaz de indicá-lo.

Mas, como disse, há em todo psiquiatra vivo um repugnante e sórdido atavismo que faz com que ele enxergue em cada artista, em todo gênio à sua frente, um inimigo.

E eu sei que o doutor Gachet deixou na história, diante de Van Gogh, de quem ele tratava e que acabou por suicidar-se em sua casa, a lembrança de seu último amigo na face da terra, de uma espécie de consolador providencial.

Penso, entretanto, mais que nunca, que foi ao doutor Gachet, de Auvers-sur--Oise, que Van Gogh deveu, naquele dia, o dia em que se suicidou em Auvers--sur-Oise,

deveu, digo, deixar a vida –

pois Van Gogh era uma dessas naturezas de lucidez superior, o que lhe permite, em todas as circunstâncias, enxergar mais longe, infinita e perigosamente mais longe que o real imediato e aparente dos fatos.

Quero dizer, da consciência que a consciência tem por hábito guardar deles.

---

29. *...para fugir ao mal de pensar. Até aqui está perfeito e não há nada a reprovar, trata-se mesmo de uma terapêutica altamente concebida e admiravelmente aplicada. Mas Van Gogh era... (C)*

30. *...aposentado dos negócios, resguardado, por assim dizer, arrancando enfim a circulação, este rosto... (C)*

No fundo de seus olhos[31], como que depilados de açougueiro, Van Gogh se entregava ininterruptamente a uma dessas operações de alquimia sombria que tomaram a natureza por objeto e o corpo humano[32] por vasilhame ou crisol.

E sei que o doutor Gachet sempre achou que isto o fatigava.

O que não era nele resultado de um simples cuidado médico,

mas a confissão de uma inveja tão consciente quanto inconfessada.

Pois Van Gogh tinha chegado a esse estágio do iluminismo onde o pensamento em desordem reflui diante das descargas invasoras e onde pensar já não é consumir-se, *e já não é*, e onde nada mais resta senão juntar corpos, quero dizer,

AMONTOAR CORPOS.

Não é mais o mundo do astral[33], é aquele da criação direta que é assim retomado, mais além da consciência e do cérebro.

E nunca vi um corpo sem cérebro fatigar-se por causa de telas inertes.

Telas do inerte, essas pontes, esses girassóis, esses teixos, essas colheitas de azeitonas, essas ceifas de feno[34]. Elas não se movem mais.

Estão congeladas.

Mas quem poderia sonhá-las mais duras sob o golpe do cepo em carne viva que arrancou deles o impenetrável estremecimento?[35]

Não, doutor Gachet, uma tela nunca cansou ninguém. São forças de furioso, que repousam sem suscitar o movimento.

Eu também sou como o pobre Van Gogh: não penso mais, mas dirijo cada dia mais de perto enormes ebulições internas e gostaria de ver um terapeuta qualquer vir me repreender por eu me cansar.

---

31. ...*que a consciência tem por hábito conservar deles.*
No fundo desses olhos... (C)

32. Ao ditar essa passagem, A. A. que ainda não tinha podido encontrar uma formulação satisfatória, nos pediu que deixássemos um espaço em branco que ele preencheria posteriormente, o que, aliás, a copista fez em (C): ...*que tomaram a natureza por objeto e* [...] *o corpo humano...* A questão foi resolvida por ele, a menos que o tenha sido pelo editor, ao rever a cópia antes de enviá-la para a impressão, pela simples supressão da conjunção *e.*

33. ...*que isto o fatigava.*
E que Van Gogh havia chegado a esse estágio do iluminismo em que se abandona o pensamento e onde são as próprias necessidades que falam, como catapultas, de corpos postos a nu.
Não é mais o mundo do astral,... (C)
Assinalamos que (K) não apresenta nem itálico nem maiúsculas. Foi certamente ao corrigir as segundas provas que A. A. deve ter indicado essas mudanças tipográficas.

34. ...*essas colheitas das azeitonas, essas ceifas de feno.* (C)

35. *Mas quem poderia sonhá-las mais duras sob o golpe do sepo em carne viva que arrancou deles o movimento?*

Deviam a Van Gogh uma certa soma em dinheiro, a respeito da qual, a história nos conta, Van Gogh, já há vários dias, se inquietava.

É uma inclinação das naturezas elevadas, sempre um ponto acima do real, explicar tudo pela má consciência.

Acreditar que nada, jamais, se deve ao acaso e que tudo o que acontece de mal acontece por causa de uma má vontade consciente, inteligente e combinada[36].

O que os psiquiatras não acreditam jamais.

O que os gênios acreditam sempre.

Quando fico doente, é porque estou enfeitiçado, e não posso acreditar que estou doente se não acredito, por outro lado, que alguém tenha interesse em me roubar a saúde e que tire proveito de minha saúde.

Van Gogh também acreditava que estava enfeitiçado e dizia isso.

Quanto a mim, acredito, convenientemente, que ele estava e um dia direi por onde e como.

E o doutor Gachet foi aquele grotesco cérbero, aquele sanioso e purulento cérbero, paletó azul e glacial camisa branca[37], colocado diante do pobre Van Gogh para lhe roubar todas as suas ideias sadias. Pois, se esta maneira de ver que é sadia fosse unanimemente difundida, a sociedade não poderia mais viver, mas sei quais são os heróis da terra que encontrariam aí sua liberdade.

Van Gogh não soube livrar-se a tempo dessa espécie de vampirismo da família interessada em que o gênio de Van Gogh pintor se limitasse a pintar, sem ao mesmo tempo exigir a revolução indispensável à expansão[38] corporal e física de sua personalidade de iluminado.

E quantos daqueles conciliábulos fedorentos das famílias com os médicos-chefes dos asilos de loucos houve entre o doutor Gachet e Theo, o irmão de Van Gogh, a respeito do *doente* que eles lhes trouxeram.

– Vigiem-no, para que ele não tenha mais todas essas ideias; ouça, disse o doutor, é preciso deixar de lado todas essas ideias; isso lhe faz mal, se você continuar a pensar nisso, ficará internado para o resto da vida.

– De jeito nenhum, senhor Van Gogh, volte a si, vejamos, é o acaso, e depois, nunca foi bom querer decifrar assim os segredos da Providência. Eu conheço o senhor Fulano de Tal, é um homem muito bom, é o seu espírito de perseguição que o faz acreditar novamente que ele pratica magia em segredo.

---

36. ...*uma má vontade inteligente e combinada* (*C*)

37. O *Retrato do Dr. Gachet* exposto na Orangerie (nº 141 do catálogo) era uma água-forte (0,175 x 0,145, Auvers, maio 1890, Cabinet des Estampes, Amsterdã). A. A. alude aqui ao *Retrato do Dr. Gachet* (tela 0,66 x 0,57), junho 1890, Frankfurt-sur-le-Mein, Städelsches Kunstinstitut), cuja reprodução em cores figura em *Vicent Van Gogh* (*Edições do Phaidon, Viena, 1937.*), réplica ligeiramente diferente daquele que está exposto no Museu do Louvre (tela, 0,68 x 0,57, princípio de junho de 1890).

38. ...*sem ao mesmo tempo exigir socialmente a ordem das coisas indispensável à expansão...* (*C*)

– Prometeram ao senhor pagar-lhe esta soma, vão lhe pagar. O senhor não pode continuar assim teimando em atribuir este atraso à má vontade.

São assim as conversas mansas de psiquiatra honesto que parece que não são nada, mas que deixam no coração como que o rastro de uma pequena língua negra, a pequena língua negra anódina de uma salamandra envenenada.

E não é preciso mais, às vezes, para levar um gênio a se suicidar.

Há dias que o coração sente tão terrivelmente o impasse, que recebe como um golpe de bambu sobre a cabeça, esta ideia que não poderá mais pôr de lado.

Pois foi, de fato, exatamente após uma conversa com o doutor Gachet que Van Gogh, como se nada houvesse, entrou em seu quarto e se suicidou.

Eu mesmo passei nove anos num asilo de loucos e nunca tive a obsessão do suicídio, mas sei que cada conversa com um psiquiatra, de manhã, no horário de visita, me dava vontade de me enforcar, ao sentir que não poderia esganá-lo.

E Theo talvez fosse materialmente muito bom para seu irmão, mas isso não impede que o considerasse delirante, iluminado, alucinado, e se esforçasse, ao invés de acompanhá-lo em seu delírio,

em acalmá-lo[39].

Que importa que ele tenha morrido depois de desgosto?

O que Van Gogh mais prezava no mundo era sua ideia de pintor, sua terrível ideia fanática, apocalíptica, de iluminado.

De que o mundo devia organizar-se sob o comando de sua matriz, retomar seu ritmo comprimido, antipsíquico, de oculta festa em praça pública e, diante de todo mundo, [ser[40]] recomposto no superaquecimento do crisol.

Isto quer dizer que o apocalipse, um apocalipse consumado se desenvolve embrionariamente nesta hora nas telas do velho Van Gogh martirizado, e que a terra tem necessidade dele para dar coices com a cabeça e os pés[41].

39. ...*em lugar de acreditar nele e tornar-se seu amigo confidente de acalmá-lo* (C)
...*em lugar de acreditar nele, de acalmá-lo.* (K)

40. Este infinitivo deve ter sido esquecido em (C), depois em (K), e este esquecimento repercutirá na lição da edição K. Entretanto, realmente parece que *recomposto no superaquecimento do crisol* não pode ser ligado ao *ritmo*, mas se aplica ao *mundo*:
Que o mundo deveria reorganizar-se sob o comando de sua matriz, retomar seu ritmo [...] *e* [...] *ser recomposto no superaquecimento do crisol.*

41. A. A. ditou assim: ...*que a terra tem necessidade dele para pegar fogo da cabeça aos pés.* Expressão que vem reforçar nossa convicção de que é mesmo o *mundo* que devia ser *recomposto no superaquecimento do crisol* (cf. nota 40). Além disso, esta lição está muito próxima da lição inicial (cf. p. 181, 4º parágrafo): ...*que a terra teria, um belo dia, pegado fogo da cabeça aos quatro pés.* Ora, um erro de transcrição havia dado em (C): ...*para pegar voto da cabeça e dos pés.* Erro corrigido em (K) pela simples supressão do termo falho: ...*para fazer da cabeça aos pés.* Lição ainda mantida por ocasião da correção das primeiras provas (prova impressa dessa passagem foi conservada) e que será modificada na época das segundas provas para ...*para dar coices com a cabeça e os pés.*

Ninguém jamais escreveu ou pintou, esculpiu, modelou, construiu, inventou a não ser para sair, realmente, do inferno.

E prefiro, para sair do inferno, as naturezas desse tranquilo convulsionário do que as efervescentes composições de Brueghel, o Velho, ou de Jérôme Bosch que, diante dele, não passam de artistas, onde Van Gogh não passa de um pobre ignaro preocupado em não se enganar.

Mas como fazer um cientista entender que há algo de definitivamente desregrado no cálculo diferencial, na teoria dos quanta, ou nos obscenos e tão ingenuamente litúrgicos ordálios da precessão dos equinócios, por causa daquele acolchoado[42] rosa camarão que Van Gogh faz espumar tão suavemente num lugar eleito de seu leito, por causa da pequena insurreição[43] verde Veronese, azul molhado, barca diante da qual uma lavadeira de Auvers-sur-Oise está se levantando após o trabalho, por causa também daquele sol fixado[44] por trás do ângulo cinzento do campanário da aldeia, pontiagudo, lá embaixo, no fundo; em frente, aquela enorme massa de terra[45] que, no primeiro plano da música, procura a onda onde se congelar.

o vio profe
o vio proto
o vio loto
o théthé

42. ...da precessão dos equinócios através deste acolchoado. (C) e (K)
43. ...de seu leito, pela pequena insurreição... (C)
44. ...após o trabalho, também por causa deste sol fixado... (C) e (K)
45. A lição da edição K dá aqui: ...lá embaixo, ao fundo dessa enorme massa de terra... Lição que não corresponde àquela que foi ditada, mas que o copista transcreveu esquecendo de colocar certas pontuações: lá embaixo, ao fundo, diante dessa enorme massa de terra... (C) e (K). O exame da prova impressa conservada desta passagem mostra-nos que foi o impressor que, em razão deste esquecimento de pontuação, deve ter acreditado em um erro de impressão da copista e tomado a iniciativa de substituir diante por de.
Ora, se olharmos atentamente os três quadros de Van Gogh descritos aqui por A. A., percebemos que diante é realmente a lição correta. Esses três quadros são: Quarto de Dormir de Van Gogh em Aries (nº 152 do catálogo da exposição, tela 0,72 x 0,90, Saint-Rémy, setembro de 1889, coleção de V. W. Van Gogh, Laren); A Ponte do Inglês em Aries (situada erroneamente em Auvers-sur-Oise), sendo que A. A. utilizou para descrever o quadro exposto na Orangerie (nº 109 do catálogo, tela, 0,525 x 0,65, Aries, março-abril 1888, Ryksmuseum Kröller-Müller) a reprodução em cores de uma aquarela da qual ele é a réplica e que ele olhava enquanto ditava esta passagem (0,30 x 0,30, março de 1988, Berlim, Baron von Siniolin), que em Vicent Van Gogh (Ed. do Phaidon, op. cit.) está em frente a uma reprodução em negro e branco do terceiro quadro descrito: la Roubine du Roi (tela 0,73 x 0,60, junho de 1888, Hamburgo, Kunsthalle), quadro que não figurava na exposição. É neste último quadro que se pode ver ao fundo Aponta de um campanário, com um sol atrás que pode, com efeito, parecer parafusado; e m frente uma massa avança em direção ao olho que olha, uma massa de água, aquela da roubine que, por efeito do negro e branco, pode também ser vista como uma massa enorme de terra, uma espécie de terra lamacenta, líquida, à qual A. A. devolve sua liquidez no final da frase: ...que, no primeiro plano da música, procura a vaga onde se congelar.

Para que descrever um quadro de Van Gogh! Nenhuma descrição tentada por qualquer outro poderá valer o simples alinhamento de objetos naturais e de tintas ao qual se entrega o próprio Van Gogh, tão grande escritor quanto grande pintor e que, a propósito da obra descrita, dá a impressão da mais estonteante autenticidade.

O que é desenhar? Como é que se chega a isso? E a ação de abrir uma passagem através de um muro de ferro invisível, que parece se encontrar entre o que se sente e o que se pode. Como se deve atravessar esse muro, pois de nada serve golpeá-lo fortemente; deve-se minar esse muro e atravessá-lo com o auxílio de uma lima, lentamente e com paciência, a meu ver[46].

8 de setembro de 1888

No meu quadro Café à Noite, *procurei expressar que o café é um lugar onde é possível arruinar-se, ficar louco, cometer crimes. Enfim, procurei, através de contrastes de rosa esmaecido e vermelho sangue e borra de vinho, de suave verde Luís XV,*

46. Ao ditar este texto A. A. tinha feito uma indicação para que se reservasse aqui uma ou vária páginas nas quais ele queria inserir excertos da correspondência de Van Gogh. Dentre as cartas que lemos para ele na obra citada – *Cartas de Vincent Van Gogh a seu irmão Théo* –, escolheu:

1º um excerto da carta de nº 237, não datada, mas escrita de La Haye em 1882-1883. 2º um excerto da carta de nº 534, escrita de Aries em 8 de setembro de 1888; 3º a cana de nº 651 escrita de Auvers-sur-Oise em 23 de julho de 1890. A seu pedido, nós copiamos novamente esses dois excertos e essa carta em duas folhas separadas, que remetemos em seguida ao editor K. Este, providenciando a datilografia da carta para imprimi-la, infelizmente inverteu a ordem das cartas e dispôs sua cópia de tal modo que o excerto não datado da carta 237 foi impresso em seguida ao excerto da carta 651, de modo que o leitor tinha a impressão que esses dois excertos eram uma única carta datada de 8 de setembro de 1888. Além disso, a indicação colocada por A. A. nas primeiras provas, pedindo o itálico para as cartas de Van Gogh, não foi respeitada.

VAN GOGH, O SUICIDADO DA SOCIEDADE

e Veronese, contrastando com os verde-amarelos e os verde-azuis duros, tudo isso numa atmosfera de fornalha infernal, de enxofre pálido, exprimir como que o poder das trevas de uma taberna. E no entanto, sob uma aparência de graça japonesa e a bonomia do Tartarin...

23 de julho de 1890

Talvez você veja este croqui do jardim de Daubigny – é uma de minhas telas mais queridas –, junto a ele um croqui de velhas palhas e os croquis de duas telas de trinta representando imensos trigais depois da chuva...

O jardim de Daubigny – primeiro plano de grama verde e rosa. A esquerda um arbusto verde e lilás e um tronco com folhagens esbranquiçadas. No meio um canteiro de rosas, a direita uma cerca, um muro e, acima do muro, uma aveleira de folhagem violeta. Depois uma moita de lilases, uma fileira de tílias amarelas arredondadas, apropria casa ao fundo, rosa, com um telhado de telhas azuladas. Um banco e três cadeiras, uma figura negra com chapéu amarelo e em primeiro plano um gato preto. Céu verde-pálido.

Como parece fácil escrever assim.

Pois bem, tentem então e me digam se, não sendo o autor de uma tela de Van Gogh, vocês poderiam descrevê-la tão simplesmente, secamente, objetivamente, duradouramente, validamente, solidamente, opacamente, maciçamente, autenticamente e milagrosamente quanto nesta pequena carta[47] dele.

(Pois o critério, prego separativo, não é uma questão de amplitude ou de contração, mas de simples força[48] pessoal do punho.)

Portanto não descreverei um quadro de Van Gogh depois de Van Gogh, mas direi que Van Gogh é pintor porque recoletou a natureza, porque como que a retranspirou e fez suar, porque a aspergiu em feixes sobre suas telas, em conjuntos monumentais de cores, a secular trituração de elementos, a pavorosa pressão elementar de apóstrofes, de estrias, de vírgulas, de barras, das quais, depois dele, não se pode mais acreditar que os aspectos naturais não sejam feitos.

E com quantas cotoveladas reprimidas[49], quantos choques oculares e pestanejos tomados ao natural, as correntes luminosas das forças que trabalham a

47. A expressão *pequena carta* remete com muita precisão à breve carta de 23 de julho de 1890, o que a disposição da edição K não permite compreender.

48. *...de amplitude ou de penetração, mas de simples força...* (*C*)

49. *Quantas cotoveladas reprimidas...* (*C*)

VAN GOGH, O SUICIDADO DA SOCIEDADE

realidade tiveram que derrubar a barreira[50] antes de serem finalmente recalcados, e como que *içados* sobre a tela, e aceitos?

Não há fantasmas nos quadros de Van Gogh, não há visões, não há alucinações.

Há a verdade tórrida de um sol de duas horas da tarde. Um lento pesadelo genesíaco pouco a pouco elucidado. Sem pesadelo e sem efeito. Mas o sofrimento do pré-natal está ali.

Há a reluzente umidade de uma pastagem, da haste de um trigal que está prestes a ser extraditado[51].

E do qual a natureza um dia prestará contas.

Assim como a sociedade prestará contas de sua morte prematura.

Um trigal inclinado ao vento, tendo acima as asas de um único pássaro pousado em vírgula[52]: qual o pintor, que não fosse estritamente pintor, poderia, como Van Gogh, ter a audácia de atacar um tema de tão desarmante simplicidade?

Não, não há fantasmas nos quadros de Van Gogh, não há drama, não há assunto e eu diria mesmo que não há nem objeto, pois o próprio motivo, o que é?

Senão algo como a sombra de ferro de um motete de uma inenarrável música antiga[53], como que o *leitmotiv* de um tema desesperado de seu próprio assunto.

É a natureza nua e pura vista exatamente como ela se revela, quando se sabe chegar suficientemente perto dela.

Testemunha esta paisagem de ouro fundido, de bronze derretido no antigo Egito, onde um sol enorme se apoia em telhados tão sacudidos de luz que parecem estar em decomposição[54].

50. Preferimos aqui voltar à lição do manuscrito. Com efeito, o copista transcreveu por engano em (*C*) *correntes luminosas* onde a lição inicial dá *as correntes luminosas*. O editor acreditou que *correntes luminosas* tinha a mesma função que *cotoveladas, choques e pestanejos* e, em consequência, acrescentou uma vírgula depois de *realidade*. A frase tornou-se então incompreensível; as correntes luminosas na lição da edição K perdiam sua função de sujeito de *tiveram que derrubar*.

51. ...*da haste de um trigal que está lá, prestes a ser extraído.* (*C*)

Assinalamos aqui, como também algumas linhas a seguir, que a lição do manuscrito é haste (*plant*). A copista havia transcrito por engano *plano* em (*C*). Ao corrigir seu exemplar, A. A. restabeleceu o *t* final, correção que o editor já tinha transportado para (*K*), pensando provavelmente, de forma incorreta, que a ortografia correta era *plano*, e que Artaud havia suprimido posteriormente o *t* que ele acabara de acrescentar. O que faz com que a edição K traga por duas vezes a lição incorreta *plano* (*plan*).

52. A. A. faz alusão aqui ao quadro intitulado *Campos de Trigo* (nº 57 do catálogo, tela 0,54 x 0,645, Período de Paris, Coleção V. W. Van Gogh, Laren).

53. ...*como não sei que motetes de uma inenarrável música antiga...* (*C*) e (*K*)

54. A. A. faz alusão aqui, muito provavelmente, a uma obra de Van Gogh que havia gravado especialmente em razão de seu enorme sol irradiante ao infinito em *Vincent Van Gogh* (Edições

E não conheço nenhuma pintura apocalíptica, hieroglífica, fantasmática ou patética que me dê essa sensação de oculto estrangulada[55], de cadáver de um hermetismo inútil, com a cabeça aberta, e que revelaria no cepo seu segredo.

Ao dizer isto, não estou pensando no Pai Tranquilo[56], ou naquela funambulesca alameda de outono onde passa, por último, um velho alquebrado com um guarda-chuva pendurado na manga, como o gancho de um trapeiro[57].

Penso novamente em seus[58] corvos de asas de um negro de trufas lustrosas.

Penso novamente em seu trigal: cabeça de espiga sobre cabeça de espiga, e tudo está dito,

com, em frente, algumas cabecinhas de papoula suavemente semeadas, acre e nervosamente aplicadas ali, e espalhadas, voluntária e iradamente pontuadas e dilaceradas[59].

Só a vida sabe oferecer assim[60] desnudamentos epidérmicos que falam sob uma camisa desabotoada, e não sabemos por que o olhar se inclina à esquerda e não à direita[61], em direção ao montículo de carne crespa.

Mas assim é e é um fato.

Mas assim é e está feito.

Oculto também seu quarto de dormir, tão adoravelmente camponês e semeado como que de um odor de conserva, os trigos que vemos fremir na paisagem, ao longe, por trás da janela que os esconderia.

Camponesa, também, a cor do velho acolchoado, de um vermelho de mexilhão, de ouriço do mar, de camarão, de salmonete do Midi, de um vermelho de pimentão tostado.

E certamente foi culpa de Van Gogh que a cor do acolchoado de sua cama fosse na realidade tão perfeita, e não vejo que tecelão teria podido transplantar

do Phaidon, *op. cit.*): *As Santas Marias* [*roseau*] 0,43 x 0,60, Berlim, Coleção Sra. Margarete Mauthner).

55. A lição do manuscrito, que preferimos seguir, é: *esta sensação de oculto estrangulada*. Por causa de um acordo incorreto, encontra-se tanto em (*C*) como em (*K*): *esta sensação de oculto estrangulado*. É provável que aqui o impressor tenha acreditado que se tratava de um erro de impressão, que ele corrigiu de maneira interpretativa, o que o levou a esta lição errônea da edição K: *esta sensação de oculta estranheza*.

56. Cf. nota 16, p. 262.

57. Na realidade, no quadro de Van Gogh *Os Aliscamps* (nº 120 do catálogo, tela, 0,71 x 0,91, Aries, novembro de 1888, Ryksmuseum Kröller-Müller), o homem de costas não está especialmente curvado e usa seu guarda-chuva como uma bengala.

58. A lição da edição K reproduz aqui o demonstrativo [ces], certamente incorreto, de (*C*); nós restabelecemos o possessivo [ses] da lição manuscrita.

59. *Campo sob um Céu Tempestuoso* (nº 170 do catálogo, tela, 0,50 x 1,00, Auvers, julho de 1890, Coleção V. W. Van Gogh, Laren).

60. Aqui é um possessivo incorreto [ses] que (*C*) apresenta: a lição manuscrita dá um demonstrativo [ces], mas o erro foi corrigido em (*K*), que transforma esse possessivo em [des].

61. *...inclina à esquerda mais que à direita...*(*C*)

sua inenarrável têmpera[62], como Van Gogh soube transbordar do fundo do seu cérebro sobre uma tela o vermelho desta inenarrável coberta.

E não sei quantos padres criminosos, sonhando diante de seu suposto espírito santo, o ouro cor de ocre, o azul infinito de um vitral com sua puta "Maria"[63], souberam isolar no ar, extrair das tetas maliciosas do ar, estas cores sem cerimônia, que são todo um acontecimento, onde cada pincelada de Van Gogh na tela é pior que um acontecimento.

Uma vez isto resulta num quarto muito asseado, mas de um espelho de aço de bálsamo ou de aroma que nenhum beneditino conseguirá encontrar para preparar convenientemente seus álcoois de saúde.

Uma outra vez isto resulta num simples feixe de palha esmagado por um sol enorme[64].

62. *E não foi talvez culpa de Van Gogh que a cor do acolchoado de sua cama era na realidade tão perfeita, mas não creio, e não vejo que tecelão teria podido transplantar, da tela de Van Gogh para a realidade, sua inenarrável têmpera...* (G) e (K)

63. A. A. ditou assim: *puta maria* (*marie*) que é, além disso, a lição do manuscrito, precisando que não era necessário maiúscula para *maria*, que se tornava assim uma espécie de adjetivo ambíguo. Foi isto que a copista transcreveu em (C), mas confusa, acreditando sem dúvida que se tratava de um erro de ortografia, corrigiu em seguida sua datilografia acrescentando um *r* suplementar: arrependida (*marrie*). O editor, retornando a (K) antes de passá-lo ao impressor, percebeu que arrependida (*marrie*) devia ser um erro, pois ele havia cercado essa palavra com um traço de lápis e marcado a linha na margem a fim de pedir esclarecimentos a A. A., que deve ter-lhe dito então que a lição correta era o nome da virgem. Foi nesse momento, sem dúvida, que a palavra foi colocada entre colchetes e que, reescrevendo-a sobre a palavra datilografada, o editor a dotou de uma maiúscula, que não podemos saber se foi ou não indicada por A. A.

64. Este parágrafo não existe nem em (C) nem em (K). Foi certamente acrescentado por A. A. quando ele corrigia as segundas provas, mas parece que o lugar onde ele devia ter intercalado não foi bem compreendido pelo impressor. A ordem inicial dos parágrafos nesta passagem se apresenta assim em (G) e (K):

Uma vez, isto resulta...

Este quarto...

Há aqueles brancos...

Ora, na edição K, depois do acréscimo desse parágrafo, encontra-se a seguinte ordem:

Uma vez, isto resulta

Este quarto...

Uma outra vez...

Há aqueles brancos

Esta ordem levou a uma total desarticulação do texto, da qual o impressor parece ter se dado conta, pois sentiu necessidade de colocar entre parênteses o parágrafo: *Este quarto...* Além disso, o parágrafo: *Há aqueles brancos...* foi impresso de modo bizarro, em caracteres muito pequenos, no alto de uma página. A ordem que seguimos nos parece mais lógica. Não quebra a ordem inicial do texto nem interrompe a descrição do quadro *Quarto de Dormir de Van Gogh em Arles* (cf. nota 45, p. 270). Com efeito, no parágrafo *Este quarto...* trata-se de um branco de pérolas claras que lembra *Há aqueles brancos de cal leve...* Além disso, está bem precisado neste parágrafo que se trata da mesma obra: *como nesta tela*.

Articulação que prossegue no parágrafo seguinte: *o velho escrúpulo operatório/ Porque tudo em Van Gogh é mesmo isso, o único escrúpulo...*

O parágrafo que foi acrescentado durante as provas remete ao quadro *Os Moinhos de Provença* (nº 105 do catálogo, tela 0,73 x 0,92, Aries, junho de 1888, Ryksmuseum Kröller-Müller).

Este quarto, com sua parede branca de pérolas claras, da qual pende uma áspera toalha de rosto, como um velho amuleto camponês, inacessível e reconfortante, fazia pensar na Grande Obra.

Há aqueles brancos de cal leves que são piores que antigos suplícios, e jamais, em nenhuma outra tela, o velho escrúpulo operatório do pobre e grande Van Gogh aparece como nesta.

Porque tudo em Van Gogh é mesmo isso, o único escrúpulo[65] do toque surda e pateticamente aplicado. A cor plebeia das coisas, mas tão exata, tão amorosamente exata que não existe pedra preciosa que possa atingir sua raridade[66].

Porque Van Gogh terá sido mesmo o mais verdadeiramente pintor de todos os pintores, o único a não querer ultrapassar a pintura[67] como meio estrito de sua obra, e âmbito estrito de seus meios.

E o único que, por outro lado, absolutamente o único que ultrapassou absolutamente a pintura, o ato inerte de representar a natureza para, nesta representação exclusiva da natureza, fazer jorrar uma força giratória, um elemento arrancado em pleno coração.

Ele fez, sob a representação, brotar um ar, e nele encerrou um nervo[68], que não estão na natureza, que são de uma natureza e de um ar mais verdadeiros que o ar e o nervo da verdadeira natureza.

Vejo, no momento em que escrevo estas linhas, o rosto vermelho ensanguentado do pintor vir até mim, numa muralha de girassóis eviscerados, num formidável braseiro de carvões de jacinto opaco, e de capim de lápis-lazúli.

Tudo isso em meio a um bombardeio como que meteórico de átomos que se deixariam ver grão a grão,

prova que Van Gogh pensou suas telas como um pintor, é claro, e unicamente como um pintor, mas que seria,

por isso mesmo

um músico formidável.

---

65. Em (C) a copista repetiu por distração tudo: *Porque tudo em Van Gogh é mesmo isso tudo, o único escrúpulo...*, erro não corrigido em (*K*), mas que o foi por ocasião da revisão dos originais. Ora, a supressão do *tudo* não deve ter sido feita de modo correto na impressão, pois a lição da edição (*K*) dá: *Porque Van Gogh é mesmo isso tudo, o único escrúpulo...* e nós preferimos voltar à lição do manuscrito: *tudo em Van Gogh...*, pois parece evidente que é o único escrúpulo que é tudo em Van Gogh. Assinalamos que a lição manuscrita é o insigne escrúpulo e que encaramos a possibilidade de uma má transcrição em (C) ou aquela de A. A. relendo mal seu próprio texto. Mas é bem possível que A. A. tenha mudado o adjetivo por ocasião do ditado, *único* reforçando *raridade*, da próxima frase.

66. A lição da edição K reproduz aquela de (C) e (*K*) *...que não existem pedras preciosas que possam atingir sua raridade*. Como o plural pode ser um erro de transcrição, preferimos restabelecer o singular da lição manuscrita.

67. *...o único que não ultrapassou a pintura...* (C) e (*K*).

68. Aqui há erros de impressão na edição *K*.

Organista de uma tempestade interrompida e que ri na natureza límpida, pacificada entre duas tormentas, mas, como o próprio Van Gogh, esta natureza mostra mesmo que está prestes a ir-se embora.

Podemos, após tê-la visto, voltar as costas a qualquer tela pintada, pois ela nada mais tem a nos dizer. A tempestuosa luz da pintura de Van Gogh começa suas sombrias recitações na mesma hora em que deixamos de enxergá-la.

Nada além de pintor, Van Gogh, e nada mais,
nada de filosofia, de mística, de rito, de psicurgia ou de liturgia,
nada de história, de literatura ou de poesia,
seus girassóis de ouro brônzeo estão pintados[69]; estão pintados como girassóis e nada mais, mas para entender um girassol ao natural, é preciso agora voltar a Van Gogh, assim como para entender uma tempestade ao natural,
um céu tempestuoso,
uma planície ao natural,
não se poderá mais deixar de voltar a Van Gogh.

Caía uma tempestade assim no Egito ou nas planícies da Judeia semita, talvez estivesse escuro assim na Caldeia, na Mongólia ou nas montanhas
do Tibete, que não me consta que tenham mudado de lugar.

E, no entanto, ao olhar esta planície de trigo ou de pedras, branca como um ossuário enterrado[70], sobre a qual pesa esse velho céu violáceo, não posso mais acreditar nas montanhas do Tibete.

Pintor, nada além de pintor, Van Gogh pegou os recursos da pura pintura e não os ultrapassou.

O que quero dizer é que, para pintar, ele serviu-se apenas dos recursos que a pintura lhe oferecia.

Um céu tempestuoso,
uma planície branca como cal,
telas, pincéis, seus cabelos vermelhos, tubos, sua mão amarela, seu cavalete[71],

---

69. Van Gogh pintou girassóis várias vezes. Na Orangerie estão expostas: *Flores de Girassóis* (nº 78 do catálogo, tela, 0,50 x 0,97, Período de Paris, Ryksmuseum Kröller-Müller); *O Jardim com Girassóis* (nº 91 do catálogo, [*encre de chine, roseau*], 0,61 x 0,49, Aries, agosto de 1888, coleção V. W. Van Gogh, Laren). Além disso, nas duas obras citadas que A. A. consultava frequentemente, estavam reproduzidas as seguintes obras: *Os Girassóis* (tela, 0,93 x 0,73, Aries, agosto de 1888, National Gallery, Londres); *Girassóis* (tela, 0,91 x 0,72, Aries, agosto de 1888, Neue Staatsgalerie, Munique).

A lição da edição K reproduz o demonstrativo certamente incorreto de (C): *esses girassóis...*; nós restabelecemos o possessivo da lição manuscrita.

70. Alusão a *Grau, vista de Montmajour* (nº 86 do catálogo, bico de pena, 0,48 x 0,60, Aries, maio de 1988, coleção V. W. Van Gogh, Laren).

O plural da edição K: *brancas*, reproduz um erro da transcrição em (C), não corrigido. Nós restabelecemos o singular da lição manuscrita.

71. Alusão ao *Retrato de si mesmo*, no cavalete (nº 77 do catálogo, tela, 0,65 x 0,505, Paris, 1888, Coleção V. W. Van Gogh, Laren).

ainda que todos os lamas do Tibete, reunidos, sacudam sob suas saias o apocalipse que tiverem preparado,

Van Gogh nos terá feito pressentir por antecipação seu peróxido de azoto numa tela que contém dose suficiente de sinistro para obrigar-nos a nos orientar.

Isto fez com que um dia ele decidisse não ultrapassar o tema,

porém, quando se vê um Van Gogh, não se pode mais acreditar que haja algo menos superável que o tema.

O simples tema de uma lamparina acesa sobre uma poltrona de palha de estrutura violácea[72], nas mãos de Van Gogh, diz muito mais que toda a série de tragédias gregas ou de dramas de Cyril Tourneur, de Webster ou de Ford que, aliás, até hoje não foram encenados.

Sem querer fazer literatura, vi o rosto de Van Gogh, vermelho de sangue na explosão de suas paisagens, vir até mim,

> kohan
> taver
> tensur
> purtan[73]

num incêndio,

num bombardeio,

numa explosão,

vingadores daquela pedra de amolar que o pobre Van Gogh, o louco, carregou no pescoço a vida inteira.

A amolação de pintar sem saber para quê[74] nem para onde.

Pois não é para este mundo,

nunca é para esta terra que nós todos sempre trabalhamos, lutamos,

bramimos de horror, de fome[75], de miséria, de ódio, de escândalo e de desgosto,

que fomos todos envenenados,

embora por ela tenhamos sido todos enfeitiçados,

---

72. *A Poltrona de Gauguin* (cf. nota 25, p. 266).

73. A lição da edição *K*: *Entretanto* (*pourtant*), é incorreta. Em relação aos elementos glossolálicos que A. A. introduz em seus textos, indicamos a maneira como ele os pronunciava. O *u* era pronunciado como *ou*, o que explica que no ditado a última linha tinha sido transcrita *pourtan*, transcrição que se repete em (C) e (*K*). Foi certamente durante a impressão que um *t* final foi indevidamente acrescentado. Preferimos, como em todos os outros casos duvidosos, retornar à lição manuscrita.

74. Restabelecemos também aqui a lição do manuscrito que dá claramente *para que* (*pour quoi*) e não, como na edição *K*, *porque* (*pourquoi*).

75. O mesmo acontece aqui, onde o copista transcreveu erroneamente em (C): ... *bramimos o horror de fome,*... erro não corrigido em (*K*) e que repercutiu na edição *K*.

e que enfim nos suicidamos,
pois não somos todos, como o pobre Van Gogh, suicidados da sociedade!

Van Gogh, pintando, renunciou a contar histórias, mas o maravilhoso é que este pintor que é unicamente pintor,
e que é mais pintor que os outros pintores, por ser aquele em quem o material, a pintura, ocupa um lugar de primeiro plano,
com a cor captada como ela é assim que é espremida do tubo,
com a impressão, um após o outro, dos pelos do pincel na cor,
com o toque da pintura pintada, como que distinta em seu próprio sol,
com o i, a vírgula, o ponto da ponta do próprio pincel enroscada diretamente na cor, tumultuada, e que jorra em fagulhas, que o pintor macera e amassa de todos os lados,
o maravilhoso é que este pintor que é unicamente pintor é também, de todos os pintores natos, o que mais faz esquecer que temos que nos envolver com a pintura,
com a pintura para representar o tema que ele discriminou,
e que traz à nossa frente, para diante da tela fixa, o enigma puro, o puro enigma da flor torturada, da paisagem recortada, arada e comprimida por todos os lados por seu pincel embriagado.
Suas paisagens são velhos pecados que ainda não encontraram seus primitivos apocalipses, mas que não deixarão de encontrá-los.
Por que as pinturas de Van Gogh me dão assim a impressão de serem vistas como que do outro lado do túmulo de um mundo onde seus sóis, no final das contas, terão sido tudo o que girou e iluminou alegremente?
Pois não é a história inteira daquilo que um dia foi chamado de alma que vive e morre em suas paisagens convulsionárias e em suas flores?
A alma que deu sua orelha ao corpo, e Van Gogh a restituiu à alma de sua alma,
uma mulher para ampliar a sinistra ilusão.

Um dia a alma não existia,
nem o espírito,
quanto à consciência, ninguém jamais pensara nela,
mas onde estava, aliás, o pensamento num mundo feito unicamente de elementos em plena guerra, recompostos assim que destruídos,
pois o pensamento é um luxo de paz.
E, melhor que o inverossímil Van Gogh, qual o pintor que entendeu o fenomenal do problema, ele em quem[76] toda verdadeira paisagem está como que em potencial no crisol onde ela recomeçará.
Então, o velho Van Gogh era o rei contra quem, enquanto ele dormia, foi inventado o curioso pecado chamado cultura turca,

76. ...*o pintor entendeu o problema, ele em quem...* (C)

exemplo, habitáculo, móvel do pecado da humanidade, a qual nunca soube fazer outra coisa a não ser comer, ao natural, o artista, para rechear sua honestidade.

Com o que ela só fez, sempre, consagrar ritualmente sua covardia!

Pois a humanidade não quer se dar ao trabalho de viver, de entrar nesse acotovelamento natural das forças que compõem a realidade, a fim de extrair dela um corpo que nenhuma tempestade poderá mais consumir.

Ela sempre preferiu contentar-se muito simplesmente em existir.

Quanto à vida, é no gênio do artista que ela tem o hábito de ir procurá-la.

Ora, Van Gogh, que queimou uma mão, nunca teve medo da guerra para viver, isto é, para arrancar o fato de viver à ideia de existir,

e tudo pode, é claro, existir sem se dar ao trabalho de ser,

e tudo pode ser sem se dar ao trabalho, como Van Gogh, o furioso, de irradiar e rutilar.

Isto é o que a sociedade tirou dele para realizar a cultura turca, aquela da honestidade de fachada que tem o crime por origem e apoio.

E foi assim que Van Gogh morreu suicidado, porque o concerto da consciência integral não pôde mais suportá-lo[77].

Pois se não havia nem espírito, nem alma, nem consciência, nem pensamento,

havia um pouco de fulminato,

de vulcão maduro,

de pedra de transe,

de paciência,

de bubão,

de tumor cozido,

e de escara de esfolado.

E o rei Van Gogh cochilava, incubando o próximo alerta da insurreição de sua saúde.

Como?

Pelo fato de a boa saúde ser pletora de males conhecidos, de formidáveis ardores de viver, por cem feridas carcomidas, e que é preciso, mesmo assim, fazer viver,

que é preciso levar a perpetuar-se.

Quem não sente a bomba cozida e a vertigem comprimida não é digno de estar vivo.

Este é o ditame que o pobre Van Gogh em chamas se estabeleceu por dever manifestar.

Mas o mal que espreitava fez-lhe mal.

O turco, sob sua cara honesta, aproximou-se delicadamente de Van Gogh para colher nele a pralina,

---

77. A copista transcreveu em (C): ...*que não mais pôde suportá-lo.* Parece evidente que as duas palavras *pôde mais* foram invertidas, inversão que repercutiu na lição da edição *K*.

VAN GOGH, O SUICIDADO DA SOCIEDADE

a fim de extrair a pralina (natural)[78] que se formava.

E Van Gogh perdeu nisso mil verões.

Morreu disso aos 37 anos,

antes de viver,

pois todo macaco viveu antes dele forças que ele reunira.

E que agora será preciso restituir, para permitir a Van Gogh ressuscitar.

Diante de uma humanidade de macaco covarde e de cachorro molhado[79], a pintura de Van Gogh terá sido aquela de um tempo onde não havia alma, nem espírito, nem consciência, nem pensamento, nada além dos elementos primordiais sucessivamente encadeados e desencadeados.

Paisagens de convulsões fortes, de traumatismos arrebatados, como de um corpo onde a febre age para levá-lo à saúde exata.

O corpo sob a pele é uma fábrica superaquecida,

e, do lado de fora,

o doente brilha,

reluz,

por todos os poros,

explodidos.

Assim é uma paisagem

de Van Gogh

ao meio-dia.

Só uma guerra perpétua explica uma paz que é apenas uma passagem, assim como um leite prestes a derramar explica a panela onde fervia.

Desconfiem das belas paisagens de Van Gogh, turbilhonantes e pacíficas, convulsas e pacificadas.

E a saúde entre dois acessos de febre quente que vai passar.

É a febre entre dois acessos de uma insurreição de boa saúde.

Um dia a pintura de Van Gogh armada e com febre e com boa saúde voltará para lançar no ar a poeira de um mundo enjaulado que seu coração não podia mais suportar.

Tradução de Sílvia Fernandes e Maria Lúcia Pereira

POST-SCRIPTUM

Volto ao quadro dos corvos[80].

78. ...a pralina natural... (C) e (*K*). Colocação entre parênteses do adjetivo, realizada durante as provas.

79. A edição *K* reproduz aqui o plural da transcrição da copista em (C): ...*macacos covardes e cachorros molhados*.... Pareceu-nos preferível restabelecer o singular da lição manuscrita, sobretudo porque A. A. usa frequentemente o termo *macaco* para designar aquilo que alguns dizem ser *deus*.

80. O *Post-Scriptum* foi ditado a partir de diversos textos escritos entre 15 e 28 de fevereiro de 1947. Para *Campos de Trigo com Corvos*, cf. nota 17, p. 264.

Quem já viu, como nesta tela, a tela equivaler ao mar.

Van Gogh, de todos os pintores, é o que nos espiona mais profundamente, até a trama, mas é como[81] se nos espiolhasse de uma obsessão.

A de fazer com que os objetos sejam outros, a de ousar finalmente arriscar o pecado do *outro*, e a terra não pode ter a cor de um mar líquido, e no entanto, é realmente como um mar líquido que Van Gogh lança sua terra como uma série de golpes de escardilho[82].

E ele pôs sua tela em infusão na cor de borra de vinho, e é a terra que cheira a vinho, que marulha ainda no meio das ondas de trigo, que ergue uma sombria crista de galo contra as nuvens baixas que se amontoam por todos os lados no céu.

Porém, como já disse, o fúnebre da história é o luxo com que os corvos são tratados.

Aquela cor de almíscar, de nardo rico, de trufa como que saída de uma grande ceia.

Nas ondas violáceas do céu, duas ou três cabeças de velhos de fumaça arriscam uma careta de apocalipse, mas os corvos de Van Gogh estão ali incitando-os a mais decência, quero dizer, a menos espiritualidade,

e o que o próprio Van Gogh quis dizer[83] com esta tela de céu rebaixado, pintada como que no exato momento em que ele se livrara da existência, pois esta tela tem uma cor estranha, quase pomposa, por outro lado, de nascimento, de núpcia, de partida,

ouço as asas dos corvos baterem toques de címbalo forte acima de uma terra cujo fluxo parece que Van Gogh não poderá mais conter.

Depois, a morte[84].

As oliveiras de Saint-Rémy

O cipreste solar[85].

---

81. ...*aquele que nos espiona, mas como...* (C) e (K).

82. ...*como uma série de golpes de raspador* (expressão: invectivas)... (C) e (K).

83. *incitando-os a mais decência, e que quis dizer...* (C) e (K)

84. Parágrafo acrescentado por ocasião da correção da segunda prova.

85. Nem todas as telas enumeradas nesta passagem figuravam na exposição da Orangerie. Além daquelas que já assinalamos – *Quarto de Dormir de Van Gogh em Arles, Os Aliscamps* – as outras são: Campos de Oliveira: duas versões estavam expostas (nº 148 do catálogo, tela 0,71 x 0,90, Saint-Rémy, setembro/outubro de 1889, Ryksmuseum Kröller-Müller, e nº 151, tela, 0,71 x 0,90, Saint-Rémy, setembro/outubro de 1889, Ryksmuseum Kröller-Müller); numa dessas telas estão, aliás, um homem e uma mulher colhendo azeitonas;

Café à Tarde (nº 110 do catálogo, tela, 0,79 x 0,63, Aries, setembro de 1888, Ryksmuseum Kröller-Müller).

A Colheita de Azeitonas (tela 0,73 x 0,92), Saint-Rémy, dezembro de 1889, coleção Chester--Dale, Nova York), que não estava exposta, mas cuja reprodução se encontra em *Van Gogh* (Ed. Pierre Tisné, *op. cit.*)

VAN GOGH, O SUICIDADO DA SOCIEDADE

O quarto de dormir.

A colheita de azeitonas.

Os Aliscamps.

O café de Arles.

A ponte onde dá vontade de mergulhar o dedo na água, num movimento de regressão violenta a um estado de infância ao qual se é obrigado pela força fantástica de Van Gogh.
A água é azul,
não de um azul de água,
de um azul de pintura líquida.
O louco suicida passou por ali e restituiu a água da pintura à natureza, mas a ele, quem a restituirá?

Um louco, Van Gogh?
Que aquele que soube um dia olhar uma face humana olhe o autorretrato de Van Gogh – estou pensando naquele com chapéu mole[86].
Pintada por Van Gogh extra lúcido, aquela cara de açougueiro raivo, que nos inspeciona e espia, que nos escruta também com um olho de soslaio. Não conheço um único psiquiatra que saiba escrutar um rosto de homem com uma força tão esmagadora e dissecar como que no trinchante sua irrefragável psicologia.
O olho de Van Gogh é de um grande gênio, mas à maneira pela qual eu o vejo dissecar-me a mim mesmo do fundo da tela de onde surgiu, não é mais o gênio de um pintor que sinto naquele momento viver nele, mas aquele de um certo filósofo que jamais encontrei na vida.
Não, Sócrates não tinha esse olho, talvez antes dele, apenas o infeliz Nietzsche tivesse esse olhar que despe a alma, livra o corpo da alma, põe a nu o corpo do homem, fora dos subterfúgios do espírito.
O olhar de Van Gogh está suspenso, fixo, vidrado por trás de suas pálpebras raras, suas sobrancelhas magras e sem uma ruga sequer.

No que diz respeito à obra que A. A. chama aqui de cipreste solar, e à qual ele deu sua exata designação no texto manuscrito a partir do qual ditou esta passagem, trata-se de uma obra não exposta na Orangerie, mas cuja reprodução se encontra em *Vicent Van Gogh* (Ed. Phaidon, *op. cit.*), obra da qual ele gostava especialmente: *Cipreste sob a Lua* (*encre de Chine*, 0,47 x 0,625, junho de 1889, Kunsthalle, Brême), cuja versão sobre tela é chamada de *Noite Estrelada*. E é verdade que as estrelas que rolam em turbilhões no céu podem parecer uns tantos sóis. É preciso, entretanto, indicar que na Orangerie estava exposto O *Caminho de Ciprestes* (nº 162 do catálogo, tela, 0,91 x 0,71, Saint-Rémy, maio de 1890, Ryksmuseum Kröller-Müller), onde um enorme cipreste numa posição intermediária separa o sol descendente da lua ascendente.
86. *Retrato do Artista* (nº 70 do catálogo da exposição, tela, 0,44 x 0,375, Paris, por volta de 1887, Coleção V. W. Van Gogh, Laren). O *chapéu mole* é, na realidade, um chapéu de palha.

É um olhar que penetra diretamente, ele traspassa naquela cara talhada a foice como uma árvore bem esquadriada.

Porém Van Gogh captou o momento em que a pupila vai deitar no vazio,

onde este olhar, dirigido contra nós como a bomba de um meteoro[87], toma a cor átona do vazio e do inerte que o preenche.

Melhor que qualquer psiquiatra deste mundo, foi assim que Van Gogh situou sua doença.

Perfuro, retomo[88], inspeciono, engancho, desprego, minha vida morta nada contém, e o nada, além do mais, nunca fez mal a ninguém, o que me força a voltar para dentro é esta ausência desoladora que passa e me submerge por alguns instantes, mas vejo claro nela, muito claro, até mesmo o nada eu sei o que é, e poderei dizer o que tem dentro.

E ele, Van Gogh, tinha razão, pode-se viver para o infinito, só se satisfazer com o infinito, há sobre a terra e nas esferas infinito suficiente para saciar mil grandes gênios, e se Van Gogh não pôde satisfazer seu desejo de com ele irradiar sua vida inteira, é porque a sociedade proibiu-lhe isto.

Proibiu terminante e conscientemente.

Houve um dia os executores de Van Gogh, como houve aqueles de Gérard de Nerval, de Baudelaire, de Edgar Poe e de Lautréamont.

Aqueles que um dia lhe disseram:

Agora chega, Van Gogh, já para o túmulo, estamos cheios do seu gênio; quanto ao infinito, é para nós o infinito.

Pois não foi de tanto buscar o infinito que Van Gogh morreu,

que se viu obrigado a sufocar de miséria e de asfixia,

foi de tanto ver-se recusado pela turba de todos aqueles que, quando ele ainda estava vivo, acreditavam deter o infinito contra ele;

e Van Gogh poderia ter encontrado infinito suficiente para viver a vida toda se a consciência bestial da massa não tivesse querido apropriar-se dele para alimentar suas próprias bacanais, que jamais tiveram alguma coisa a ver com a pintura e a poesia.

---

87. É um dos pontos onde é lamentável que não possamos consultar o exemplar datilografado corrigido por A. A. e retido pela senhora Kiesler. A lição de (C) dá: *onde esse olhar dirigido contra nós estoura a bomba de um meteoro...* O editor, voltando a correção de A. A. feita no exemplar destinado à impressão, riscou *estoura* e escreveu por cima *como*. Pode-se perguntar se essa correção foi bem compreendida e se não se tratava simplesmente de um esquecimento do advérbio pelo copista, advérbio recolocado sem que o verbo fosse suprimido: *estoura como a bomba de um meteoro,...*

88. (C) traz aqui *torno a perder* (*je reperds*), e temos o direito de perguntar se não se trata de uma transcrição errônea, e se A. A. não havia ditado: *eu determino* (*je repère*). De todo modo, foi por ocasião das primeiras provas que ele próprio corrigiu esta má transcrição por *eu retomo* (forma conservada).

Além do mais, ninguém se suicida sozinho.

Ninguém jamais nasceu sozinho.

Ninguém, também, morre sozinho.

Porém, no caso de suicídio, é preciso um exército de seres maus para decidir o corpo ao gesto antinatural de privar-se da própria vida[89].

E creio que sempre há alguém no momento exato da morte extrema para despojar-nos de nossa própria vida[90].

Assim, portanto, Van Gogh se condenou, porque havia acabado de viver e, como deixam entrever suas cartas ao irmão, porque, diante do nascimento de um filho do irmão,
ele se sentia uma boca a mais para alimentar.

Mas, sobretudo, Van Gogh queria enfim ir ao encontro daquele infinito para o qual, diz ele, se embarca como num trem para uma estrela[91], e se embarca no dia em que se decidiu mesmo acabar com a vida.

Pois bem, na morte de Van Gogh, tal como ocorreu, não creio que seja isto o que tenha ocorrido.

Van Gogh foi despachado do mundo por seu irmão, primeiramente, anunciando-lhe o nascimento de seu sobrinho, foi despachado em seguida pelo doutor Gachet que, ao invés de recomendar-lhe repouso e solidão, mandava-o pintar ao vivo num dia em que ele sentia mesmo que seria melhor que Van Gogh se deitasse[92].

Pois não se pode contrariar tão diretamente uma lucidez e uma sensibilidade de tempera daquela de Van Gogh, o martirizado.

Existem consciências que, em certos dias, se matariam por uma simples contradição, e não há necessidade, para isso, de ser louco, louco reconhecido e catalogado; basta, ao contrário, gozar de boa saúde e ter a razão a seu favor.

Eu, em caso semelhante, não suportaria mais, sem cometer um crime, ouvir me dizerem: "Sr. Artaud, o senhor está delirando", como já me aconteceu por tantas vezes.

E Van Gogh ouviu lhe dizerem isto.

E foi por isso que se fez em sua garganta aquele nó de sangue que o matou.

---

89. ...de privar-se de seu próprio coração (C) e (K).

90. ...para despojar-nos de nosso próprio coração. (C) e (k).

91. Se tomamos o trem para nos levar a Tarascon ou a Rouen, tomamos a morte para ir a uma estrela. (Carta escrita de Saint-Rémy por volta de julho de 1888, que leva o nº 506 em Cartas de Vicente Van Gogh a seu irmão Théo, op. cit.)

92. ...seria melhor se se deitasse. (C) e (K)

POST-SCRIPTUM

A propósito de Van Gogh[93], da magia e dos feitiços, todas as pessoas que estão indo há dois meses desfilar diante da exposição de suas obras no Museu de l'Orangerie estão bem certas de se lembrarem de tudo o que fizeram e de tudo o que lhes aconteceu todas as noites dos meses de fevereiro, março, abril e maio de 1946? E não houve uma certa noite em que a atmosfera do ar e das ruas ficou como que líquida, gelatinosa, instável, e em que a luz das estrelas e da abóbada celeste desapareceu?

E Van Gogh, que pintou o café de Aries, não estava ali. Mas eu estava em Rodez, isto é, ainda na terra, enquanto todos os habitantes de Paris devem ter se sentido, durante a noite, bem perto de deixá-la.

E não é que todos tivessem participado, de combinação, de certas safadezas generalizadas, onde a consciência dos parisienses deixou por uma ou duas horas o plano normal e passou para um outro, numa daquelas manifestações maciças de ódio das quais fui muitas vezes um pouco mais que testemunha durante meus nove anos de internamento. Agora o ódio foi esquecido como as expurgações noturnas que resultaram disso e os mesmos que por tantas vezes mostraram a nu e na cara de todos suas almas de porcos baixos desfilam agora diante de Van Gogh a quem, em vida, eles ou seus pais e mães torceram tão bem o pescoço.

Mas, numa das noites de que estou falando, não caiu no Boulevard de la Madeleine, na esquina da Rua dos Mathurins, uma enorme pedra branca como que saída de uma erupção vulcânica recente do vulcão Popocatepetl?

Tradução Sílvia Fernandes e Maria Lúcia Pereira

---

93. O *Post-Scriptum* do *Post-Scriptum* foi acrescentado por A. A. diretamente no exemplar datilografado que ele havia corrigido. Tem analogia com muitas passagens das cartas escritas a André Breton a propósito da Exposição Internacional do Surrealismo de 1947, cartas que foram publicadas no *Éphémère* (nº 8, inverno de 1968).

COLEÇÃO PERSPECTIVAS

Eleonora Duse: Vida e Arte, Giovanni Pontiero
Linguagem e Vida, Antonin Artaud
Aventuras de uma Língua Errante, J. Guinsburg
Afrografias da Memória, Leda Maria Martins
Mikhail Bakhtin, Katerina Clark e Michael Holquist
Ninguém se Livra de Seus Fantasmas, Nydia Lícia
O Cotidiano de uma Lenda, Cristiane Layher Takeda
A Filosofia do Judaísmo, Julius Guttman
O Islã Clássico: Itinerários de uma Cultura, Rosalie Helena de Souza Pereira
Todos os Corpos de Pasolini, Luiz Nazario
Fios Soltos: A Arte de Hélio Oiticica, Paula Braga (org.)
História dos Judeus em Portugal, Meyer Kayserling
Os Alquimistas Judeus: Um Livro de História e Fontes, Raphael Patai
Memórias e Cinzas: Vozes do Silêncio, Edelyn Schweidson
Giacometti, Alberto e Diego: A História Oculta, Claude Delay
Cidadão do Mundo: O Brasil diante do Holocausto
e dos Judeus Refugiados do Nazifascismo (1933-1948), Maria Luiza Tucci Carneiro
Pessoa e Personagem: O Romanesco dos Anos de 1920
aos Anos de 1950, Michel Zéraffa
Vsévolod Meierhold, Gérard Abensour
Oniska: Poética do Xamanismo na Amazônia, Pedro de Niemeyer Carneiro
Sri Aurobindo ou a Aventura da Consciência, Satprem
Testemunhas do Futuro: Filosofia e Messianismo, Pierre Bouretz
O Redemunho do Horror, Luiz Costa Lima
Eis Antonin Artaud, Florence de Mèredieu
Averróis: A Arte de Governar, Rosalie Helena de Souza Pereira
Sábato Magaldi e as Heresias do Teatro, Maria de Fátima da Silva Assunção
Diderot, Arthur M. Wilson
A Alemanha Nazista e os Judeus, Volume 1:
Os Anos da Perseguição, 1933-1939, Saul Friedländer
A Alemanha Nazista e os Judeus, Volume 2:
Os Anos de Extermínio, 1939-1945, Saul Friedländer
Norberto Bobbio: Trajetória e Obra, Celso Lafer
Hélio Oiticica: Singularidade, Multiplicidade, Paula Braga
Caminhos do Teatro Ocidental, Barbara Heliodora

Este livro foi impresso em Cotia,
nas oficinas da Meta Brasil,
para a Editora Perspectiva